ERICH
SCHMIDT
VERLAG

Volkswirtschaftslehre und Mikroökonomie

Eine Einführung für Betriebswirte zum Selbststudium

Von
Prof. Dr. Matthias Stoetzer

2., neu bearbeitete Auflage

ERICH SCHMIDT VERLAG

Bibliografische Information der Deutschen Nationalbibliothek
Die Deutsche Nationalbibliothek verzeichnet diese Publikation in der Deutschen
Nationalbibliografie; detaillierte bibliografische Daten sind im Internet über
http://dnb.d-nb.de abrufbar.

Weitere Informationen zu diesem Titel finden Sie im Internet unter
ESV.info/978 3 503 17680 9

1. Auflage 2014
Verlag Gertrud Scheld, Fachbibliothek Verlag, Paderborn-Marienloh

2. Auflage 2018

ISBN 978 3 503 17680 9

Dieses Papier erfüllt die Frankfurter Forderungen
der Deutschen Nationalbibliothek und der Gesellschaft für das Buch
bezüglich der Alterungsbeständigkeit und entspricht sowohl den
strengen Bestimmungen der US Norm Ansi/Niso Z 39.48-1992
als auch der ISO Norm 9706.

Druck und Bindung: Strauss, Mörfelden

Vorwort zur zweiten Auflage

Das vorliegende Lehrbuch basiert auf den Erfahrungen aus Lehrveranstaltungen zur Volkswirtschaftslehre, d.h. der Einführung in die VWL und Mikroökonomie, für Studierende der Betriebswirtschaftslehre. Es ist konsequent auf das Selbststudium ausgerichtet. Dazu dienen die jedem Kapitel vorangestellten Lernziele, die zahlreichen Beispiele und Anwendungsfälle, sowie die zum Schluss jedes Kapitels vorhandenen Wiederholungsfragen und Übungsaufgaben. Die Lösungen zu allen Fragen und Aufgaben sind am Ende des Buches zu finden, so dass die Nutzung des Lehrbuchs für die Prüfungsvorbereitung komplett offline möglich ist. Besonderer Wert wurde auf Hinweise und Beispiele gelegt, die Querverbindungen zu praktischen betriebswirtschaftlichen Problemen schaffen.

Einer Reihe von Personen haben in verschiedenen Phasen der Manuskripterstellung mitgewirkt. Mein besonderer Dank gilt Herrn Dr. Silko Pfeil und Herrn Ralf Klinkowski. Für die Erstellung der Grafiken und des Inhaltsverzeichnisses sind insbesondere Frau Mandy Nimmler und Frau Gabriele Bliedtner zu nennen.

Für verbleibende Fehler und Ungenauigkeiten ist selbstverständlich allein der Autor verantwortlich. Entsprechende Hinweise können Sie mir gerne unter Matthias.Stoetzer@eah-jena.de zusenden.

Jena, im September 2017

Inhaltsverzeichnis

Abbildungsverzeichnis

A   Grundlagen der Volkswirtschaftslehre

Lernziele

Der Studierende soll nach Bearbeitung dieses Kapitels:

- wissen, mit welchen Fragen sich die Volkswirtschaftslehre im Unterschied zur Betriebswirtschaftslehre beschäftigt.
- in der Lage sein, die Begriffe Volkswirtschaftslehre sowie Mikro- und Makroökonomie zu definieren.
- die Begriffe Wirtschaftskreislauf, Gütermarkt und Faktormarkt beherrschen.
- die Vorteile von Arbeitsteilung, Spezialisierung und Tausch erläutern können.
- Grundlagen des Geschehens auf Märkten – wie Unterscheidungen verschiedener Güterarten und Produktionsfaktoren – überblicken.
- erläutern können, worin die Unterschiede von Wirtschaftskunde, Wirtschaftstheorie und Wirtschaftspolitik bestehen.
- wissen, was eine normative von einer positiven Betrachtungsweise unterscheidet und welche Rolle Werturteile dabei spielen.
- die inhaltlichen Aussagen des Minimal- und des Maximalprinzips wiedergeben können.
- in der Lage sein, das ökonomische Verhaltensmodell zu erläutern und auf einfache ökonomische Sachverhalte anzuwenden.
- Inhalt und Annahmen des Homo oeconomicus verstehen.
- wissen, was eine Transformationskurve, ein Pareto-Optimum und ein Preis-Mengen-Diagramm sind.
- die Begriffe Effizienz und Verteilung erläutern und ihre Beziehung zueinander diskutieren können.
- die Rolle der ceteris-paribus-Annahme darlegen können.
- verstehen, welche Bedeutung Modelle und Falsifizierbarkeit von Hypothesen beim wissenschaftlichen Ansatz in der Ökonomie besitzen.

1. Volkswirtschaftslehre als Wirtschaftswissenschaft

1.1. Inhalte der Volkswirtschaftslehre

Womit beschäftigt sich die Volkswirtschaftslehre? Diese Frage steht am Anfang jeder Einführung in die Volkswirtschaft, da es im ersten Schritt darum geht, zu verstehen, welche Probleme und Fragen dabei relevant sind.

Betrachtet man die unten stehende Übersicht 1.1 zur **Einordnung der VWL in den Gesamtkontext der Wirtschaftswissenschaften** (der Ökonomie[1]), stellt sie sich als Bereich „neben" der Betriebswirtschaftslehre dar. Tatsächlich ist die VWL aber in vielen Bereichen eine Erweiterung der rein betriebswirtschaftlichen Betrachtung und kann helfen, langfristig richtige (betriebs-)wirtschaftliche Entscheidungen zu treffen.

Übersicht 1.1: Elemente der Wirtschaftswissenschaften

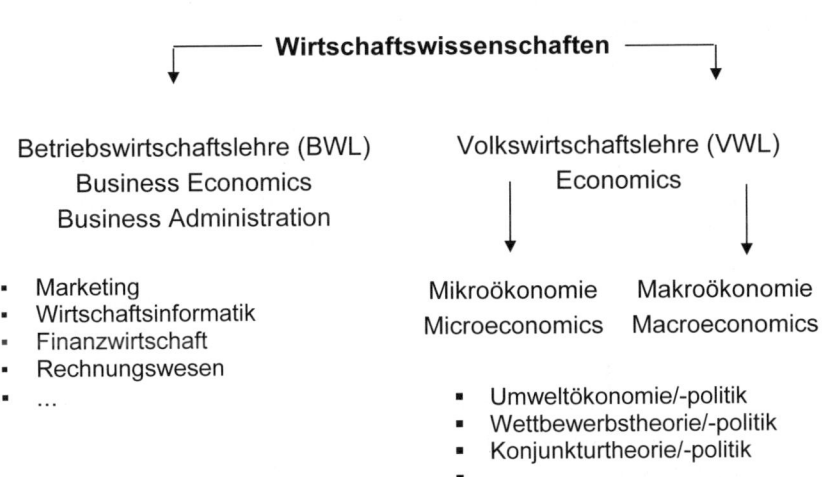

Während der Schwerpunkt der Betrachtung in der **Betriebswirtschaftslehre** auf dem **einzelnen Unternehmen**, dessen Problemen und Funktionen (insbesondere des Transformationsprozesses von Inputs (Produktionsfaktoren) in Outputs (Güter) – siehe Übersicht 1.2 – liegt, betrachtet die Volkswirtschaftslehre immer

---

[1] Der Begriff „Ökonomie" geht auf die griechischen Wörter „oikos", d.h. Haushalt und „nomos", d.h. Gesetz, zurück. Es bezeichnet ursprünglich die Verwaltung des Haushalts im Sinne eines weitgehend autarken landwirtschaftlichen Familienbetriebes in der Antike.

die Ergebnisse des Zusammenwirkens vieler Einzelentscheidungen von Unternehmen, privaten Haushalten (Individuen) und ggf. öffentlichen Haushalten (Gebietskörperschaften) bzw. dem Staat.

Übersicht 1.2: Der Transformationsprozess in Unternehmen

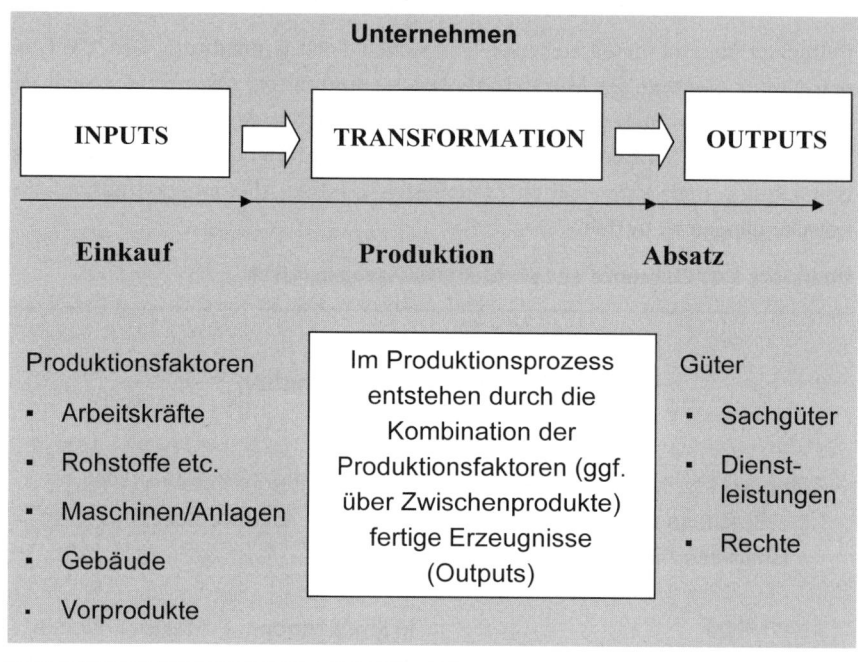

Jedes Unternehmen stellt durch die Kombination und Verarbeitung von Inputs (Produktionsfaktoren bzw. Vorprodukte) Outputs her (dies können sowohl Sachgüter, als auch Dienstleistungen oder Rechte sein), die es gewinnbringend weiterverkaufen will. Aber die **Wirtschaft** besteht nicht nur aus dem Wirtschaften in **einem** Unternehmen.

Die **Volkswirtschaftslehre** (früher Nationalökonomie genannt) bezieht deshalb – im Gegensatz zur BWL – sowohl das Wirtschaften in diversen Einzelwirtschaften, als auch das Zusammenspiel dieser Einheiten in einer Gesamtwirtschaft in ihre Betrachtungen ein (siehe Übersicht 1.3). Es wird deutlich, dass die einzelnen Unternehmen jeweils auf Märkten miteinander und mit anderen Einzelwirtschaften (Haushalten bzw. Unternehmen) verbunden sind.

Dabei handelt es sich bspw. um andere Unternehmen, die auf den gleichen Absatzmärkten ihre Güter verkaufen, die privaten Haushalte (so werden die Individuen in der Volkswirtschaft bezeichnet), an die verkauft wird und den Staat, der u.a. Steuern erhebt und Vorschriften für die Abfallbeseitigung im Produktionsprozess erlässt. Diese Verbindungen der einzelnen Unternehmen über Märkte gelten darüber hinaus nicht nur innerhalb einer Volkswirtschaft, sondern auch im Hinblick auf ausländische Märkte. Die jeweilige Volkswirtschaft ist also im Zuge der Globalisierung Teil der Weltwirtschaft. Dies gilt für die Bundesrepublik mit ihrer Einbettung in die Europäische Union, ihrer Zugehörigkeit zur Währungszone des Euro und ihrem bedeutenden Außenhandel in besonderem Maße.

Übersicht 1.3: Wirtschaft und Wirtschaftssubjekte

Weltwirtschaft

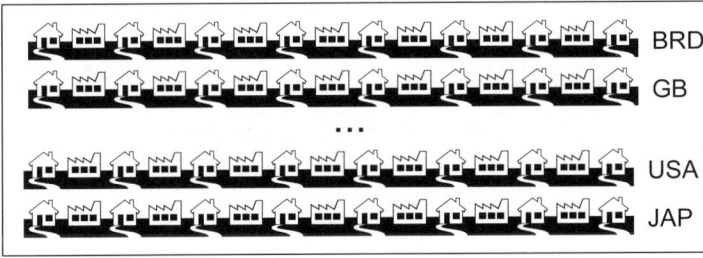

BRD
GB
...
USA
JAP

Volkswirtschaft (Nationalökonomie)

BRD

Einzelwirtschaften (Wirtschaftssubjekte)

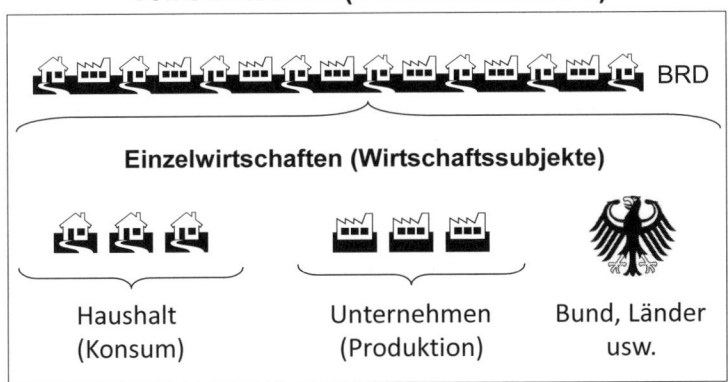

| Haushalt (Konsum) | Unternehmen (Produktion) | Bund, Länder usw. |

Zusammenfassend lässt sich sagen: Die Volkswirtschaft beschäftigt sich mit dem Zusammenwirken der Einzelentscheidungen von Unternehmen, Haushalten und dem Staat (d.h. den öffentlichen Haushalten) auf den verschiedenen Märkten im nationalen und internationalen Kontext.

Wie aus Übersicht 1.4 ersichtlich, treten Unternehmen und Haushalte auf verschiedenen Märkten miteinander in Kontakt – exemplarisch werden hier der Güter- und der Faktormarkt dargestellt.

Übersicht 1.4: Darstellung des Wirtschaftsprozesses als Kreislauf

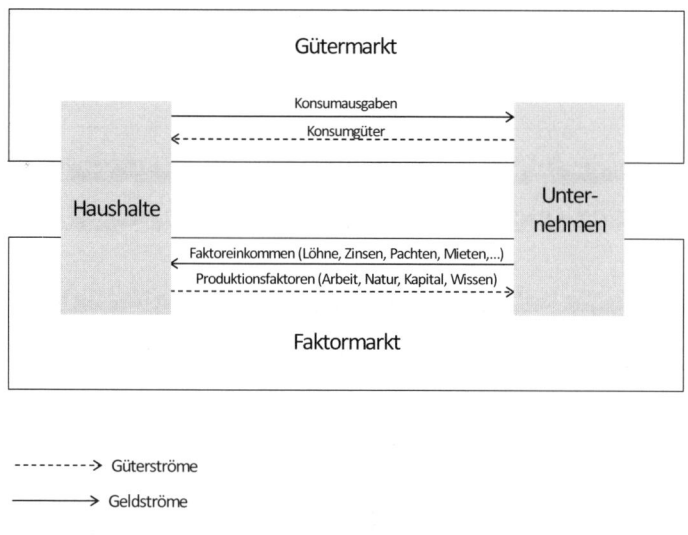

Zur Erläuterung wird im Folgenden der normale Tagesablauf des Durchschnitts-Angestellten Jens betrachtet. Jens steht morgens um 6 Uhr auf, um pünktlich 7 Uhr zur Arbeit zu fahren. Unterwegs kauft er sich noch sein Frühstück (ein mit Salami, Tomaten und Salat belegtes Baguette-Brötchen). Er tritt als Nachfrager auf dem lokalen Baguettebrötchenmarkt (es handelt sich hierbei um einen **Gütermarkt**) in Erscheinung. Um die Ware (Konsumgut) zu erhalten, muss er ein bestimmtes Entgelt (Konsumausgabe) entrichten.

Den größten Teil seiner Zeit (täglich 8 Stunden) wendet er für „seine" Arbeit auf – er ist Feinwerktechniker der Spezialisierung Fügetechnik mit anorganischen Klebstoffen in einem Zulieferunternehmen der Luftfahrtbranche.

Für einen entsprechenden Lohn verkauft Jens seine Arbeitskraft – er bietet sie auf einem **Faktormarkt**, nämlich dem **Arbeitsmarkt** – an und bekommt als Entschädigung von seinem Arbeitgeber dafür ein Gehalt ausgezahlt. Nach der Arbeit fährt er – erschöpft, aber glücklich – nach Hause in seine 65qm-Wohnung, die er vom Vermieter seines Vertrauens gemietet hat – er ist Nachfrager auf dem lokalen **Mietwohnungsmarkt**.

Weiterhin besitzt Jens ein größeres Grundstück in Bielefeld, welches er vor kurzem von seiner – ihm bis dahin unbekannten – Großtante geerbt hat und das er der Woll KG vermietet. Er ist wiederum Anbieter, jetzt auf dem Faktormarkt „Natur".[2] Abends überprüft er im Internet den Aktienkurs verschiedener Wertpapiere – er überlegt, ob er die ebenfalls aus seiner Erbschaft stammenden 20.000 € für den Erwerb von Aktien im Rahmen einer Aktienneuemission (Going Public) oder doch lieber für den Kauf von sicheren festverzinslichen Bundesobligationen verwenden soll. In dieser Frage ist er sich aber noch sehr unsicher. Vielleicht wäre es besser – so überlegt Jens – das Geld in eine kleine Eigentumswohnung zu investieren. Dann allerdings müsste er bei einem Kaufpreis von 50.000 € sich noch 30.000 € von einer Bank leihen. Er ist also – egal wie er sich letztlich entscheidet – auch auf dem **Kapitalmarkt** tätig.

Diese Liste lässt sich beliebig fortführen – wichtig ist zu erkennen, dass sowohl Unternehmen, als auch Privatpersonen auf diversen Märkten in den verschiedensten Positionen agieren (Jens war sowohl **Anbieter**, als auch **Nachfrager**).

Auf den **Gütermärkten** treten Privatpersonen i.d.R. als Käufer bestimmter Konsumgüter (Brötchen beim Bäcker, Fahrkarten für den ÖPNV, Wohnungen, ...) in Erscheinung, die von Unternehmen verkauft werden. Um die Güter zu erwerben, müssen sie einen gewissen Geldbetrag (man spricht aggregiert von Konsumausgaben) entrichten.

Wenn man beispielsweise wissen möchte, warum die Brötchen bei einem SB-Bäcker billiger sind als bei der Stadtbäckerei mit 100-jähriger Tradition, ob es sich lohnt, statt zahlreicher Einzel-Fahrscheine für Bus und Bahn, eine Wochen- oder Monatskarte zu kaufen, oder warum Wohnungen in der Innenstadt wesentlich teurer sind als in Neubaugebieten, sollte man elementare (volks-) wirtschaftliche Kenntnisse besitzen.

Insbesondere die Hintergründe zur Preisbildung können auch im täglichen Alltag von Bedeutung sein. Warum beispielsweise steigt der Bananenpreis, wenn es in

---

[2] Häufig auch als Faktor „Boden" oder seltener „Umwelt" bezeichnet.

Brasilien zur Erntezeit eine Überschwemmung gab? Warum entwickeln sich die Benzinpreise bei verschiedenen Tankstellenketten seltsamerweise meistens gleich? Können die im OPEC-Kartell organisierten Staaten einfach per Beschluss den Ölpreis steigen lassen?

Auf den **Faktormärkten** hingegen verkaufen die privaten Haushalte unter anderem ihre Arbeitskraft, für die sie eine entsprechende Entlohnung bekommen. Auch hier ermöglichen volkswirtschaftliche Kenntnisse vielfältige Einblicke. Warum beispielsweise erhalten Universitätsabsolventen in Unternehmen durchschnittlich ein höheres Gehalt als „einfache" Arbeiter? Welche Auswirkungen können Mindestlöhne in einer Branche haben?

All diese Fragen lassen sich nur mit volkswirtschaftlichen Kenntnissen (nicht mit betriebswirtschaftlichen!) beantworten und während sich die BWL nur mit den Unternehmen beschäftigt, könnte man die VWL auch als „**Wirtschaftswissenschaft der Funktionsweise von Märkten**" bezeichnen.

Da so gut wie alle Menschen Teil von Märkten – dem zentralen Untersuchungsobjekt der VWL – sind, berührt die Volkswirtschaftslehre jeden tagtäglich. Kenntnisse der Ökonomie helfen, Phänomene des Alltags besser zu verstehen. Aber auch die Entscheidungsträger in Unternehmen benötigen Kenntnisse über die Marktzusammenhänge, denn kein Unternehmen agiert „im luftleeren Raum". Ein Betrieb als offenes System ist eingebettet in eine Vielzahl von wirtschaftlichen Verflechtungen.

Es ist sowohl umgeben von diversen Umweltdimensionen (rechtliche, soziale sowie ökonomische Umwelt), als auch von diversen Interessengruppen („Stakeholder", wie Gewerkschaften, Belegschaft, Konkurrenten, Staat und „Shareholder", d.h. Anteilseigner) und kann somit nicht völlig frei und unabhängig agieren. Fast alle wirtschaftlichen Entscheidungen in den einzelnen Betrieben sind von äußeren Gegebenheiten beeinflusst. Gerade hier ist die VWL ein wichtiger Aspekt betriebswirtschaftlicher Entscheidungen, denn sie beschäftigt sich insbesondere mit der ökonomischen Umwelt eines Unternehmen – also bspw. den Marktgegebenheiten, der Konkurrenzsituation, dem Kaufverhalten der Konsumenten, sowie den staatlichen Eingriffen und Regelungen.

Allerdings ist an dieser Stelle auch herauszustellen, dass die **Grenzen zwischen BWL und VWL fließend** sind. Betriebswirte entscheiden teilweise auf Basis volkswirtschaftlicher Daten. Die aggregierten Daten, die die VWL verarbeitet, sind aber nichts weiter als die Gesamtheit (betriebs-)wirtschaftlicher

Entscheidungen der einzelnen Wirtschaftsteilnehmer. Es gibt zwischen diesen beiden Bereichen der Wirtschaftswissenschaften – verglichen beispielsweise mit den beiden Naturwissenschaften Biologie und Astronomie – eine erheblich größere Schnittmenge.

Zu einer fundierten betriebswirtschaftlichen Ausbildung gehört daher beides:

- umfassende Kenntnisse über die Abläufe in Unternehmen (BWL) und
- ein grundlegendes Verständnis der Marktprozesse (VWL).

Viele Untersuchungsobjekte der BWL und VWL sind identisch, nur aus einem anderen Blickwinkel betrachtet. Man könnte die Untersuchungen im Rahmen der **BWL** mit einer **„Igelperspektive"**, die der **VWL** hingegen mit der **„Vogelperspektive"** charakterisieren. Die VWL erweitert die betriebswirtschaftliche Betrachtungsweise um zentrale **Elemente des Marktgeschehens**. Sie beschreibt das individuelle Entscheidungsverhalten der einzelnen Wirtschaftssubjekte (auch der Unternehmen!), erklärt aber darüber hinaus deren Zusammenwirken auf Märkten (insbesondere Fragen des Wettbewerbs und der Preisbildung) sowie die Ursachen gesamtwirtschaftlicher Phänomene anhand markanter Kennziffern wie Arbeitslosigkeit, Inflation oder Wirtschaftswachstum.

Ähnlich der BWL vereinigt die VWL zahlreiche Untersuchungsgebiete, die sich grob in zwei Teilgebiete untergliedern lassen: Mikroökonomie und Makroökonomie (siehe hierzu auch Übersicht 1.1). Die **Mikroökonomie** beschäftigt sich mit der Analyse **einzelner Märkte**, d.h. vor allem mit Märkten bestimmter Güter, also bspw. dem Markt für Mittelklasse-PKW, Fruchtsäfte oder Gummibärchen in Deutschland. Dabei stehen die Entscheidungen der einzelnen Wirtschaftseinheiten (private Haushalte bzw. Unternehmen) sowie deren Zusammenwirken auf dem jeweiligen Markt im Mittelpunkt. Grundlegend ist dabei auf jedem Markt die **Unterscheidung von Angebot und Nachfrage**. Das Ergebnis dieser Interaktionen sind auf den Märkten vor allem die **Preise**, **Mengen** und auch **Qualitäten** der betrachteten Güter. In der Mikroökonomie werden die Entscheidungen in den einzelnen Unternehmen näher beleuchtet, weshalb insbesondere in diesem Bereich viele Gemeinsamkeiten mit der Betriebswirtschaftslehre zu verzeichnen sind.[3] Die wichtigste Frage der

---

[3] Die Behandlung der Preisbildung auf Märkten und der Kostentheorie in den betriebswirtschaftlichen Lehrbüchern ist identisch mit den entsprechenden Inhalten in den mikroökonomischen Lehrbüchern der VWL.

Mikroökonomie ist dabei die Koordination der Einzelentscheidungen der unabhängig voneinander agierenden Wirtschaftssubjekte (dezentral) über die Märkte. Dabei wird aber auch untersucht, inwieweit es vorteilhaft ist, die Entscheidungen durch zentrale Vorgaben zu koordinieren. Dies geschieht bspw. innerhalb von Unternehmen (durch Hierarchien im Rahmen formaler Aufbauorganisationen) oder durch den Staat. Darüber hinaus geht es um die Probleme, die auf Grund von Fehlfunktionen der Koordinationsleistungen entstehen (sogenanntes Markt- und Staatsversagen).

Dagegen untersucht die VWL im Rahmen der **Makroökonomie** die Grobstruktur der wirtschaftlichen Zusammenhänge. Dies geschieht, indem erstens alle gleichartigen Wirtschaftseinheiten zu sog. Wirtschaftssektoren (z. B. Haushalte, Unternehmen, Staat) aggregiert und zweitens alle Einzelmärkte zu gesamtwirtschaftlichen Märkten zusammengefasst werden. Diese **gesamtwirtschaftlichen Märkte** sind dann im einfachsten Fall der **Gütermarkt**, der **Geldmarkt**, der **Arbeitsmarkt** und die **außenwirtschaftlichen Verflechtungen**. Die Beziehungen zwischen diesen gesamtwirtschaftlichen Märkten können anschließend untersucht werden. Dies führt zur Analyse des gesamtwirtschaftlichen **Outputs** (wie Bruttoinlandsprodukt oder Nationaleinkommen), dessen Veränderungen (wirtschaftliches Wachstum und konjunkturelle Lage), der **Zinsen** und der **Inflation**, der **Arbeitslosigkeit** sowie von **Exporten/ Importen** und **Wechselkursen**. Diese ökonomischen Probleme spielen in der BWL natürlich auch eine Rolle. Bspw. hängt in der Automobilbranche die Verkaufsmenge der einzelnen Unternehmen in erheblichem Umfang von der konjunkturellen Lage in den Absatzländern ab, während dies für die Lebensmittelindustrie nur in geringem Umfang gilt. Konjunkturelle Lage, Zinsen oder Wechselkurse werden in der BWL aber als gegeben betrachtet, weil sie vom einzelnen Unternehmen nicht beeinflusst werden können. Die VWL untersucht und erklärt genau diese Phänomene.

Auch Mikro- und Makroökonomie sind nicht strikt voneinander zu trennen, sondern ergänzen und bedingen einander. Dies gilt bspw. für den Arbeitsmarkt. Die Analyse der Arbeitslosigkeit setzt zum einen mikroökonomisch an dem Verhalten der einzelnen Arbeitnehmer (private Haushalte) und der Arbeitgeber (Unternehmen) an. Hier spielen bspw. die Lohnhöhe (der Preis der Arbeit) und die Qualifikation der Arbeitskräfte (das sogenannte Humankapital) eine wichtige Rolle. Zum anderen erklärt sie die Arbeitslosigkeit makroökonomisch aus den Bedingungen auf dem gesamtwirtschaftlichen Gütermarkt.

Wenn sich beide Teilbereiche der VWL aber sowieso gegenseitig beeinflussen, wieso ist es dann nötig, dass man separat neben der Mikroökonomie makroökonomische Untersuchungen durchführt? Im Grunde untersucht die Makroökonomie doch nichts weiter als die Gesamtheit der Entscheidungen, die bereits in der Mikroökonomie analysiert wurden!

Diese Auffassung war weit verbreitet, und erst seit ungefähr 70 Jahren gibt es innerhalb der VWL den Teilbereich Makroökonomie. Mittels eines einfachen Beispiels kann man nachvollziehen, dass dies sinnvoll ist.

Stellen wir uns eine Situation vor, in der in einer Volkswirtschaft der Output stagniert oder sogar zurückgeht (Rezession). Werden weniger Güter hergestellt, benötigen die Unternehmen auch weniger Arbeitskräfte – Folge ist eine Zunahme der Arbeitslosigkeit. Die wachsende Arbeitslosigkeit verunsichert die Arbeitnehmer, die darauf reagieren, indem sie - um für die Zukunft vorzusorgen - mehr sparen. Wenn alle privaten Haushalte mehr sparen bedeutet das aber, dass sie weniger Güter kaufen. Die sinkende Nachfrage nach Gütern führt dazu, dass die Unternehmen ihre Produktion einschränken, weil sie weniger verkaufen können. Für die geringere Produktionsmenge benötigen sie noch weniger Arbeitskräfte, die also von ihnen entlassen werden. In der Summe führen die durch die Entlassungen abnehmenden Einkommen der privaten Haushalte zu einer tatsächlich sinkenden Sparfähigkeit. Das gesamtwirtschaftliche Ergebnis dieses Prozesses wird als **Sparparadox** bezeichnet: Obwohl die privaten Haushalte individuell mehr sparen wollen, können sie letztlich aggregiert und damit gesamtwirtschaftlich betrachtet tatsächlich nur weniger sparen. Solche gesamtwirtschaftlichen Kreislaufbetrachtungen sind Themen der Makroökonomie.

Dieses einfache Beispiel kann erweitert werden: Nicht alles was einzelwirtschaftlich richtig ist, muss auch automatisch gesamtwirtschaftlich richtig sein – man bezeichnet dieses Phänomen als **Trugschluss der Verallgemeinerung**. Die Komplexität der Ökonomie (wie der gesamten Sozialwissenschaften) wird allerdings dadurch deutlich, dass auch umgekehrt Zusammenhänge auf aggregierter Ebene einzelwirtschaftlich falsch sein können (**ökologischer Fehlschluss**).

1.2. Volkswirtschaftslehre: Der wissenschaftliche Ansatz

Was ist eine wissenschaftliche Untersuchung? Inwieweit ist die VWL eine Wissenschaft? Kann eine Wissenschaft politische Empfehlungen aussprechen? Solche Fragen ergeben sich, wenn man die häufig sehr unterschiedlichen

Stellungnahmen und Äußerungen wichtiger volkswirtschaftlicher Berater und Beratungsgremien in den alltäglichen politischen Auseinandersetzungen wahrnimmt. Um der Beantwortung dieser Fragen näher zu kommen, ist erst einmal die Unterscheidung von Wirtschaftskunde, Wirtschaftstheorie und Wirtschaftspolitik wichtig.

Wirtschaftskunde ist die Darstellung und Beschreibung von Tatsachen der Wirtschaft. Dies wird auch als deskriptiver Ansatz bezeichnet.

Die **Wirtschaftstheorie** will demgegenüber erklären, warum etwas so ist. Solche Erklärungen bestimmter Fakten erfolgen mittels einer Kausalaussage, die Ursache-Wirkungs-Zusammenhänge erläutert. Eine zutreffende Theorie, d.h. Erklärung, erlaubt außerdem die Prognose zukünftiger Entwicklungen: Ursachen, die heute zu beobachten sind, werden morgen bestimmte Wirkungen nach sich ziehen.

In der **Wirtschaftspolitik** geht es schließlich darum, was realisierbar ist und wie sich bestimmte Ziele erreichen lassen. Die Ursache-Wirkungs-Zusammenhänge der Theorie werden in der Wirtschaftspolitik zu Mittel-Ziel-Beziehungen. Wirtschaftspolitische Empfehlungen beziehen sich auf den Einsatz geeigneter Maßnahmen, d.h. Mittel, um vorgegebene oder gewünschte Ziele zu erreichen. Auf Grund dieser Vorgabe eines Ziels spricht man davon, dass die Wirtschaftspolitik Finalaussagen beinhaltet. Eine solche Zielbestimmung ist immer mit einem Werturteil verbunden.

Dazu folgendes (z.T. fiktives) **Beispiel zum Elektrizitätsmarkt** in Deutschland von 2003 bis 2007:

Wirtschaftskunde: Sie beschreibt die Höhe und die Entwicklung der Elektrizitätspreise für einen Privathaushalt in Deutschland und vergleicht diese Daten mit den entsprechenden Strompreisen in Frankreich, Dänemark, Großbritannien und Österreich. Sie stellt fest, dass die Elektrizitätspreise in Deutschland in den letzten 5 Jahren im Durchschnitt um 23% über dem Niveau in den Vergleichsländern lagen. Weitere Beobachtungen zeigen, dass diese Preisdifferenz in den Jahren 2006 und 2007 um 10%-Punkte zugenommen hat.

Wirtschaftstheorie: Die Preise auf Märkten hängen sehr stark von der Intensität des Wettbewerbs auf diesen Märkten ab. Auf Märkten mit vier oder weniger Anbietern (d.h. engen Oligopolen), auf denen gleichzeitig Produkte ohne große Qualitätsunterschiede (d.h. annähernd homogene

Produkte) angeboten werden, ist die Intensität des Wettbewerbs fast immer gering. Diese Aussagen sind durch eine Vielzahl von empirischen Untersuchungen bestätigt worden. Eine Analyse des Elektrizitätsmarktes in Deutschland zeigt, dass es sich um einen Markt mit lediglich drei großen Elektrizitätsanbietern handelt. Außerdem ist Strom ein Gut ohne Qualitätsunterschiede. Die theoretische Erklärung für die hohen Strompreise in Deutschland ist damit der zu geringe Wettbewerb zwischen den Anbietern.

Wirtschaftspolitik: Ziel der Wirtschaftspolitik ist die Senkung der Strompreise. Auf der Grundlage der Wirtschaftstheorie ist die Erhöhung der Zahl der Anbieter ein geeignetes Mittel, um dieses Ziel zu erreichen. Wirtschaftspolitische Empfehlung ist daher die Öffnung des deutschen Elektrizitätsmarktes für ausländische Anbieter und die Aufspaltung der drei großen deutschen Anbieter in eine Reihe kleinerer Stromproduzenten. Diese Empfehlung basiert auf einer Wertentscheidung zu Gunsten der privaten Stromverbraucher - nämlich dem Ziel der Senkung der Strompreise. Die Interessen der drei Stromanbieter und der von ihnen beschäftigten Arbeitnehmer wird demgegenüber als weniger relevant angesehen.

Dabei ist wichtig, dass Werturteile **normative Aussagen** sind. Eine normative Aussage beschreibt, wie etwas sein soll. Sie enthält also eine Bewertung, dass etwas als gut oder schlecht anzusehen ist – d.h. einen wünschenswerten Soll-Zustand. Das Gegenstück dazu ist eine **positive Aussage**. Eine positive Aussage bezieht sich auf eine bestimmte Tatsache, enthält also eine Aussage über einen Ist-Zustand.[4] Sie beschreibt davon ausgehend Ursache-Wirkungs-Zusammenhänge in Form von Wenn-Dann-Aussagen.

Werturteile sind nicht wissenschaftlich zu ermitteln bzw. abzuleiten. Dies ergibt sich, weil eine Aussage über einen wünschenswerten Zustand (bspw. „die Verbraucher sollten geringere Strompreise zahlen") sich nicht mittels Tatsachen widerlegen oder beweisen lässt. Werturteile werden bspw. von der Politik – etwa der Bundesregierung – vorgegeben oder basieren auf einem Werturteil des jeweiligen Wissenschaftlers. Dagegen sind positive Aussagen mittels empirischer Untersuchungen belegbar (bzw. widerlegbar), d.h. anhand von Tatsachen entscheidbar: Ob die Elektrizitätspreise in Deutschland für die privaten Haushalte über den Preisen in Frankreich, Dänemark usw. liegen, ist feststellbar. Wie viele

---

[4] Dieses Begriffspaar wird in der Umgangssprache völlig anders verstanden! Dort steht „positiv" für „wünschenswert" im Gegensatz zu „negativ" im Sinne von „schlecht".

Anbieter es in Deutschland auf dem Elektrizitätsmarkt gibt, ist empirisch belegbar. Ob die oben genannte Theorie der mangelnden Wettbewerbsintensität im engen Oligopol richtig oder falsch ist, kann anhand empirischer Untersuchungen in verschiedenen Märkten, Ländern und Zeiträumen überprüft werden.

Werturteile kommen in der Wirtschaftswissenschaft vor, sollten aber – gerade weil sie nicht empirisch überprüfbar sind – immer kenntlich gemacht werden. Darüber hinaus können die Konsequenzen bestimmter Wertentscheidungen anhand theoretischer und empirischer Untersuchungen analysiert werden.

Dies wirft auch das Problem auf, wie überhaupt die **Wahrheit einer wissenschaftlichen Theorie** festgestellt werden kann. Nun könnte man antworten, dass eine Aussage wahr ist, wenn sie „stimmt" oder „zutrifft" oder „richtig ist". Solche oder andere Umschreibungen helfen aber nicht weiter.[5] Stattdessen ist inhaltlich zu erklären, wie die Wahrheit überprüfbar ist. Zwei Möglichkeiten existieren: Erstens kann geprüft werden, ob die Theorie in sich widerspruchsfrei ist – also logische Konsistenz vorliegt. Um praktisch anwendbar zu sein, muss zweitens aber in empirischen Untersuchungen geklärt werden, inwieweit die theoretischen Schlussfolgerungen auch den Tatsachen entsprechen. Dabei ist wichtig, dass die Schlussfolgerungen als Hypothesen prinzipiell auch von den Fakten widerlegt werden können, das heißt falsifizierbar sind. Eine Aussage wie „Wenn der Hahn schreit auf dem Mist ändert sich das Wetter oder es bleibt wie es ist" hat keinerlei Aussagekraft, da alle Wetterzustände (Tatsachen) mit dieser Aussage kompatibel sind.

Die wichtigsten Erkenntnisse lassen sich wie folgt zusammenfassen. Ausgangspunkt der Volkswirtschaftslehre ist die Beschreibung und Darstellung von Tatsachen. Die VWL ist also eine **empirische Wissenschaft**. Als Wissenschaft besteht sie aber nicht aus der reinen Anhäufung von Fakten, sondern sie erklärt Zusammenhänge und Abhängigkeiten zwischen diesen Fakten. Ihre zentrale Aufgabe als Wissenschaft ist daher die **Bildung von Theorien**.[6] Auf Grund der Vielzahl von möglichen unterschiedlichen Theorien – also Erklärungen einer Beobachtung – müssen diese Theorien aber empirisch

---

[5] Daraus folgt eine weitere wichtige Einsicht. Wie ein bestimmtes Phänomen genannt wird, ist egal. Solche Definitionen sind zwar wichtig für eine gemeinsame Verständigung zwischen den Experten, sie ersetzen aber nicht inhaltliche Aussagen. Ob die Mikroökonomie „Mikroökonomie" oder „Vitzliputzli" heißt, ist bedeutungslos. Es ist nur wichtig, dass alle Beteiligten eine übereinstimmende Vorstellung haben, was „Vitzliputzli" bedeutet. D.h. in der VWL sind Definitionen nur der Ausgangspunkt von wissenschaftlichen Analysen. Der Kern der Wissenschaft besteht nicht in Begriffsklärungen, sondern in Inhalten (d.h. Ursache-Wirkungs-Zusammenhängen).

[6] Theorien bestehen im Kern aus Modellen (siehe unten Kapitel 3: Volkswirtschaftliche Methoden).

überprüft werden, um richtige von falschen Erklärungen unterscheiden zu können. Auf der Grundlage von durch die Tatsachen hinreichend bestätigten Theorien werden in der VWL wirtschaftspolitische Empfehlungen ausgesprochen. Diese wirtschaftspolitischen Empfehlungen enthalten immer auch normative Elemente. Dies schadet der Wissenschaftlichkeit nicht, solange die Voraussetzungen der wirtschaftspolitischen Empfehlung und die in ihr enthaltenen normativen Ziele offen gelegt werden.

2. Knappheit und Zielkonflikte als zentrale Themen

2.1. Güter und Güterknappheit

Nach dieser grundlegenden Einführung stellen sich vor allen Dingen folgende Fragen: Warum ist es wichtig zu wirtschaften? Was ist überhaupt Ökonomie? Womit beschäftigt sich die Ökonomie im Unterschied zu anderen Sozialwissenschaften?

Um diesen Fragen nachzugehen, wird im folgenden – auf Grund der besseren Vorstellbarkeit – ein privater Haushalt betrachtet, die Ausführungen lassen sich aber entsprechend abgewandelt auch auf Unternehmen und öffentliche Haushalte übertragen.

Ein Haushalt (unter der Annahme, dass es sich um einen Single-Haushalt handelt, kann man sich auch einen einzelnen Menschen vorstellen) hat in erster Linie **Bedürfnisse** – er möchte essen, trinken, sich vergnügen, erholen etc. Seine vielfältigen Bedürfnisse können als subjektiv von ihm empfundener Mangelsituationen beschrieben werden. Der Haushalt strebt danach, diese Mängel zu beseitigen. Mittel dazu, d.h. Möglichkeiten zur Bedürfnisbefriedigung, sind **Güter**. Die VWL hat dabei einen umfassenden Güterbegriff, der sehr verschiedene Arten von Gütern enthält (siehe Übersicht 2.1).

Diese Bedürfnisse will er nach Möglichkeit alle sofort und komplett befriedigen – er möchte beispielsweise sofort so viel essen, bis er satt ist. Was hindert ihn aber daran, dies zu tun?

Es ist immer die Tatsache, dass diese Güter, die er alle gern besitzen möchte, nicht frei verfügbar sind. Von **freien Gütern** spricht man, wenn diese jedem, jederzeit, überall und in jeder beliebigen Menge kostenfrei zur Verfügung stehen. Leider sind nur die wenigsten Güter frei und so muss der betrachtete Haushalt meistens Geld aufwenden, um die gewünschten Güter in der gewünschten Menge zu erwerben. Man spricht in diesem Fall von einem **wirtschaftlichen (ökonomischen) Gut**.

Übersicht 2.1: Der Begriff „Gut"

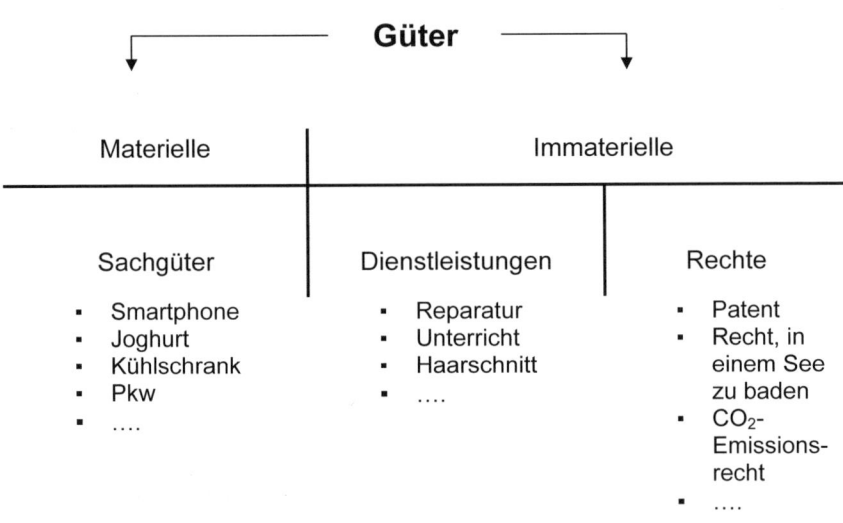

Dieses ist knapp (d.h. nur in begrenztem Umfang verfügbar) und nur gegen ein entsprechendes Entgelt zu erhalten. Aber auch die finanziellen Mittel (Einkommen, Vermögen) des Haushaltes – wir können uns hier wieder Jens vorstellen – sind begrenzt, so dass er zwischen dem Konsum diverser Güter entscheiden muss. Genau diese Begrenzungen zwingen den Beispiel-Haushalt zu wirtschaften.

Jens muss entscheiden,

…ob er sein Geld lieber für Gummibärchen oder Schokokekse ausgibt,

…ob er sich von seinem Budget lieber mehr Nahrung oder mehr Getränke kauft,

…ob er in die Disco oder in die Oper geht,

…ob er sich ein E-Zeitungsabonnement zulegt oder in einen Sportverein eintritt,

…wie viel Zeit des Tages er sich erholt und wie viel er für Arbeit aufwendet (um sich mit dem Arbeitsentgelt andere Güter leisten zu können),

…ob er sich von seinen begrenzten Mitteln ein bestimmtes Gut kauft oder ob er

…lieber spart.

Diese Überlegungen gelten aber nicht nur für Jens, sondern etwas abgewandelt für jedes Unternehmen und für ganze Volkswirtschaften. Unternehmen verfügen immer nur über begrenzte Mittel: Zum Beispiel ist die Zahl der qualifizierten Mitarbeiter – etwa in Person des Fügetechnik-Spezialisten Jens – beschränkt und deshalb ist eine Entscheidung notwendig, an welchen Kundenaufträgen Jens in den nächsten drei Monaten mitarbeiten soll. Genauso gilt für eine ganze Volkswirtschaft, dass die vorhandenen Ressourcen (in Form der verfügbaren Produktionsfaktoren) begrenzt sind. Diese Knappheit der Ressourcen aller Art (egal ob es sich um Einkommen, Kapital, Arbeitskräfte, Konsumgüter usw. handelt) macht es erforderlich, „ökonomisch" zu handeln, was umgangssprachlich nichts anderes als „sparsam" bedeutet und insoweit bereits auf die dahinter stehende Knappheit verweist.

Wirtschaften heißt also, das Spannungsverhältnis zwischen unbegrenzten Bedürfnissen und knappen Mitteln (Ressourcen) durch rationales (d.h. planvolles, nicht zufälliges) Verhalten so weit wie möglich zu verringern.[7]

Im Mittelpunkt der Wirtschaftswissenschaften stehen demnach auch nur die knappen (oder wirtschaftlichen) Güter, da nur sie ein solches Spannungsverhältnis aufbauen.

Für freie Güter muss man – laut Definition – keine Mittel aufwenden, sie sind „gratis" erhältlich. Es gibt demnach nur ein Land, in dem nicht gewirtschaftet werden muss: das Schlaraffenland, denn dort sind alle Güter frei.

Allerdings ist zu beachten, dass Güter nicht „von Natur aus" oder „ihrem Wesen nach" frei sind. Die Frage, ob ein Gut frei ist oder nicht hängt von der jeweiligen betrachteten Situation ab. Sand ist in der Sahara beispielsweise ein freies Gut, während Sand einer bestimmten Körnung auf einer Baustelle in München ein knappes Gut ist. Luft zum Atmen ist i.d.R. ein freies Gut, bei schlimmsten Luftverschmutzungen wird allerdings in chinesischen Städten auch schon „Luft" verkauft, womit sie ein wirtschaftliches Gut geworden ist. Für einen Taucher oder Astronauten ist Luft sowieso ein knappes Gut.

Die VWL (und auch die BWL) beschäftigen sich ausschließlich mit knappen Gütern; sie betrachten also nur den Sand in München und nur die knappe saubere Luft in Japan. Knappheit ist das grundlegende Thema der Ökonomie. Es schlägt sich in der Knappheit von Gütern und Produktionsfaktoren ebenso nieder, wie in der Begrenztheit von Einkommen und Vermögen der privaten Haushalte und der Eigenkapitalausstattung und generell der Finanzmittel von Unternehmen. Und

---

[7] Die Volkswirtschaft wird daher auch wie folgt definiert: „Economics is the science which studies human behaviour as a relationship between ends and scarce means which have alternative uses" (Lionel Robbins, 1932: 15).

auch der Staat insgesamt steht vor dem Problem begrenzter finanzieller Ressourcen (etwa Steuereinnahmen) bei einer Vielzahl von Ausgabenwünschen.

Übersicht 2.2: Verschiedene Arten von Gütern

Bezeichnung	Unterscheidungsmerkmale	Beispiele
	Verfügbarkeit	
Freie Güter	beliebige Mengen (überall und jederzeit)	Luft zum Atmen
Ökonomische Güter	begrenzt	Smartphone, Banane, Waschmaschine
	Verwendbarkeit	
Substitutionsgüter	wechselseitig ersetzbar	Butter, Margarine
Komplementärgüter	zusammengehörig	Kaffee, Kaffeefilter
	Art	
Homogene Güter	keine Qualitätsunterschiede	Elektrizität
Heterogene Güter	Qualitätsunterschiede	Fernseher, Joghurt
	Reaktion auf Einkommenssteigerungen	
Superiore Güter	zunehmender Verbrauch	Reisen, Champagner
Inferiore Güter	abnehmender Verbrauch	Kartoffeln, Brot

Neben der Unterscheidung von freien und ökonomischen Gütern enthält Übersicht 2.2 eine Reihe von weiteren in der Ökonomie wichtigen Arten von Gütern. Sind zwei Güter für eine Person gegenseitig beliebig austauschbar, handelt es sich um **Substitutionsgüter**. Ein solcher Fall liegt bspw. vor, wenn Jens es völlig egal ist, ob er sich Margarine oder Butter auf sein Frühstücksbrötchen schmiert. Bei **Komplementärgütern** ist es genau umgekehrt: Sie sind nur zusammen nützlich. Für die Zubereitung der Kanne Kaffee, die Jens zum Frühstück trinkt, um richtig wach zu werden, benötigt er genau einen Kaffeefilter und 80 Gramm Kaffee. Kaffeefilter und Kaffeepulver sind alleine jeweils ohne Nutzen für Jens.

Als **homogene Güter** bezeichnet man Produkte, die keinerlei Qualitätsunterschiede aufweisen. Bei Elektrizität bspw. ist die Qualität jeder Kilowattstunde komplett gleich, egal von welchem Anbieter sie bezogen wird. Die allermeisten Güter sind allerdings **heterogene Güter**. Bei ihnen sind mehr oder weniger große Qualitätsunterschiede festzustellen. Ein Mercedes besitzt eine deutlich höhere Qualität als bspw. ein PKW der Marken Lada oder Tata.

Außerdem gibt es sogenannte **superiore Güter**. Sie zeichnen sich dadurch aus, dass sie bei einem steigenden Einkommen eines Individuums von diesem verstärkt gekauft werden. Urlaub bzw. Reisen sind etwas, für das in den letzten 60 Jahren in Deutschland von den privaten Haushalten immer mehr Geld ausgegeben worden ist. Im Gegenteil dazu werden **inferiore Güter** bei steigendem Einkommen immer unbeliebter. Hierzu zählen bei Betrachtung der letzten 60 Jahre bspw. Grundnahrungsmittel wie Kartoffeln und Graubrot.

Alle aufgeführten **Beispiele sind allerdings nur begrenzt gültig**. Die Frage, ob ein Gut ein Substitutionsgut oder ein inferiores Gut darstellt, ist jeweils von Individuum zu Individuum unterschiedlich und auch Elektrizität ist dann kein homogenes Gut, wenn der Energieträger (Kohle, Windkraft usw.) berücksichtigt wird.

2.2. Ökonomische Prinzipien und ökonomisches Verhaltensmodell

Welche Konsequenzen hat die Knappheit von Gütern und Produktionsfaktoren? Zwei Folgerungen ergeben sich. Erstens sind Entscheidungen notwendig, weil nicht alle Wünsche realisierbar sind und zweitens sollten diese Entscheidungen so getroffen werden, dass sie die Wünsche möglichst gut erfüllen. Diese Forderung nach „möglichst guter Erfüllung" heißt in der Ökonomie **Effizienz**.

Das **ökonomische Prinzip** beschreibt die zwei denkbaren Alternativen einer effizienten Nutzung vorhandener Ressourcen, die auch für Entscheidungen in den Haushalten gelten:

- **Minimalprinzip:**

  = Versuche ein gegebenes Ziel mit minimalem Mitteleinsatz zu erreichen! Für ein Unternehmen bedeutet dies, dass es bestrebt sein sollte, eine festgelegte Outputmenge mit minimalem Einsatz an Produktionsfaktoren herzustellen.

- **Maximalprinzip:**

  = Versuche mit gegebenen Mitteln ein maximales Ergebnis zu erzielen! Für Unternehmen heißt das, mit einer festen Menge an Inputs eine möglichst große Menge an Gütern zu produzieren.

Übersicht 2.3: Ökonomische Prinzipien

	Input Mitteleinsatz	Output Ergebnis
Minimalprinzip	minimieren	gegeben
Maximalprinzip	gegeben	maximieren

Ein effizienter, ökonomischer Umgang mit Ressourcen liegt vor, wenn keine Ressourcen verschwendet werden (also das ökonomische Prinzip beachtet wird). Dann hat man optimal gewirtschaftet.[8]

Ergänzend zu diesen allgemeinen Grundsätzen des ökonomischen Prinzips entwickelt die VWL zwei zentrale Hypothesen hinsichtlich des menschlichen Verhaltens, die den Untersuchungen in der Regel zu Grunde liegen. Dieses Verhaltensmodell wird häufig als **„Homo oeconomicus"** bezeichnet:[9]

- **Eigennutzorientierung**

---

[8] „Optimal" ist ein zum Teil inflationär verwendeter Begriff. Er ist nur sinnvoll, wenn deutlich ist, anhand welcher Zielgröße er gemessen wird. Hier ist dies der möglichst geringe Verbrauch von Ressourcen im Verhältnis zu bestimmten Zielen.

[9] Diese zwei Annahmen stellen eine „schwache" Fassung dar. In einer „starken" Variante wird zusätzlich Nutzenmaximierung (bzw. Gewinnmaximierung) und vollständige Information des Wirtschaftssubjektes unterstellt.

Jedes Wirtschaftssubjekt versucht durch sein individuelles Handeln seinen eigenen Vorteil zu verfolgen.

- **rationales Verhalten**

  Dazu wird es die individuell verfolgten Ziele planvoll abwägen und geeignete Mittel einsetzen, um diese zu erreichen. Es handelt nicht zufällig, sondern überlegt.

Im Rahmen der Mikroökonomie (einzelwirtschaftliche Betrachtung) würde dies bedeuten, dass die Haushalte versuchen ihren Nutzen (d.h. die aus dem Kauf eines Gutes gezogene Befriedigung) zu erhöhen.

Unternehmen hingegen werden, sofern sie nach den zwei oben aufgezeigten Prinzipien handeln, bestrebt sein, ihren Gewinn aus der Produktion und dem Verkauf von Gütern zu steigern. Der Gewinn ist also ein Spezialfall des Nutzens bei Unternehmen.

Die Annahmen des ökonomischen Verhaltensmodells werden vor allem unter drei Aspekten kritisiert.

Erstens, wird die Prämisse des egoistischen Verhaltens als **ethisch fragwürdig** angesehen. Hierzu ist festzuhalten, dass der Homo oeconomicus eine positive und keine normative Aussage ist. Es geht also nicht darum, ob es nicht wünschenswert wäre, wenn die Individuen sich altruistisch verhalten würden, sondern um die Frage, welches Verhalten man als Tatsache in der realen Welt unterstellen muss.

Ein wichtigerer Einwand ist zweitens, dass die Annahme der Verfolgung des eigenen Vorteils in Form der Nutzenmaximierung **inhaltsleer** ist, da jedes Verhalten damit erklärt werden kann. Wer sein Einkommen und Vermögen für Entwicklungsprojekte in der Dritten Welt spendet, maximiert seinen Nutzen (er hat Freude am Spenden), ebenso aber ein Individuum, das sich stattdessen eigene Villa, Swimming-Pool und teure Fernreisen leistet.[10] Tatsächlich lassen sich aber sehr häufig die Interessen und damit subjektiven Vorteile, die ein Individuum aus bestimmten Verhaltensalternativen zieht, vorab identifizieren und damit ist feststellbar, welche Verhaltensweisen dem Homo oeconomicus entsprechen und welche nicht. Konkret liegt bspw. das Interesse von Studierenden einer VWL-Veranstaltung vor allem darin, einen in der Prüfungsordnung vorgeschriebenen Leistungsnachweis mit einer möglichst guten Note zu erhalten. Die Ankündigung des Dozenten in einer zusätzlichen Veranstaltung klausurrelevante Aufgaben zu

---

[10] In dieser Fassung ist die Aussage der Nutzenmaximierung nicht falsifizierbar (siehe Kapitel 1.2), also ohne Erklärungskraft.

besprechen, lässt die Zahl der Studierenden, die diese Veranstaltung besuchen werden, voraussehbar stark ansteigen. Die Ankündigung des Dozenten aktuelle volkswirtschaftliche Probleme (ohne Klausurrelevanz) zu diskutieren, wird nur sehr wenige Studierende zum Besuch einer Zusatzveranstaltung bewegen. Auf der Grundlage des ökonomischen Verhaltensmodells ist dies vorhersehbar.

Drittens wird darauf verwiesen, dass Individuen nur **begrenzt rational** oder eben nicht immer egoistisch handeln. Dies ist in bestimmten Fällen zutreffend, aber das ökonomische Verhaltensmodell ist nicht deshalb abzulehnen, weil nicht alle Individuen ständig danach handeln. Wenn die Mehrzahl der Individuen ihre Entscheidungen überwiegend eigennutzorientiert und rational fällen, ist der Ansatz brauchbar.[11]

In der gesamten Mikroökonomie werden also – basierend auf dem ökonomischen Verhaltensmodell – die Anreize für ein bestimmtes Verhalten der Wirtschaftssubjekte analysiert. Aus der Knappheit, der Eigennutzorientierung und dem rationalen Verhalten lässt sich ableiten, vor welchen Entscheidungen ein Individuum steht und wie es sich (wahrscheinlich) verhalten wird. Diese Anreize (Incentives) können positiver oder negativer Art sein, das heißt ein bestimmtes Verhalten belohnen oder bestrafen. Das ökonomische Verhaltensmodell ist nicht nur auf Güter- und Faktormärkte anwendbar, sondern auch auf Märkte, in denen bestimmte Leistungen und Rechte keine Preise besitzen (bspw. Organe für Transplantationen, Studienplätze).[12]

Betrachten wir abschließend den BWL-Studenten Manfred, der im zweiten Semester seines Bachelor-Studiums die Vorlesungen Marketing und VWL besucht und die empfohlenen Lehrbücher dazu studieren muss, um am Ende des Semesters die Klausuren in diesen Fächern zu bestehen. Wenn Manfred seinen Nutzen aus der Lektüre beider Bücher maximieren will, muss er entscheiden, wie lange es sich lohnt VWL statt Marketing zu lesen (und umgekehrt). Solange der Nutzen, den er aus der Lektüre einer zusätzlichen Seite VWL zieht größer ist, als die dafür anfallenden zusätzlichen Kosten (hier bestehen diese nur aus dem Verzicht auf das Lesen des Marketing-Buchs) lohnt es sich mehr VWL zu lesen, also auf Marketing zu verzichten.

Diese Betrachtung einer **zusätzlichen Einheit** ist in der Ökonomie von erheblicher Bedeutung. Sie wird auch als **Grenzbetrachtung** oder als **Marginalanalyse** (Marginalprinzip) bezeichnet. Der hinzukommende Nutzen,

---

[11] Ausnahmen des rationalen Verhaltens werden insbesondere unter den Stichworten „Herding", „Framing" und „Fairness" diskutiert.
[12] Dieses sogenannte Market Design (Mechanism Design) wird einführend von Roth (2016) erläutert.

wenn Manfred eine weitere Seite VWL studiert, ist sein **Grenznutzen** aus dem VWL-Lesen. Der mit einer Seite mehr VWL-Buch – auf Grund der Zeitknappheit – verbundene Verlust an Lesezeit für das Marketing-Buch sind seine **Grenzkosten**.

Sobald der Grenznutzen den Grenzkosten entspricht, hat er einen Optimalpunkt erreicht, der festlegt, wie viele Seiten VWL und Marketing er täglich lesen sollte. In diesem Beispiel besteht der Grenznutzen für Manfred vor allem darin, dass er durch die Lektüre und das damit erworbene Wissen die Wahrscheinlichkeit des Bestehens der VWL-Klausur erhöht. Die Grenzkosten des Lesens einer Seite VWL bestehen in der durch den Verzicht auf Marketing-Lektüre erhöhten Wahrscheinlichkeit, die Marketing-Klausur nicht zu schaffen.

Auch sämtliche Kaufentscheidungen (Äpfel oder Birnen in den Einkaufskorb legen?) der privaten Haushalte lassen sich derart lösen. Bei Unternehmen besteht der marginale Vorteil bspw. aus dem zusätzlichen Umsatz, der sich mit einer weiteren produzierten Einheit erwirtschaften lässt oder aus der Zunahme der Absatzmenge durch die Einstellung eines weiteren Vertriebsmitarbeiters.

Das auf diesen Prinzipien basierende Verhalten erfolgt unter dem weiter oben beschriebenen Problem der Knappheit der Ressourcen – gerade auch für Studierende. Ein Studium bringt viele Probleme mit sich – in erster Linie ist die Zeit, die effektiv verbleibt um zu studieren, knapp und in Anbetracht der riesigen Stoffmasse winzig klein.

Jeder Student steht deshalb vor **abzuwägenden Alternativen** (sog. **Tradeoffs**):

- Soll ich ein Marketing- oder ein VWL-Buch lesen?
- Soll ich am Freitagabend die Präsenzveranstaltungen nachbereiten oder in die Kneipe gehen?
- Soll ich zu einer Präsenzveranstaltung gehen oder in der Zeit Zuhause arbeiten?
- ….

Im Grunde ist jede Entscheidung für etwas auch eine Entscheidung gegen etwas anderes – wenn man sich zum Beispiel entscheiden sollte, das Marketing-Buch zu lesen, kann man diese Zeit nicht mehr verwenden, um sich mit VWL zu beschäftigen. Man hat sich also gegen die Lektüre eines VWL-Buches entschieden.

Natürlich sind auch Kombinationen möglich, wie folgendes Beispiel illustriert:

Student Manfred kann in einer Stunde 30 Seiten seines Marketing-Buches lesen, andererseits benötigt er für die Lektüre von 30 Seiten VWL nur 30 Minuten (in einer Stunde schafft er also 60 Seiten VWL). Da er täglich neben dem Job nur 3 Stunden aufwenden kann, um Bücher zu lesen steht er vor dem Problem, wie er diese 3 Stunden nutzen soll. Dieses Entscheidungsproblem auf Grund der Zeitknappheit wird in Übersicht 2.4 grafisch dargestellt. In einem Koordinatensystem werden auf der Horizontalen (d.h. der x-Achse) die Seitenzahlen der Marketinglektüre abgetragen. Ebenso wird auf der Vertikalen (d.h. der y-Achse) mit den Seiten für VWL verfahren.

Übersicht 2.4: Manfreds Transformationskurve

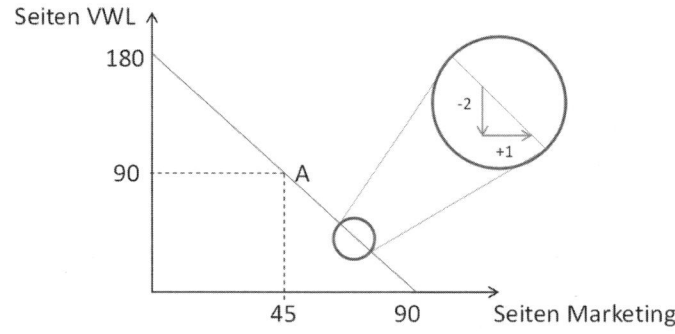

In den täglichen 3 Stunden kann Manfred maximal 90 Seiten Marketing lesen, falls er auf die VWL-Lektüre komplett verzichtet. Hält er umgekehrt Marketing für überflüssig oder ins nächste Semester verschiebbar, kann er maximal 180 Seiten VWL bewältigen (Ermüdungserscheinungen weisen Studenten ja bekanntlich im Fach VWL nicht auf). Er kann aber auch die Zeit aufteilen, d.h. auf einen gewissen Teil des VWL-Buches verzichten und stattdessen die gesparte Zeit für die Lektüre des Marketing-Buches aufwenden. Im vorgestellten Beispiel könnte Manfred eine zusätzliche Seite Marketing lesen (+1), wenn er es unterlassen würde 2 Seiten VWL zu lesen (-2). In der Grafik entspricht dies einer Bewegung auf der Geraden von links oben nach rechts unten. Diese Entscheidung wird in Übersicht 2.4 in der „herangezoomten" Vergrößerung abgebildet. Der Verzicht auf 2 Seiten VWL wird als **Opportunitätskosten** der

Entscheidung eine Seite Marketing mehr zu lesen bezeichnet.[13] Solche Opportunitätskosten spielen in der VWL und BWL aber auch im alltäglichen Leben eine zentrale Rolle. Eine mögliche Aufteilung seiner Lektürezeit sind 45 Seiten Marketing und 90 Seiten VWL (siehe Punkt A auf der Transformationskurve in Übersicht 2.4). Ohne weitere Informationen können wir aber nicht bestimmen, welcher Punkt auf der Transformationskurve für Manfred optimal ist und von ihm gewählt wird.

Das Prinzip der Darstellung kann auch für Unternehmen verwendet werden. Übersicht 2.5 beschreibt die Transformationskurve eines Unternehmens, das entweder maximal 360 Pkw oder 80 Lkw produzieren kann. Die Schlussfolgerungen, die hier gezogen werden, sind die gleichen wie bei Manfred und seinem Lektüreproblem. Um bei gegebenen Ressourcen einen Lkw zusätzlich herzustellen, muss das Unternehmen auf 4,5 Pkw verzichten (und umgekehrt).

Übersicht 2.5: Transformationskurve eines Unternehmens

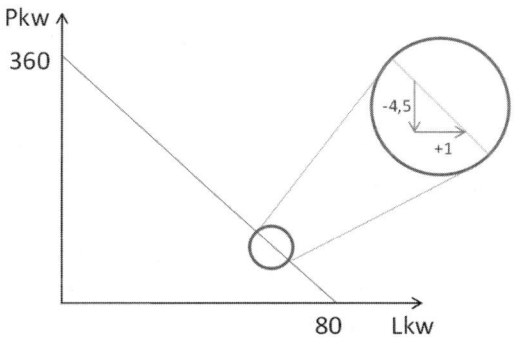

Bevor ein Individuum – in welcher Funktion auch immer – einen Markt betritt und Güter anbietet oder nachfragt, muss es für sich entscheiden, welche Güter auf welchen Märkten es zu welchem Preis kaufen will. Die VWL beschäftigt sich neben der Interaktion der einzelnen Wirtschaftseinheiten auf Märkten auch mit diesem individuellen Entscheidungsverhalten, welches jeder wirtschaftlichen Handlung vorausgehen sollte.

---

[13] Auch als Verzichtskosten oder Alternativkosten bezeichnet. Wir wissen: Wie dieses Problem genannt wird, ist unwichtig.

Zusammenfassend ist folgendes festzuhalten: Auf Grund der Knappheit von Ressourcen und Güter sind Entscheidungen zwischen verschiedenen Alternativen notwendig. Jede Entscheidung ist unvermeidlich mit dem Verzicht auf eine andere Alternative verbunden, d.h. jede Entscheidung zieht Opportunitätskosten nach sich. Ein rationales und nutzenmaximierendes Wirtschaftssubjekt wählt die Alternative, bei der die Opportunitätskosten am geringsten sind. Bei der Abwägung verschiedener Alternativen gehen die Wirtschaftssubjekte außerdem nach dem **Marginalprinzip** vor. Sie vergleichen die **zusätzlichen Kosten und Nutzen**, die mit der Entscheidung für eine weitere Einheit eines Gutes oder Ressource verbunden sind.

Die grundsätzliche Überlegung, dass man anfallende Tradeoffs in kleinen (marginalen) Schritten durch Vergleich der Grenzkosten und dem marginalen Vorteil löst, lässt sich auch außerhalb der ökonomischen Probleme auf jede denkbare Entscheidung anwenden.

2.3. Tausch und Arbeitsteilung

Wie bereits beschrieben, beschäftigt sich die VWL mit dem Zusammenwirken der einzelnen Wirtschaftssubjekte, d.h. der Vielzahl von privaten Haushalten und Unternehmen.

Zentrales Kennzeichen der wirtschaftlichen Entwicklung seit der industriellen Revolution, d.h. seit ca. 250 Jahren, ist die ständig zunehmende Arbeitsteilung, die ihrerseits eine extreme Spezialisierung bewirkt. Damit notwendigerweise verbunden sind ständig zunehmende Tauschvorgänge. Die aktuelle „Globalisierung" der Wirtschaft ist nichts anderes als der gegenwärtige Stand dieser bereits seit Langem wirksamen Entwicklungstendenzen.

Noch bis Mitte des 18. Jahrhunderts versorgte sich ein Großteil der Bevölkerung selbst (= **Subsistenzwirtschaft**), indem sie auf ihren Äckern und Gärten die für den eigenen Verbrauch notwendigen Lebensmittel anbauten und nur wenige Tauschbeziehungen (bspw. bzgl. Metallwaren, Stoffen, Keramik) pflegten. In der reinen Subsistenzwirtschaft kann aber jeder nur verbrauchen, was er selbst hergestellt hat.

Um die Subsistenzwirtschaft und die **Spezialisierungsvorteile bei Arbeitsteilung** zu verdeutlichen, wird im Folgenden ein Szenario verwendet, bei dem lediglich zwei Individuen, nämlich Susanne und Friederike, zunächst jede für sich, Subsistenzwirtschaft betreiben (anders formuliert: autark produzieren):

Susanne entscheidet sich dafür, dass sie einen Tag am Meer verbringen und sich erholen möchte. Dafür benötigt sie 1 Strohhut und 3 Pizzen als Proviant. Ihre Freundin Friederike hat genau das Gleiche vor und identische Bedürfnisse. Für das Basteln eines Strohhuts muss Susanne 6 Zeiteinheiten (ZE) aufwenden, für das Zubereiten von 3 Pizzen 10 ZE. Ihre Freundin Friederike hingegen ist handwerklich nicht so geschickt und benötigt für einen Strohhut 11 ZE, während sie 3 Pizzen in durchschnittlich 7 ZE bäckt.

Wenn beide für sich ihren Ausflug planen und vorbereiten (Subsistenzwirtschaft, Autarkie), benötigen sie zusammen 34 ZE für die Vorbereitung (siehe Übersicht 2.6). Sofern sie sich hingegen spezialisieren (es ist offensichtlich, dass Friederike besser Pizzen backen und Susanne besser Strohhüte basteln kann) und ihre Arbeit entsprechend der persönlichen Fähigkeiten aufteilen, kann es beiden besser gehen.[14]

Übersicht 2.6: Susanne, Friederike und ein Tag am Meer

	1 Strohhut	3 Pizzen	Subsistenz	Spezialisierung	Handelsgewinn = (Zeitgewinn)
Susanne	6 ZE	10 ZE	16 ZE	12 ZE	4 ZE
Friederike	11 ZE	7 ZE	18 ZE	14 ZE	4 ZE
			∑ 34 ZE	∑ 26 ZE	∑ 8 ZE

Wenn Susanne für sich und Friederike je einen Strohhut bastelt, und Friederike insgesamt 6 Pizzen bäckt, sind beide insgesamt nur 26 ZE mit der Vorbereitung des Ausfluges beschäftigt. Sowohl die Zeit, die Susanne, als auch Friederike aufwenden müssen, sinkt – damit haben beide einen Anreiz, sich zu spezialisieren und einen Strohhut (hergestellt von Susanne) gegen 3 Pizzen (zubereitet von Friederike) zu tauschen.

Übertragen auf Volkswirtschaften erklärt dieses recht einfache Beispiel den Grund der Arbeitsteilung und der vielen Tauschvorgänge im modernen

---

[14] Das Beispiel beruht darauf, dass Susanne absolut schneller Strohhüte und Friederike absolut schneller Pizzen herstellen. Es lässt sich zeigen, dass die erläuterten Vorteile der Spezialisierung und des Handels auch gelten, wenn einer der Beteiligten bei der Herstellung beider Güter absolut schneller ist, solange ein sogenannter komparativer Vorteil existiert. Diese Argumentation hat David Ricardo (1772 – 1823) ein englischer Ökonom entwickelt.

Wirtschaftsleben. Dies gilt auch für die Außenhandelsbeziehungen zwischen Staaten. Dazu müssen wir nur Susanne und Friederike durch bspw. Deutschland und Ungarn ersetzen und statt Strohhut und Pizzen etwa Maschinen und Weizen betrachten. **Gesellschaftliche und internationale Arbeitsteilung** führen zu einer effizienteren Produktion. Im obigen Beispiel wird der gleiche Output (insgesamt 2 Strohhüte (Maschinen) und 6 Pizzen (Weizeneinheiten) mit geringerem Zeitaufwand produziert (Minimalprinzip).

Wie man sieht, kann es durch **Handel** jedem besser gehen. Handel ermöglicht es jedem (sowohl Einzelpersonen, als auch gesamten Volkswirtschaften), sich auf seine beste Befähigung zu spezialisieren – ob das nun das Pizza-Backen bei Friederike, die Hightech-Produktion industrieller Gasturbinen im Siemens-Konzern oder die billige Textilien-Produktion des Unternehmens Mayford Garments in Malaysia ist. Durch den Handel mit anderen Menschen und Nationen wird eine größere Vielfalt an Waren und Dienstleistungen zu niedrigeren Kosten gewährleistet.

Die Weltwirtschaft bietet demnach auch die Möglichkeit, dass jeder Einzelne in Deutschland aus einer breiteren Palette angebotener Güter wählen kann, die auf Grund des internationalen Handels günstiger sind als bei Subsistenzwirtschaft.

Zwei wichtige Aspekte sind festzuhalten: Erstens handelt es sich bei den Marktprozessen um freiwillige Tauschakte, die beiden Seiten einen Vorteil verschaffen. Der **Tausch** (= Kauf und Verkauf von Gütern auf Märkten) ist also **kein Nullsummenspiel**, bei dem ein Vorteil eines Beteiligten nur auf Kosten des anderen Beteiligten möglich ist. Allerdings bleibt zweitens die genaue Verteilung des Handelsgewinns offen: Profitieren beide Seiten in gleichem Umfang? Und wenn es sich um Staaten handelt, wer profitiert innerhalb eines Staates in welchem Ausmaß? Innerhalb einer Volkswirtschaft können einzelne Unternehmen (und Branchen) negativ betroffen sein, auch wenn insgesamt ein Handelsgewinn entsteht.[15]

Das Wirtschaftsleben wird heutzutage (mit Ausnahme einiger planwirtschaftlicher Staaten) durch Märkte organisiert. In einer **Marktwirtschaft** wirken Nachfrager und Anbieter auf verschiedensten Märkten zusammen und bestimmen durch ihre gegenseitigen (Ver-)Handlungen im Verlauf von Tauschvorgängen die Preise von Gütern. Im Gegensatz dazu werden in einer **Planwirtschaft** volkswirtschaftliche Aktivitäten durch staatliche

---

[15] Dass <u>einzelne</u> Unternehmen und Branchen ggf. schrumpfen oder vom Markt verdrängt werden, gilt aber nicht nur für den Außenhandel sondern auch für jede technisch-organisatorische Innovation.

Regulierungsbehörden vorgegeben. Der Staat bestimmt – meist für längere Zeiträume im Voraus – wie viel produziert wird und zu welchem Preis die produzierten Güter verkauft werden. Diese führte zu teilweise drastischen Versorgungslücken und zu einer nicht-nachfrageorientierten Produktion. Obwohl sich in Marktwirtschaften Millionen dezentraler Einzelentscheidungen teilweise gegenläufig verhalten, hat sich herausgestellt, dass Marktwirtschaften die Volkswirtschaft nicht nur sehr gut organisieren, sondern zugleich auch eine bessere Güterversorgung fördern.

In seinem 1776 erschienenen Buch „The Wealth of Nations" beschreibt **Adam Smith**, der Begründer der modernen VWL, diese Tatsache folgendermaßen: Haushalte und Unternehmungen wirken auf Märkten zusammen, als ob sie von einer **„unsichtbaren Hand"** zu guten Marktergebnissen geführt werden.[16] Dieser auch als Marktmechanismus bezeichnete Effekt sorgt dafür, dass der Markt geräumt wird (die nachgefragte und insgesamt gekaufte Menge entspricht der produzierten und insgesamt verkauften Menge) und dass diejenigen Nachfrager das Gut erhalten, die ihm den höchsten Wert beimessen. In Planwirtschaften gibt es stattdessen eine „sichtbare Hand" in Form zentraler Planungsmechanismen.

Der Marktmechanismus kann seine Wirkung allerdings nur dann voll entfalten, wenn einerseits der Markt nicht durch staatliche Eingriffe verzerrt oder beseitigt wird. Andererseits kann es aber sinnvoll sein, von staatlicher Seite in einen Markt einzugreifen, bspw. wenn ein einzelnes Unternehmen eine marktbeherrschende Stellung hat. Auch mit Fragen des Marktgeschehens, der Preisbildung, dem Einfluss staatlicher Eingriffe in das Marktgeschehen und der Funktionsweise von Planwirtschaften beschäftigt sich die VWL.

---

[16] Adam Smith (1723 – 1790) war ein schottischer Philosoph und Nationalökonom.

2.4. Effizienz und Gerechtigkeit

Beide Wirtschaftswissenschaften – also sowohl die Betriebs-, als auch die Volkswirtschaft – befassen sich ausschließlich mit knappen Gütern.

Daraus ergeben sich zwei Problemkreise:

- Wie kann man die Knappheit mildern (Wie kann man die verfügbare Güterzahl ausweiten/maximieren)? Salopp formuliert: Wie kann man den Kuchen möglichst groß ausfallen lassen?
- Wie sollte man die knappen Güter verteilen? Also: Wer bekommt welchen Anteil vom Kuchen?

Der erste Problemkreis beschäftigt sich mit der **Effizienz**. Gesamtwirtschaftlich betrachtet heißt dies: Wie kann man die knappen Produktionsfaktoren (qualifizierte Arbeit, Kapital, fruchtbarer Boden) derart ökonomisch einsetzen, dass der produzierte Output, also die zu verteilende Güterzahl, möglichst maximal wird? Man hat es hier mit einem **Allokationsproblem** zu tun – wie soll man die verfügbaren Produktionsfaktoren kombinieren, um einen maximalen Güteroutput zu erwirtschaften?

Die Knappheit der Güter lässt sich trotz der Knappheit der Produktionsfaktoren (Ressourcen) mildern, wenn diese effizient (ökonomisch) im Sinne des ökonomischen Prinzips eingesetzt werden. Würden die Produktionsfaktoren nicht effizient eingesetzt, käme es zu einer Verschwendung von Ausgangsmaterialien der Produktion. Die Knappheit würde nicht so stark wie möglich verringert, da man mit den eingesetzten Inputs mehr produzieren könnte.

So wie die gegebene Knappheit in Form der Lesezeit des BWL-Studenten Manfred im Abschnitt 2.1 erläutert wurde, können einige grundlegende Zusammenhänge auch für eine ganze Volkswirtschaft graphisch dargestellt werden. Dies erfolgt durch eine Wiedergabe der **gesamtwirtschaftlichen Produktionsmöglichkeiten** in einem Modell mit zwei Outputs nämlich Konsumgütern und Industriegütern. Konsumgüter werden von den privaten Haushalten und Industriegüter von den Unternehmen nachgefragt. Die notwendigen Inputs in Form der Produktionsfaktoren Arbeit, Kapital und Natur werden als gegeben und konstant angenommen. In einem Koordinatensystem werden auf der x-Achse (Abszisse) die Konsumgütermenge und auf der y-Achse (Ordinate) die Industriegütermenge abgetragen (siehe Übersicht 2.7). Die **gesamtwirtschaftliche Transformationskurve** (sie wird auch als Kapazitätslinie oder Produktionsmöglichkeitenkurve bezeichnet) gibt an, welche

Kombinationen von zwei Güterarten maximal in einer Volkswirtschaft pro Periode bei gegebener Ausstattung mit Produktionsfaktoren produziert werden können.

Übersicht 2.7: Gesamtwirtschaftliche Transformationskurve

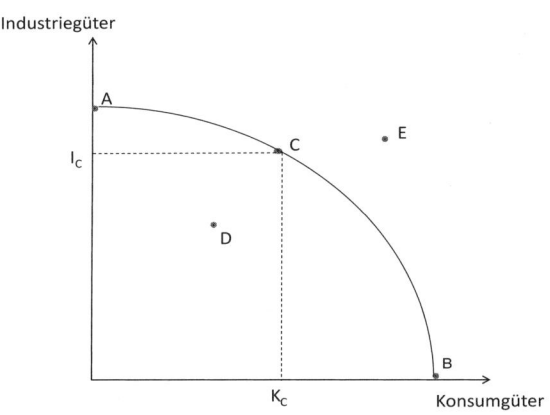

Werden nur Konsumgüter produziert, kann der Punkt B erreicht werden. Werden stattdessen ausschließlich Industriegüter hergestellt, befindet sich die Volkswirtschaft im Punkt A. Der Punkt E ist bei gegebenen Mengen der Produktionsfaktoren (einschließlich des technischen und organisatorischen Wissens) nicht erreichbar. Der Punkt D ist grundsätzlich realisierbar, aber es liegt hier ein ineffizienter Einsatz der Produktionsfaktoren vor. Diese sind nicht ausgelastet, liegen brach bzw. sind nicht optimal kombiniert. Es handelt sich um einen Verstoß gegen das Maximalprinzip. C ist einer von vielen effizienten und realisierbaren Output-Kombinationen. Im Punkt C existiert wie auf der gesamten Transformationskurve ein so genanntes **Pareto-Optimum**:[17] Es ist nicht möglich, von einem Gut mehr herzustellen, ohne notwendiger Weise von einem anderen Gut weniger herstellen zu müssen.

In der Marktwirtschaft haben alle Güter und auch alle Produktionsfaktoren Preise, durch die sie tendenziell in die effizienteste Verwendung gelenkt werden (z.B. führen hohe Ölpreise automatisch zu energiesparendem Verhalten der Wirtschaftssubjekte). So lässt sich unter bestimmten (allerdings restriktiven) Annahmen zeigen, dass in einer Volkswirtschaft mit perfekt funktionierendem

---

[17] Benannt nach Vilfredo Pareto (1848-1923), einem italienischen Nationalökonomen.

Wettbewerb ein pareto-optimaler Punkt auf der Transformationskurve erreicht wird.

Über diese statische Effizienz hinaus ist die dynamische Effizienz ökonomisch mindestens ebenso relevant. Hierbei geht es darum, wie durch technisch-organisatorischen Fortschritt die Transformationskurve nach außen verschoben werden kann.

Der zweite Problemkreis behandelt Fragen der **Gerechtigkeit.**

Da die Menge an vorhandenen (zuvor produzierten) Gütern generell geringer ist, als die Menge, die die einzelnen Wirtschaftssubjekte gerne besitzen möchten, stellt sich die Frage, in welcher Weise die knappen Güter auf die Nachfrager verteilt werden sollen. Man hat es hier also mit einem **Verteilungsproblem** zu tun (auch als Distributionsproblem bezeichnet).

In der Marktwirtschaft erfolgt die Verteilung der knappen Güter in der Regel dadurch, dass diese Preise haben und entsprechend dem Einkommen bzw. Vermögen und der Nachfrage der Konsumenten auf diese verteilt werden. Das Prinzip hinter dieser Verteilung ist, dass diejenigen Konsumenten, die einem Gut einen relativ hohen Wert beimessen, auch bereit sind, entsprechend viel dafür zu zahlen. Durch die Verteilung anhand von Preisen wird sichergestellt, dass diejenigen das Gut erhalten, die ihm den höchsten Wert beimessen.

Andere Verteilungsprinzipien (Warteschlangen – beispielsweise für den Trabant; das Windhundprinzip – „Wer zuerst kommt, mahlt zuerst!"; Bezugsscheine; Verlosungen; Verteilung anhand von (sozialen) Beziehungen (beispielsweise Wohnungen in der DDR) haben sich als nicht so funktional herausgestellt, wie die Verteilung anhand der individuellen Zahlungsbereitschaft.

Unter wissenschaftstheoretischem Aspekt gilt, dass Allokationsprobleme im Allgemeinen durch positive theoretische und empirische Analysen lösbar sind. Verteilungsprobleme sind dagegen in der Regel nur durch Rückgriff auf normative Überlegungen entscheidbar.

Auch bei Verteilungsproblemen lässt sich aber ein Pareto-Optimum definieren. Eine **pareto-optimale Verteilung** liegt vor, wenn es nicht möglich ist, ein Individuum durch Umverteilung besser zu stellen, ohne dass jemand anderes dafür zwangsläufig schlechter gestellt werden müsste. Volkswirte gehen im Allgemeinen davon aus, dass Umverteilungen möglich sind, solange noch kein Pareto-Optimum vorliegt: In dieser Situation kann ein Individuum besser gestellt werden – bspw. mit zusätzlichen Gütern versorgt werden, ohne irgendein anderes Individuum schlechter zu stellen – d.h. diesem Güter wegnehmen zu müssen. Da dadurch also keiner etwas verliert, sollte eine solche Umverteilung auf die Zustimmung aller Individuen stoßen. Aber selbst diese Art der Umverteilung enthält ein normatives Urteil. Sie geht davon aus, dass die **relative Ausstattung** der Individuen mit Gütern nicht relevant ist. Außerdem sind wirtschaftspolitische Entscheidungen fast immer Entscheidungen, bei denen ein Mehr für die Einen ein Weniger für die Anderen bedeutet.[18]

Wichtig ist vor allem, dass die VWL zunächst Effizienz und Gerechtigkeit getrennt voneinander untersucht. Ansonsten wäre in der Mikroökonomie immer noch die Frage des „gerechten" Preises der Ausgangspunkt unserer Analysen – so wie dies jahrhundertelang seit Aristoteles (384 v. Chr. – 322 v. Chr.) ohne Ergebnis getan wurde. Dies heißt nicht, dass normative Gerechtigkeits-vorstellungen keine Rolle spielen dürfen. Zum Beispiel wird bei Mieten gerne argumentiert, dass diese für viele Haushalte zu hoch sind, um sich den lebensnotwendigen Wohnraum leisten zu können. Die Mikroökonomie kann in einer positiven Betrachtung erstens die Effizienzprobleme von staatlich festgelegten Höchstmieten identifizieren. Zweitens kann sie herausarbeiten, dass das Verteilungsproblem ja nicht die zu hohen Mieten sind, sondern mit genauso großer Berechtigung die zu niedrigen Einkommen der betreffenden Haushalte. Als Lösung des Verteilungsproblems bieten sich dann drittens Einkommenszuschüsse (Wohngeld) als Lösung an, soweit diese zu geringeren Effizienzverlusten führen.

---

[18] Die Politikwissenschaft beschäftigt sich im Unterschied zur VWL schwerpunktmäßig mit solchen Problemen. Nach einer gängigen Definition geht es in der Politikwissenschaft darum, „Who gets What, When, How." (Harold Lasswell, 1936).

3. Volkswirtschaftliche Methoden

Typisch für das methodische Vorgehen der VWL ist das **Denken in Modellen**. Modelle sind vereinfachte Abbildungen eines ausgewählten Teils der Realität, der für die Untersuchung irrelevante „Rest" wird weggelassen. Dieses Weglassen wird als **ceteris-paribus-Methode** bezeichnet („unter sonst gleichen Bedingungen"). So kann der Einfluss einer Größe (Ursache) auf eine andere Größe (Wirkung) isoliert unter Konstanz der übrigen Bedingungen analysiert werden. Modelle bestehen also aus einem oder mehreren Ursache-Wirkungs-Zusammenhängen.

Ein Beispiel eines Modells ist eine Analyse, wie sich die nachgefragte Menge eines Gutes verändert, wenn der Preis steigt und alle anderen Bedingungen gleich bleiben (= ceteris paribus). Ein Anwendungsfall dazu ist die verkaufte Menge Gummibärchen eines Süßwarenproduzenten im vierten Quartal des Jahres 2010 in Thüringen. Neben dem Preis existieren viele andere relevante Einflussfaktoren: Individuelle Vorlieben der (potentiellen) Käufer, Jahreszeit, Einkommen, Qualität, Werbung, Trends und Moden, Vertriebskanäle, Temperaturverhältnisse, die Preise der Gummibärchen der Konkurrenten, die Preise für andere Süßigkeiten usw.

Sollten nicht alle diese Einflussfaktoren mit berücksichtigt werden? Sind die Ergebnisse eines einfachen Modells, das nur den Zusammenhang zwischen Preis und Menge berücksichtigt, nicht einfach falsch?

Zwei Aspekte sind hier wichtig. Erstens ist in der VWL (und auch der BWL) immer eine letztlich unübersehbare Vielfalt von Einflüssen wirksam. Diese **hohe Komplexität** teilt die VWL mit allen anderen Sozialwissenschaften, in denen es um das Verhalten von Menschen geht. Alle Einflüsse gleichzeitig zu berücksichtigen ist aber unmöglich, die so entstehenden Modelle wären für praktische Anwendungen nicht brauchbar. Zweitens ist dies aber auch nicht notwendig, wenn es gelingt, die grundlegend wichtigen Zusammenhänge (die dominierenden Einflussfaktoren) zu ermitteln. Vereinfachende Modelle mit unrealistischen Annahmen sind also kein Problem, solange sie eine hinreichend gute Erklärung der fundamentalen Tendenzen liefern. Eine gute Theorie ist „cutting through complexity". Außerdem gilt, dass auch Definitionen und Systematisierungen – in der Regel der Ausgangspunkt von Modellen – starke Vereinfachungen der realen Gegebenheiten sind.

Die VWL bedient sich also zur Veranschaulichung ihrer Theorien, die sich in der Regel mit dem Zusammenhang zweier Variablen beschäftigen, sogenannter

Modelle, die eine vereinfachte Abbildung eines ausgewählten Teils der Realität darstellen. Sie enthalten als positive Aussagen die Erklärung von Zusammenhängen mittels Wenn-dann-Beziehungen.

Diese können verschiedene **Erscheinungsformen** aufweisen:

- **verbale Darstellungsform**

  Hierbei wird eine Theorie (ein Modell) mittels Wörtern und Sätzen umschrieben, also bspw.:

  „Die nachgefragte Menge nach Gummibärchen steigt, wenn dessen Preis sinkt." Diese Darstellungsform hat – insbesondere bei komplexeren Sachverhalten – den Nachteil, dass durch ungenaue Begriffsdefinitionen und umständliche Formulierungen Missverständnisse auftreten können.

- **grafische Darstellungsform**

  Die grafische Darstellungsform nutzt Koordinatensysteme, um die Zusammenhänge zweier Variablen zu verdeutlichen.

  Im Beispiel der Nachfrage nach Gummibärchen ergibt sich folgendes Bild:

Übersicht 3.1: Preis-Mengen-Diagramm

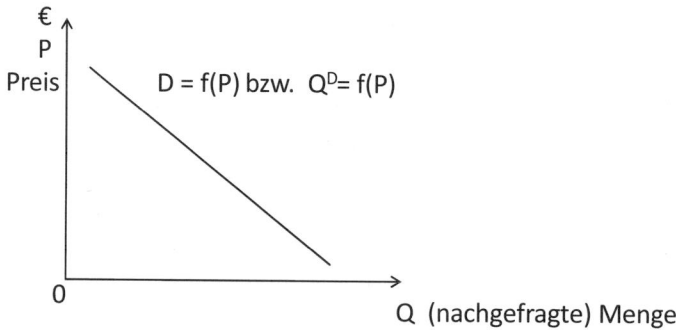

Die dargestellte Funktion (auch als Kurve bezeichnet) verdeutlicht exakt die gleiche Aussage - nämlich, dass die nachgefragte Menge nach Gummibärchen bei sinkenden Preisen steigt -, allerdings unmissverständlich.[19]

---

[19] Die grafische Darstellung im Preis-Mengen-Diagramm ist von Alfred Marshall, einem englischen Nationalökonomen, als gängige Methode in die VWL eingeführt worden (in seinem Buch „Principles of Economics" von 1890).

- **algebraische Darstellungsform**

  Hierbei werden die Zusammenhänge mittels Gleichungen bzw. Gleichungssystemen dargestellt. Allgemein könnte man beispielsweise formulieren, dass die nachgefragte Menge Gummibärchen (= Q^D) formelmäßig von deren Preis (= P) abhängt:

  $$Q^D = f(P)$$

  oder unter Zugrundlegung eines linearen Zusammenhangs:

  $$Q^D = a - bP$$

  Hier sind a und b gegebene Parameter (also keine Variablen).

  Sind die Parameterwerte bekannt (etwa a = 30 und b = 2), kommt man zur folgenden konkreten Form:

  $$Q^D = 30 - 2P$$

  Alternativ sind auch nichtlineare Beziehungen denkbar:

  $$Q^D = a - bP^2 \qquad \text{(oder auch } Q^D = a - b1/p)$$

Wie bei der grafischen Darstellung sind auch bei der Beschreibung als Gleichung (Fehl-)Deutungen ausgeschlossen.

Zwei Variablen, nämlich die nachgefragte Menge (Q^D) und der Preis der Gummibärchen (P) werden im Modell berücksichtigt. Dies sind die so genannten **endogenen Variablen**. Sie werden **im Modell erfasst**. Davon zu unterscheiden sind die **exogenen Variablen**. Sie sind nicht Kernpunkt der Betrachtung und werden als „**von außen** (exogen) **gegeben**" angenommen (im Beispiel also alle anderen Einflussfaktoren, wie Einkommen, Vermögen etc.). Dies wird in den obigen Darstellungen nur indirekt dadurch deutlich, dass keine anderen Einflussfaktoren außer dem Preis des Gutes in den Gleichungen auftauchen.

Während Veränderungen der endogenen Variablen in der grafischen Darstellung bereits durch die Funktion verdeutlicht sind (Preisänderungen stellen nichts anderes als **eine Bewegung auf der Funktion** dar), führen Änderungen der exogenen Variablen immer zu einer **Verschiebung der Funktion**.

Auch die zwei Variablen Preis und nachgefragte Menge können noch einmal unterschieden werden. Als **abhängige Variable** wird in der Ökonomie im Allgemeinen die Menge angesehen. Der Preis ist in diesem Zusammenhang die **unabhängige Variable** (d.h. $Q^D = f(P)$). Mit dieser Unterscheidung wird gleichzeitig eine bestimmte Ursache-Wirkungs-Richtung unterstellt:

Veränderungen des Preises sind die Ursache für Veränderungen der nachgefragten Menge.

Eine fundamentale Rolle spielt in der Ökonomie die Analyse und Verwendung von Preisen, Kosten, Umsätzen, Gewinnen etc. Alle diese Daten sind Geldgrößen, ausgedrückt in Geldeinheiten (Euro, Dollar etc.). Wichtig ist dabei, die Unterscheidung von **nominalen und realen Größen**. Nominale Größen sind die absoluten Werte. Bspw. beträgt der absolute Preis eines Samsung Galaxy S6 64GB (ohne Vertrag) im Sommer 2017 ca. 470 Euro. Die Aussagekraft solcher absoluten Größen (und ihre Veränderung) ist aber gering. Erst durch die Relation dieses Preises zu den Preisen anderer Smartphones, dem durchschnittlichen Einkommen bzw. dem durchschnittlichen Preisniveau ist er ökonomisch sinnvoll interpretierbar. Dies erfolgt durch die Bildung von relativen Preisen bzw. die Berechnung eines inflationsbereinigten Preises. Letzterer wird als realer Preis bezeichnet. Auch die Analyse von Kosten, Umsätzen und Gewinnen über mehrere Jahre hinweg basiert entweder auf relativen oder inflationsbereinigten Werten.

Die Ökonomie analysiert die Entscheidungen, die notwendig sind um möglichst effiziente Ergebnisse zu erzielen. Dazu verwendet die Ökonomie verschiedene mathematische Verfahren, die auf ökonomische Entscheidungsprobleme angewandt werden können. Ein wichtiges Instrument ist die Analyse von Funktionen, bspw. die Untersuchung von **Gewinnfunktionen**, **Kostenfunktionen** und **Nutzenfunktionen**. Wenn es gelingt, ein ökonomisches Entscheidungsproblem in einer Funktion auszudrücken, kann diese Funktion im nächsten Schritt auf ihre **Extremwerte** untersucht werden, d.h. es sind das **Maximum** (bspw. der Gewinnfunktion) oder das **Minimum** (bspw. der Kostenfunktion) zu bestimmen. Dazu müssen die 1. Ableitungen der betreffenden Funktionen berechnet werden. Diese ersten Ableitungen sind aber nichts anderes als die Untersuchungen marginaler Veränderungen. Bspw. geht es darum, wie sich die Kosten verändern, wenn ein Süßwarenproduzent genau eine 100-Gramm Tüte Gummibärchen mehr herstellt. Diese Kosten werden als Grenzkosten der Produktion einer zusätzlichen Tüte Gummibärchen bezeichnet. Solche **Marginalbetrachtungen** (oder Grenzbetrachtungen) sind ein zentraler Bestandteil der Mikro- und Makroökonomie.

Zusammenfassend kann das **wissenschaftliche Vorgehen in der VWL** in den einzelnen Schritten der Übersicht 3.2 dargestellt werden. Ausgehend von einer oder mehreren Fragestellungen werden zentrale Begriffe definiert (und ggf. auch systematisiert). Basierend auf einer Reihe von Annahmen erfolgt eine theoretische Analyse in Form eines Modells (verbal, grafisch oder in Gleichungsform). Dazu werden außerdem die vorhandenen empirischen Resultate zu unserer Problemstellung zusammengefasst. Die so ermittelten Ursache-Wirkungs-Beziehungen (dieses Modells) führen zu möglichen Erklärungen der aufgeworfenen Fragestellungen. Diese werden auch als Voraussagen (des Modells) oder als Hypothesen bezeichnet. Die Überprüfung dieser Voraussagen (Hypothesen) erfolgt in empirischen Untersuchungen anhand von Tatsachen. Damit eine solche Überprüfung prinzipiell möglich ist, müssen die **Hypothesen falsifizierbar** sein, d.h. es muss bestimmte Fakten (Daten) geben, die mit der Hypothese nicht vereinbar sind (siehe Kapitel 1.2). Werden die Voraussagen von den Tatsachen bestätigt, ist das Modell als „bis auf weiteres gültig" anzusehen. „Bis auf weiteres" bedeutet solange, bis andere oder neue Fakten dem Erklärungsmodell entgegenstehen. Stimmen die Tatsachen mit den Voraussagen nicht überein, spricht man davon, dass die Hypothesen zu verwerfen sind. Das Erklärungsmodell ist abzulehnen, d.h. es muss durch Ergänzung oder Veränderung der Annahmen eine andere, neue theoretische Analyse durchgeführt werden. Diese durchläuft dann ebenfalls den beschriebenen Prozess.

Übersicht 3.2: Das wissenschaftliche Vorgehen in der VWL

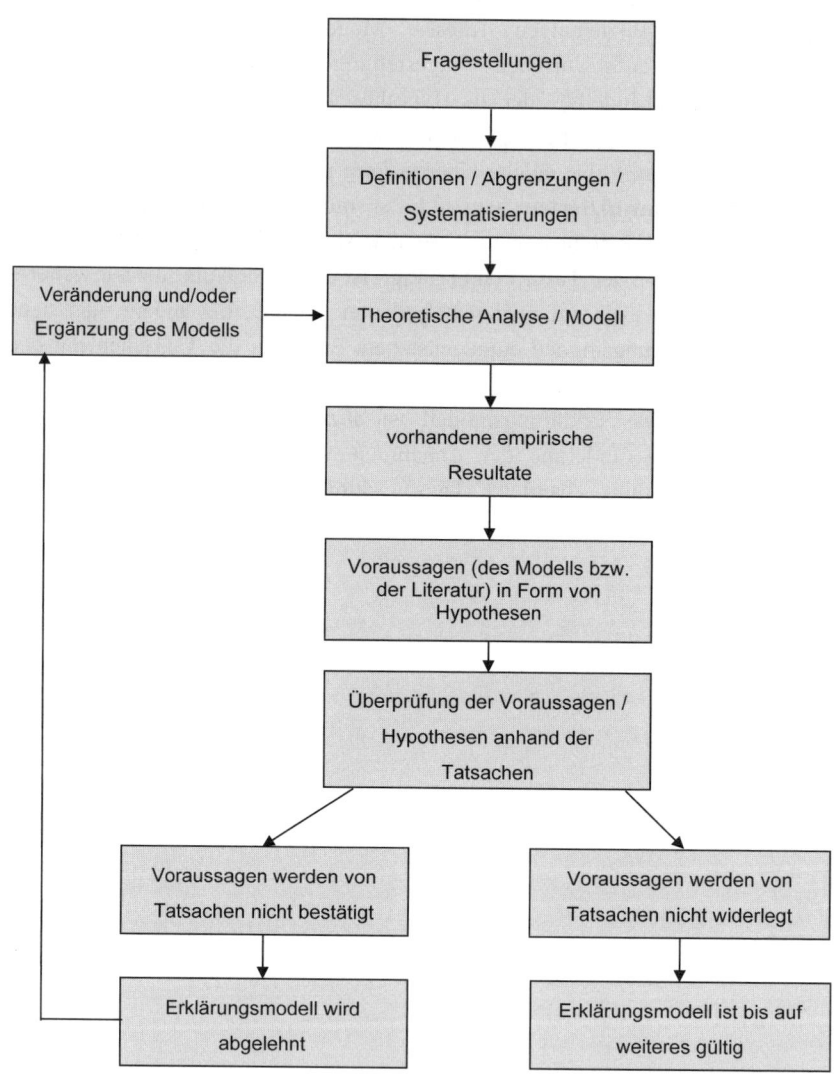

Teil A Wiederholungsfragen und Übungsaufgaben

Grundlagen der Volkswirtschaftslehre

Wiederholungsfragen

(1)   Worin unterscheidet sich die BWL von der VWL und inwiefern existieren Gemeinsamkeiten?

(2)   Mit welcher Art von Problemen beschäftigen sich die Mikroökonomie einerseits und die Makroökonomie andererseits?

(3)   Erläutern Sie das Begriffspaar „normative – positive" Betrachtungsweise.

(4)   Wann liegt bei der Produktion zweier Güter Pareto-Effizienz (Pareto-Optimum) vor?

(5)   Erläutern Sie die beiden ökonomischen Prinzipien.

(6)   Was ist unter Opportunitätskosten zu verstehen?

(7)   Welche Beziehungen bestehen zwischen den beiden grundlegenden Kriterien ökonomischen Handelns - „Gerechtigkeit" und „Effizienz"? Definieren Sie diese beiden Aspekte.

(8)   Diskutieren Sie die Annahmen des ökonomischen Verhaltensmodells unter positivem und normativem Aspekt.

(9)   Kann ein ökonomisches Modell die Realität exakt beschreiben?

(10)   Welche Produktionsfaktoren werden in der VWL unterschieden?

(11)   Erläutern Sie den Begriff „Transformationskurve".

(12)   Warum setzen Ökonomen Annahmen?

(13)   Was ist unter einem „trade-off" zu verstehen?

(14)   Welche Vorteile bieten Spezialisierung und Arbeitsteilung für eine Volkswirtschaft?

(15)   Ist in den Sozialwissenschaften eine Analyse ohne den Gebrauch der ceteris-paribus-Annahme denkbar?

(16)   Stellen Sie das wissenschaftliche Vorgehen in der VWL dar. Gehen Sie dabei auf die Zusammenhänge zwischen Theorie, Modell und empirischer Überprüfung ein.

(17)   Was ist unter „Allokation der Produktionsfaktoren" und unter „Distribution von Gütern" zu verstehen?

(18) Erläutern Sie die Aussage, dass die VWL eine „empirische Wissenschaft"
ist.

(19) Was sind „superiore Güter" und was sind „Substitutionsgüter"?

(20) Erklären Sie, was mit dem Ausdruck „Falsifizierbarkeit" gemeint ist.

(21) Legen Sie dar, wieso bei rationalem Verhalten Opportunitätskosten in
Höhe der zweitbesten Alternative anfallen.

Übungsaufgaben

Aufgabe 1:

Welche der folgenden Aussagen haben einen normativen Charakter?
(1) Der Steuersatz der Einkommensteuer, der in Lummerland bei 50% liegt, müsste um 10 %-Punkte gesenkt werden, um das Ziel einer gerechten Einkommensteuerbelastung zu erreichen.
(2) Eine Senkung der Einkommensteuer um 10-%-Punkte müsste die private Nachfrage in Lummerland um 12-%-Punkte erhöhen.
(3) Eine Senkung der Einkommensteuer um 10-%-Punkte wird von der Mehrheit der Bevölkerung aus Gerechtigkeitsgründen abgelehnt.
(4) Eine Senkung der Einkommensteuer um 10-%-Punkte führt zu zusätzlichen Investitionen von höchstens 200 Mio. Euro.

Aufgabe 2:

Oma Meyer entschließt sich dazu, ihren Spargroschen unter der Matratze Ihres Bettes aufzubewahren. Opa Schmidt legt seinen Spargroschen dagegen auf einem Festgeldkonto mit einer Kündigungsfrist von 90 Tagen an. Erläutern Sie, welche Opportunitätskosten Oma Meyer und Opa Schmidt tragen.

Aufgabe 3:

Welche Auswirkungen hat ceteris paribus die Abwanderung von hochqualifizierten Fachkräften und Universitätsabsolventen aus den Staaten der Dritten Welt nach Europa und in die USA (sogenannter „brain drain"). Zeigen Sie dies anhand der Transformationskurve für ein Land der Dritten Welt (Hinweis: Der gesamte Output setzt sich aus Konsumgüterproduktion und Industriegüterproduktion zusammen).

Aufgabe 4:

Wie verändern sich die Opportunitätskosten, wenn man sich auf einer (zum Ursprung) konvexen (nach innen gewölbten) Transformationskurve von rechts unten nach links oben bewegt. Wie verändern sich die Opportunitätskosten bei einer Bewegung auf der Transformationskurve in die entgegengesetzte Richtung?

Aufgabe 5:

Wir befinden uns in einer Modellwelt mit zwei Gütern, Kaffeemaschinen und Toastern. Für die Produktion eines zusätzlichen Toasters müssen die Bewohner unserer Modellwelt immer auf drei Kaffeemaschinen verzichten. Zeichnen Sie die Transformationskurve, wenn maximal 21 Millionen Kaffeemaschinen produzierbar sind. Wie viel Toaster sind maximal herstellbar?

Aufgabe 6:

Der Semesterbeitrag des Studenten Alfred E. Neumann enthält obligatorisch das Entgelt für ein Semesterticket der öffentlichen Nahverkehrsbetriebe der Universitätsstadt Schilda. Alfred kann von seiner Wohnung aus die Universität mit seinem PKW oder mit dem Bus in der gleichen Zeit erreichen. Erläutern Sie, wie die Entscheidung von Alfred zwischen der Benutzung des eigenen PKW oder öffentlicher Verkehrsmittel durch das obligatorische Semesterticket beeinflusst wird. Gehen Sie dabei vom ökonomischen Verhaltensmodell eines rational handelnden und nutzenmaximierenden Alfred aus.

Aufgabe 7:

In Deutschland schlägt der Politiker Wendelin Wendehals vor, den Höchstsatz der Einkommensteuer auf 25% zu senken. Dieser Steuersatz soll außerdem für alle Einkommen völlig unabhängig von der Einkommenshöhe gelten (dies ist dann eine Flatrate-Einkommensteuer). Beinhaltet der Vorschlag einen Konflikt zwischen Gerechtigkeits- und Effizienzgesichtspunkten? Wenn ja, welche Argumente spielen dabei eine Rolle?

Aufgabe 8:

Der Kandidat der Oppositionspartei im Wahlkreis von Wendelin Wendehals fordert als Reaktion darauf ständiges Freibier für alle Wahlberechtigten. Diskutieren Sie auch diesen Vorschlag unter Gerechtigkeits- und Effizienzaspekten. Gehen Sie dabei auf die Frage ein, ob dieser Vorschlag sich ungerecht auf die Einkommensverteilung auswirkt.

Aufgabe 9:

Übertragen Sie Ihre Überlegungen zu Aufgabe 8 auf die Idee, das Grundrecht auf Wohnen mittels einer Höchstmiete für den Quadratmeter Wohnraum von 1,- Euro sozial erschwinglich zu machen.

Aufgabe 10:

Die Studentin Erika Mustermann beabsichtigt, die Statistik-Klausur mitzuschreiben und zu bestehen, die in drei Wochen als Wiederholungsprüfung angeboten wird. Sie will diese drei Wochen ausschließlich der Klausurvorbereitung widmen. Nach diesem heroischen Entschluss hört sie den

Wetterbericht und erfährt, dass für die nächsten drei Wochen ein stabiles Hoch mit Sonnenschein und 28° im Schatten prognostiziert werden. Danach klingelt das Handy und eine Kommilitonin berichtet ihr, dass nach absolut sicheren Gerüchten die Aufgaben der kommenden Statistik-Klausur besonders schwierig – ja geradezu gemein – sein werden. Wie beeinflussen diese beiden Informationen die Opportunitätskosten von Erika?

Aufgabe 11:

Sie erfahren, dass in dem Staat Baluba, die von den dortigen Studenten geforderten Studiengebühren von 766,- Krowolez (dies ist die Währung von Baluba-Land) im Jahr 2015 auf 1245,- Krowolez im Jahr 2017 gestiegen sind. Diskutieren Sie die Aussage dieser Information. Welche Informationen wären notwendig, um die Aussagekraft zu erhöhen?

Aufgabe 12:

Eine Stadt mittlerer Größe – es könnte sich bspw. um Jena handeln – baut ein neues Freizeit- und Spaßbad, das leider in den folgenden Jahren dauernd Verluste macht. Um den Haushalt der Stadt nicht direkt zu belasten, werden diese Verluste aus den Überschüssen der kommunalen Wasserwerke sowie des kommunalen öffentlichen Nahverkehrs ausgeglichen. Diskutieren Sie die Verteilungswirkungen eines solchen Vorgehens. Gehen Sie dabei auf die Frage der sozialen Gerechtigkeit ein.

Aufgabe 13:

Der Konsum von französischem Rotwein und Champagner ist in China in den letzten 10 Jahren (bei steigendem Pro-Kopf-Einkommen) um 680 % gestiegen, während gleichzeitig die Nachfrage nach Sake um 15 % gesunken ist. Um welche Arten von Gütern handelt es sich jeweils?

Aufgabe 14:

Bei der Transformationskurve einer Bäckerei, die Brötchen und Croissants herstellt, handelt es sich um eine Gerade mit der Steigung – 1. Die Backöfen und sonstigen Produktionsanlagen erlauben einen maximalen Output von 5000 Brötchen oder 5000 Croissants. Wie hoch sind die Opportunitätskosten, wenn der Bäckermeister die Entscheidung fällt, 400 Brötchen mehr zu produzieren? Verändern sich die Opportunitätskosten entlang der Transformationskurve?

B   Mikroökonomie

B I   Märkte und Marktprozesse

Lernziele

Der Studierende soll nach Bearbeitung dieses Kapitels:

- die relevanten Abgrenzungskriterien jedes Marktes nennen und erklären können.
- wissen welche Bedeutung die Substituierbarkeit von Gütern für die sachliche Abgrenzung eines Marktes hat.
- in der Lage sein, die wichtigsten Marktformen zu unterscheiden.
- die zentralen Annahmen des Modells der vollständigen Konkurrenz kennen.
- Verstehen, was der Prohibitivpreis und die Sättigungsmenge sind.
- wissen, wie die Nachfrage- und die Angebotsfunktion auf einem Markt zustande kommen.
- das Gleichgewicht auf einem Markt erläutern können.
- die Anpassungsprozesse bei Abweichungen von einem stabilen Gleichgewicht kennen.
- in der Lage sein, Auswirkungen von exogenen Veränderungen auf das Marktgleichgewicht zu analysieren.
- die Begriffe direkte Preiselastizität der Nachfrage, Kreuzpreiselastizität der Nachfrage, Einkommenselastizität der Nachfrage und Preiselastizität des Angebotes definieren und anwenden können.
- Verstehen, welcher Zusammenhang zwischen der direkten Preiselastizität der Nachfrage und dem Umsatz eines Gutes besteht.
- zwischen Kurz- und langfristigen Elastizitäten unterscheiden können.

1. Das Marktmodell

1.1. Einführung

Die zentralen Untersuchungsobjekte im Rahmen der Mikro- und Makroökonomie sind die Entscheidungsprozesse der Marktteilnehmer sowie deren Interaktion auf Märkten. Die Volkswirtschaft wird daher auch als „Wissenschaft der Märkte" bezeichnet. Vereinfachend wird im Folgenden davon ausgegangen, dass in einer Volkswirtschaft nur zwei Arten von Wirtschaftsubjekten existieren: private Haushalte und Unternehmen.[20] Zwischen diesen Wirtschaftsubjekten existieren die bereits im Teil A verdeutlichten Beziehungen auf den Güter- und Faktormärkten. Von diesen wird lediglich der Gütermarkt betrachtet. Die Ergebnisse sind aber prinzipiell auf die Faktormärkte übertragbar. So können bspw. die Nachfrage und das Angebot von Arbeit in Abhängigkeit vom Lohnsatz auf dem Arbeitsmarkt mikroökonomisch untersucht werden.

Als Gütermärkte bezeichnet man solche Märkte, auf denen die (privaten) Haushalte als Nachfrager von Gütern und die Unternehmen als deren Anbieter auftreten. Werden aggregiert alle Gütermärkte auf einmal betrachtet, handelt es sich um eine makroökonomische Analyse und man spricht von **dem Gütermarkt**. Auf ihm stehen den gehandelten Konsumgütern (realer Strom von den Unternehmen zu den Haushalten) Konsumausgaben (monetärer Strom von den Haushalten zu den Unternehmen) gegenüber. Entsprechendes gilt für die Faktormärkte (bspw. Kapitalmarkt und Arbeitsmarkt).

Aber gibt es überhaupt **den** Gütermarkt? Es existiert eine unvorstellbare Vielzahl von Gütern, die auf Märkten gehandelt werden, bspw. Gummibärchen, Smartphones, Schokolade, Ferien auf dem Bauernhof im Allgäu, Tennissocken, PCs, Blumendünger, Aktien, PKWs, Nachhilfeunterricht und Patente. Diese sehr unterschiedlichen Güter werden sicherlich nicht auf **einem** Markt gehandelt. In der Mikroökonomie geht es daher – wie in Abschnitt 1.3 deutlich geworden ist – um **einzelne Güter** (Smartphones, Gummibärchen usw.).

Andererseits: Gibt es trotz der großen Unterschiede unter bestimmten Aspekten Gemeinsamkeiten der Märkte von Apfelsinen, Smartphones und Herrenoberhemden? Und was ist überhaupt ein Markt?

---

[20] Damit werden die rund 40 Mio. privaten Haushalte sowie ca. 5 Mio. Unternehmen in der BRD erfasst. Unberücksichtigt bleiben die ca. 20.000 staatlichen Einrichtungen. Diese können zum Teil entsprechend ihres Auftretens wie private Haushalte bzw. privatwirtschaftliche Unternehmen behandelt werden. Auch der Güteraustausch zwischen den Unternehmen (bspw. zwischen Konsum- und Industriegütersektor) wird hierbei außer Acht gelassen.

1.2. Der Begriff Markt

Es existieren verschiedene Ansätze, um die wesentlichen Inhalte des Begriffes „Markt" abzugrenzen. Eine allgemeine Definition lautet:

Unter einem Markt versteht man den (virtuellen) Ort, an dem das Angebot und die Nachfrage eines Gutes zusammentreffen und in Folge dessen ein Austauschprozess stattfindet.

Bei dieser Definition wird besonders deutlich, dass …

- … ein **Markt nicht real existieren muss**, sondern – im Sinne des virtuellen Gedankens – lediglich dessen Funktionen erfüllt werden müssen. Ebay ist ein klassisches Beispiel für einen rein virtuell existierenden Markt. Es gibt aber natürlich auch reale Märkte, z.B. den Wochenmarkt auf dem Rathausplatz in Jena.

- … der Markt den **Treffpunkt von Angebot und Nachfrage** darstellt.

- … der Markt eine **Tauschplattform für die Wirtschaftssubjekte** bietet. Dieser Tausch findet normalerweise als Austausch von Ware gegen Geld statt (d.h. ein Käufer bezahlt Geld für das Gut), aber auch ein Naturaltausch ist möglich. Bei diesem werden Güter gegen Güter getauscht, bspw. in Form der Zigarettenwährung nach dem zweiten Weltkrieg in Deutschland.

Speziell in der Mikroökonomie verstehen wir unter einem Markt die Gesamtheit von Käufern und Verkäufern, die durch ihre tatsächlichen und potentiellen Interaktionen in Wettbewerbsprozessen den Preis eines Gutes bestimmen.

Dieser Ansatz das Phänomen „Markt" zu beschreiben, betont, dass …

- …der Markt den Treffpunkt von bestimmten Käufern und Verkäufern darstellt.

- …das **Ergebnis** des Koordinationsmechanismus „Markt" ein **(Markt-) Preis** ist.

- …die Marktteilnehmer auch durch ihre **potentiellen Interaktionen** an der Preisbildung beteiligt sind. D.h. die Marktergebnisse werden auch davon beeinflusst, dass die Wirtschaftssubjekte mit einem bestimmten Verhalten der anderen Marktteilnehmer rechnen müssen. Bspw. wird ein Arzneimittelunternehmen bei der Planung der Markteinführung eines neuen Medikamentes gegen Schlaganfälle berücksichtigen, dass eventuell andere wichtige Konkurrenten ebenfalls ein ähnliches Medikament auf den Markt bringen.

Diese beiden Definitionen fassen eine ganze Reihe wichtiger Aspekte des Begriffes „Markt" zusammen. Zu ergänzen ist, dass das Ergebnis der Wettbewerbsprozesse auf Märkten in der Mikroökonomie nicht nur der Preis sondern damit verbunden auch die gehandelten Mengen und bspw. die Qualität eines Gutes sind.

1.3. Marktabgrenzungen

Auf der Grundlage dieser Definition ist weiterhin zu klären, welche Anbieter (Verkäufer) und Nachfrager (Käufer) einen eigenen Markt bilden. Existiert **ein** Markt für Gummibärchen oder nur **ein** Fruchtgummi- oder gar **ein** Süßigkeiten-Markt?

Die Antwort auf diese Frage lautet, dass es von der jeweiligen Problemstellung abhängt, wie der betreffende Markt abzugrenzen ist. Will der Verband der deutschen Süßwarenindustrie dem Bundeswirtschaftsminister seine volkswirtschaftliche Bedeutung erläutern, wird er von dem deutschen Süßwarenmarkt mit 13,3 Milliarden € Umsatz im Jahr 2016 und über 51.000 Arbeitsplätzen, die davon abhängen, reden.

Generell stellen sich bei der Frage nach der Reichweite („den Grenzen") eines Marktes, immer **drei Abgrenzungsprobleme**:

1. räumliche Abgrenzung: geografische Grenzen des Marktes
2. zeitliche Abgrenzung: Bezugszeitraum eines Marktes
3. sachliche Abgrenzung: inhaltliche Definition

Die geografische und zeitliche Definition eines Marktes bereitet dabei im Allgemeinen keine großen Schwierigkeiten.[21] Von besonderer Problematik ist dagegen in der Mikroökonomie die **sachliche Abgrenzung**. Hier geht es darum, ob bspw. handgefertigte Edelpralinees und Kaugummis vom Lebensmittel-Discounter zu **einem** Markt gehören.

Als Kriterium für die sachliche Abgrenzung eines Marktes in der Mikroökonomie werden in der Regel die **Substitutionsbeziehungen** herangezogen, d.h. zwei Produkte gehören dann zu einem gemeinsamen Markt, wenn sie aus Sicht der Käufer (weitgehend) identisch und deshalb (perfekt) austauschbar sind. Dies könnte bspw. für eine Haribo-Gummibärchen einerseits und Sugarland Lidl Mega-Bären andererseits gelten. Diese Aussage basiert

---

[21] Auch unter diesen beiden Aspekten sind allerdings in einer mikroökonomischen Wettbewerbsanalyse die im Folgenden genannten Substitutionsbeziehungen ausschlaggebend.

darauf, dass Güter, die aus Sicht der Kunden leicht substituierbar sind, also aus Perspektive der Anbieter in einer **Konkurrenzbeziehung** zueinander stehen.

Die Wichtigkeit einer präzisen Marktabgrenzung kann an folgendem Beispiel erläutert werden: Die Aussage in der Überschrift eines Artikels des Wirtschaftsteils eine Tageszeitung lautet: „Haribo besitzt einen Marktanteil von 23%" Welche Einschätzungen sind auf der Basis dieser Information möglich? Die ökonomische Aussagekraft dieser Titelzeile ist gering, solange nicht geklärt ist, um welchen Markt es sich handelt, also bspw.:

1. räumliche Abgrenzung: Bundesrepublik Deutschland
2. zeitliche Abgrenzung: II. Quartal 2017
3. sachliche Abgrenzung: alle verkauften Fruchtgummis

Darüber hinaus muss die Bezugsgröße der Aussage geklärt sein: Handelt es sich um einen mengenmäßigen oder wertmäßigen Marktanteil und welche Abnehmergruppe oder Vertriebsweg ist ggf. gemeint? [22]

In den folgenden Kapiteln wird immer unterstellt, dass für die zu untersuchenden Märkte alle genannten Abgrenzungsprobleme geklärt sind.

1.4. Marktformen

Neben der bereits bekannten Unterscheidung zwischen Güter- und Faktormärkten werden Märkte nach der Struktur von Angebots- und Nachfrageseite (I.) sowie der Verhaltensweise auf einem Markt (II.) unterteilt.

I. Klassifizierung nach der Struktur von Angebots- und Nachfrageseite

Entsprechend der Anzahl der Anbieter und Nachfrager auf einem Markt lassen sich die neun Marktformen der Übersicht 1.1 unterscheiden. Das Kriterium mit dem die Marktformen auseinandergehalten werden, ist die Zahl der Konsumenten auf der Nachfrageseite und die Zahl der Produzenten auf der Angebotsseite.

In vielen Lehrbüchern und auch in der Praxis wird einfach von Polypol, Oligopol und Monopol gesprochen. Dabei ist dann immer die Zahl der Produzenten, also die Angebotsseite gemeint und für die Nachfrageseite wird

---

[22] Beim mengenmäßigen Marktanteil werden lediglich die Absatzmengen der Anbieter betrachtet (also gemessen in Tonnen, Hektoliter, Stück usw.), während beim wertmäßigen Marktanteil auch die Verkaufspreise Berücksichtigung finden (d.h. der wertmäßige Marktanteil wird auf Basis des Umsatzes berechnet). Als Abnehmergruppen könnte bspw. zwischen den Endverbrauchern und dem Einzelhandel differenziert werden, der die Schokolade weiterverkauft. Vertriebswege sind bspw. der Online-Verkauf und der stationäre Einzelhandel.

eine große Zahl von Konsumenten unterstellt. In den anschließenden Kapiteln wird ebenfalls so verfahren und nicht weiter erwähnt, dass es sich dann präziser um ein bilaterales Polypol, ein Angebotsoligopol und ein Angebotsmonopol handelt.

Übersicht 1.1: Marktformen (Struktur von Angebots- und Nachfrageseite)

Anbieter / Nachfrager	Viele (kleine)	Wenige (mittelgroße)	Ein einziger (großer)
Viele (kleine)	*bilaterales Polypol* z.B. Devisen- und Wertpapiermärkte	*Angebots- oligopol* z.B. Benzin, Waschpulver, Smartphones, Pkw	*Angebots- monopol* z.B. Wasserver- sorgung, (Brief- beförderung)
Wenige (mittelgroße)	*Nachfrage- oligopol* z.B. Molkerei- genossenschaften	*bilaterales Oligopol* z.B. Zeitungsdruck- maschinen	*beschränktes Monopol* z.B. patentierte Erfindung in der Chip- Produktion
Ein einziger (großer)	*Monopson* z.B. Staatliches Branntwein- monopol	*beschränktes Monopson* z.B. Hochtechnologie- Rüstungsgüter	*bilaterales Monopol* z.B. Tarifver- handlungen

II. Unterscheidung nach der Verhaltensweise auf einem Markt

Je nachdem wie die Marktteilnehmer auf dem Markt agieren (können), unterscheidet man zwischen Wettbewerbs- und Nichtwettbewerbsmärkten. Einen Markt, auf dem der einzelne Marktteilnehmer keinen Einfluss auf den Preis hat (d.h. den Marktpreis als vom Markt her gegeben akzeptieren muss), bezeichnet man als **Wettbewerbsmarkt**. Als Anbieter (Nachfrager) kann man lediglich bestimmen, ob und wie viel man zu gegebenen Marktpreis verkaufen (kaufen) möchte oder nicht.

Wenn der Marktpreis durch einzelne Marktteilnehmer beeinflusst werden kann, handelt es sich hingegen um einen **Nichtwettbewerbsmarkt**.

Intuitiv neigt man dazu, das soeben beschriebene zweite Kriterium (Verhaltensweise) dahingehend mit dem ersten Unterscheidungskriterium (Struktur von Angebots- und Nachfrageseite) zu verknüpfen, dass ein Wettbewerbsmarkt immer dann vorliegt, wenn auf dem Markt ein Polypol existiert. Andererseits scheint es naheliegend, dass bei Monopolen bzw. Monopsonen ein Nichtwettbewerbsmarkt vorherrscht.

Häufig ist diese Vermutung richtig, aber nicht immer lässt sich so einfach von der Zahl der Anbieter und Nachfrager auf deren Verhaltensweise schließen.[23] Besonders einleuchtend wird dies im Fall eines Oligopols – hier können sich sowohl Wettbewerbsstrukturen als auch – bspw. im Fall der Preisabsprache oder Kartellbildung – Nichtwettbewerbsmärkte ergeben.

---

[23] Dabei wird die sogenannte potentielle Konkurrenz wichtig. Ein Monopolist muss unter Umständen berücksichtigen, dass andere Unternehmen in den Markt eintreten werden, wenn sich dies für sie lohnt. Diese zu erwartenden Markteintritte wirken disziplinierend auf den Monopolisten und verhindern, dass er seine Marktmacht ausnutzt.

2. Die Gütermärkte

2.1. Entscheidungen der Konsumenten und Produzenten

Die **privaten Haushalte disponieren** im Wesentlichen über:

- den Einsatz ihrer Arbeitskraft.
  - o Wie viele Haushaltsmitglieder arbeiten wie lange?
- die Verwendung des Einkommens.
  - o Wie wird dieses auf Sparen und Konsum verteilt?
- die Struktur der Konsumausgaben.
  - o Welche Güter werden im welcher Menge gekauft?

Die **Unternehmen planen und entscheiden** unter anderem:

- welche Güter sie produzieren. (Was?)
- mit welcher Technologie und Zahl von Arbeitskräften sie produzieren. (Wie?)
- welche Produktionsmengen sie herstellen. (Wie viel?)
- an welchen Standorten produziert wird. (Wo?)
- wie sie sich finanzieren. (Womit?)

Diese Entscheidungen der Wirtschaftssubjekte werden in Marktwirtschaften sowohl seitens der privaten Haushalte als auch seitens der Unternehmen autonom und selbständig vorgenommen.

Es liegt die Vermutung nahe, dass aus der Vielzahl unabhängig voneinander getroffener Entscheidungen letztlich Chaos resultiert. Dies ist ein Hauptkritikpunkt von marxistischer Seite gegenüber marktwirtschaftlichen Wirtschaftssystemen. Die naheliegende Schlussfolgerung ist dann aus dieser Sicht, dass eine zentrale Lenkung und Planung der Wirtschaft notwendig ist. Tatsächlich wird das Problem der **Koordination der Milliarden von Einzelentscheidungen** in marktwirtschaftlich organisierten Volkswirtschaften durch die freie Preisbildung und den Wettbewerb auf Märkten aber (recht) effizient gelöst. Dieser sogenannte **Marktmechanismus** sorgt dafür, dass die Unternehmen die richtigen Güter in der richtigen Menge herstellen, die von den Konsumenten nachgefragt werden bzw. umgekehrt, dass die richtigen Güter in der richtigen Menge, die die Haushalte kaufen wollen, auch angeboten werden. Wie dies funktioniert und wie man sich das genauer vorzustellen hat, wird in den folgenden Kapiteln erläutert.

2.2. Das Gleichgewicht auf einem Gütermarkt

Im vorliegen Abschnitt geht es darum, die Geschehnisse (Prozesse, Abläufe) auf einem Gütermarkt im Rahmen eines Modells, nämlich dem Preis-Mengen-Diagramm[24], zu erfassen. Die Erläuterungen sollen – zum besseren Verständnis – unter anderem anhand des Gütermarktes für Gummibärchen erfolgen. Es wird davon ausgegangen, dass auf diesem Markt sowohl viele Anbieter als auch viele Nachfrager agieren. Die weiteren Betrachtungen beziehen sich also alle auf einen Wettbewerbsmarkt in Form eines (bilateralen) Polypols.

2.2.1. Die Nachfragefunktion

Der Kauf von Gütern durch die privaten Haushalte, d.h. der Konsum, dient ganz allgemein formuliert der **Befriedigung von Bedürfnissen**. Diese Bedürfnisse sind unter anderem geprägt von Gewohnheiten, dem individuellen Geschmack und der Erziehung. Diese Bedürfnisse werden von der Volkswirtschaftslehre als Präferenzen bezeichnet. D.h. der Begriff **Präferenzen** meint nichts anderes als die Vorlieben und Abneigungen, die ein Mensch im Hinblick auf ein Gut besitzt. Die VWL betrachtet diese Präferenzen eines jeden Individuums häufig als gegeben. Dies bedeutet, dass die Herkunft und Ursachen der unterschiedlichen individuellen Präferenzen in der VWL üblicherweise nicht hinterfragt oder untersucht werden – anders als bspw. im Marketing in der BWL! Warum der Mitteleuropäer Schweinefleisch isst, während der gläubige Muslim dies verabscheut und warum in China Katzen als Delikatesse gelten, sind also keine Probleme mit denen wir uns beschäftigen.

Außerdem untersucht die Mikroökonomie die Nachfrage nur unter **positivem Aspekt**. Sie interessiert sich folglich dafür wie viele Gummibärchen tatsächlich nachgefragt werden. Die Fragestellung „Wie viel Gummibärchen braucht der Mensch?" oder "Wie viel Gummibärchen stehen dem Menschen unter sozialen oder Gerechtigkeitsaspekten zu?" ist (zunächst) kein Thema der Volkswirtschaftslehre. Solche **normativen Fragestellungen** werden im Wesentlichen der Ethik, Philosophie oder Religionswissenschaft überlassen.[25]

Die Nachfrage reduziert sich damit auf den Aspekt, welche Mengen die Haushalte von einzelnen Güterarten kaufen, d.h. eine Aussage über einen Ist-Zustand. Die Einflussfaktoren der **individuellen Gummibärchen-Nachfrage** wurden bereits im Teil A kurz genannt. Es handelt sich um den Preis des

---

[24] Dieses wurde bereits im Teil A Kapitel 3 kurz vorgestellt.
[25] Der Unterschied zwischen positiver und normativer Analyse wurde im Teil A behandelt!

betreffenden Gutes, die Preise anderer Substitutionsgüter, die Vorlieben bzw. Abneigungen hinsichtlich Gummibärchen und das Einkommen.

Obwohl alle diese Einflussfaktoren auf die individuell nachgefragte Menge eines Wirtschaftssubjektes an 200-Gramm-Tüten Gummibärchen einwirken, untersucht man mittels eines **Preis-Mengen-Diagramms** nur den Zusammenhang zwischen dem Preis des betreffenden Gutes und der nachgefragten Menge an 200-Gramm-Tüten Gummibärchen. Alle anderen Einflussfaktoren werden aus der Betrachtung ausgeklammert. D.h. sie werden als exogen gegeben und gleichzeitig auch als konstant angenommen. Wenn sie aber konstant sind und sich nicht verändern, beeinflussen diese Faktoren natürlich auch die Nachfrage nicht weiter. In der ökonomischen Fachsprache wird eine solche isolierte Betrachtung bestimmter Einflussfaktoren bei Konstanz aller anderen Faktoren als **ceteris-paribus-Analyse** bezeichnet.[26]

Betrachten wir unter diesen Voraussetzungen die Nachfrage unserer Studentin Friederike nach Gummibärchen in Abhängigkeit vom Preis für eine 200 Gramm Tüte (siehe Übersicht 2.1). Schon die Alltagserfahrung zeigt uns, dass mit niedrigerem Preis mehr Gummibärchen gekauft werden. Umgekehrt bei einem hohen Stückpreis, denn dann werden weniger Konsumenten im Supermarkt bei Gummibärchen zugreifen. Dieser Zusammenhang von Preis und nachgefragter Menge eines Gutes wird als **normale Nachfragereaktion** bezeichnet. Bei einem hohen Preis p_1 wird eine geringe Menge nämlich Q_1 nachgefragt. Bei einem niedrigen Preis wie p_2 fragt das Individuum eine große Menge Q_2 nach.

Diese Nachfragefunktion beschreibt unter einem etwas anderen Blickwinkel (unter bestimmten Annahmen) nichts anderes als die marginale **maximale Zahlungsbereitschaft** eines Individuums für verschiedene Mengen des betreffenden Gutes. Ist der Preis wie bei p_0 in jedem Fall höher als die maximale Zahlungsbereitschaft, verzichtet das Individuum auf den Konsum dieses Gutes, d.h. die nachgefragte Menge ist gleich Null. Diesen Preis bezeichnet man als Prohibitivpreis. Die Menge, die bei einem Preis von Null nachgefragt wird (das Gut wird faktisch verschenkt), heißt Sättigungsmenge.

---

[26] Es müssen aber nicht immer gleichzeitig alle dieser Determinanten der Nachfrage konstant gesetzt werden. In Kapitel 2.3 wird diese Annahme aufgegeben.

Übersicht 2.1: Die Nachfragefunktion

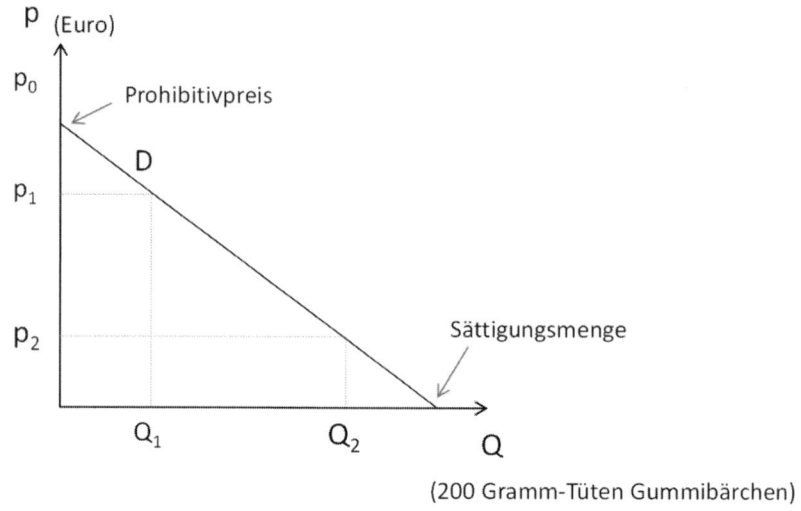

Zeichenerklärung:

P = Preis,

Q = nachgefragte Menge (Q für „quantity")

D = Nachfragefunktion (D für „demand") (auch als Q^D bezeichnet)

Die beschriebene idealtypische Nachfragefunktion muss natürlich keine lineare Funktion sein. Auch „krumme" Kurvenverläufe sind plausibel und möglich. Im Folgenden werden allerdings zur Vereinfachung lediglich **lineare Nachfragefunktionen** betrachtet. Zwei Argumente sprechen für ein solches Vorgehen. Erstens können nicht-lineare Verläufe durch lineare Funktionen näherungsweise beschrieben werden. Zweitens sind für die weiteren Anwendungen und Ergebnisse die genauen Kurvenverläufe nicht entscheidend. Wichtig ist nur, dass es sich um eine von links oben nach rechts unten stetig fallende Nachfrage – also um einen normalen Nachfrageverlauf – handelt.

Diese Darstellung der Nachfragefunktion für einen einzelnen Haushalt kann auf den Gesamtmarkt für Gummibärchen übertragen werden. Die

zusammengefasste, d.h. aggregierte, Nachfrage aller Konsumenten auf dem Markt hat ebenfalls den eingezeichneten fallenden Verlauf.[27]

2.2.2. Die Angebotsfunktion

Nachdem die Nachfrageseite des Marktes erläutert ist, werden im nächsten Schritt die Zusammenhänge auf der Angebotsseite besprochen. Es wird wie bisher unterstellt, dass es eine sehr große Zahl von kleinen Anbietern gibt (Polypol).

Unternehmen produzieren Güter, um damit **Gewinne zu erzielen**. Ganz allgemein hängt also die angebotene Menge eines Produzenten davon ab, ob er überhaupt und inwieweit er durch die Produktion und den Verkauf eines Gutes Profit macht. Ob ein Unternehmen mit der Produktion eines Gutes Gewinne realisiert, hängt einerseits davon ab zu welchem Preis sich das Gut verkaufen lässt und andererseits von den Kosten der Produktion dieses Gutes. Ist der Preis höher als die Stückkosten resultiert ein Stückgewinn und es lohnt sich, das Gut herzustellen.[28]

Als Einflussfaktoren der **von einem Unternehmen angebotenen Menge** ergeben sich folgende Überlegungen:

- die Kostenstruktur (Welche Kosten verursacht das Angebot?)
- der Preis eines Gutes (Welcher Erlös und – in Relation zu den Kosten – welcher Gewinn kann mit dem Angebot erzielt werden?)
- die Preise anderer Güter (Welcher Erlös und welcher Gewinn wäre realisierbar, wenn man die verfügbaren Produktionskapazitäten alternativ einsetzt, bspw. für die Produktion von Lakritzstangen statt Gummibärchen?)

Mittels Preis-Mengen-Diagramm wird nur der Zusammenhang zwischen der angebotenen Menge und dem Preis des Gutes untersucht. Sämtliche anderen Determinanten werden als exogen gegeben und konstant angenommen, so dass auch hier eine ceteris-paribus-Betrachtung vorliegt. Diese betrachtet den isolierten Einfluss des Preises P auf die Angebotsmenge Q.

Ist der Preis, der für eine 200-Gramm Tüte Gummibärchen auf dem Markt erzielt werden kann niedrig, so ist es naheliegend, dass die angebotene Menge ebenfalls

---

[27] Dies wird genauer im Teil B II, in dem wir noch einmal auf die Nachfragefunktion zurückkommen, beschrieben.

[28] Es handelt sich um eine verkürzte Darstellung. Die exakteren Zusammenhänge werden später im Teil B II dargelegt.

gering sein wird. Bei einem hohen Preis erwartet man dagegen, dass auch die angebotene Menge groß ein wird.

Bei Preisen unterhalb von p_0 ist das Angebot Null (siehe Übersicht 2.2). Der Grund dafür ist, dass die Stückkosten auch des effizientesten Herstellers höher sind. Eine weitere, kompliziertere Erklärung ist, dass die Produktionskosten zwar niedriger sind, aber der Anbieter größere Gewinnmöglichkeit bei der Produktion von Lakritzstangen hat und deshalb keine Gummibärchen anbietet. D.h. seine Opportunitätskosten sind so hoch, dass es für ihn nicht lukrativ ist, in die Produktion von Gummibärchen einzusteigen.

Mit zunehmendem Preis werden dann mehr Tüten Gummibärchen angeboten. Die Ursachen dafür sind:

- Anbieter mit niedrigeren Kosten erweitern ihre Kapazitäten und erhöhen ihre Produktionsmengen.

- Anbieter mit höheren Kosten steigen in den Markt ein (auch aus anderen Branchen, auf Grund der positiven Gewinnaussichten).

Übersicht 2.2: Die Angebotsfunktion

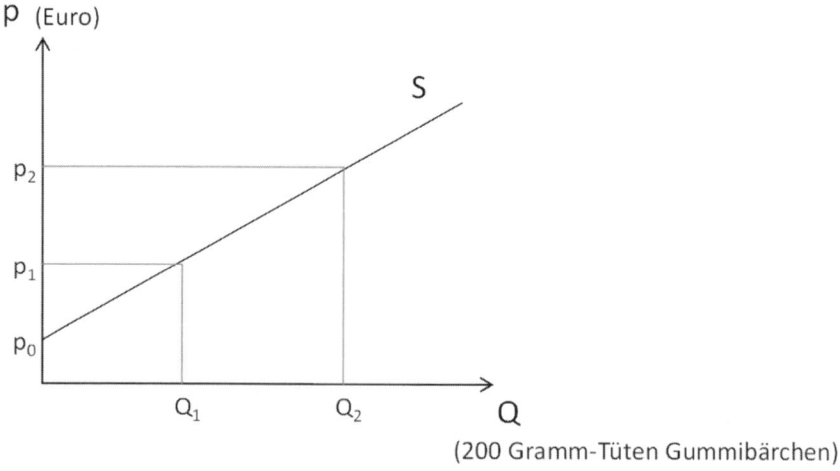

Legende: P = Preis, Q = angebotene Menge (Q für „quantity"), S = Angebotsfunktion (S für „supply") auch als Q^S bezeichnet

Es resultiert eine mit steigendem Preis zunehmende Angebotsfunktion, die von links unten nach rechts oben verläuft. Bei einem niedrigen Preis p_1 wird eine geringe Menge Q_1 produziert, während bei einem hohen Preis p_2 die angebotene Menge Q_2 groß ist. Auch hinsichtlich der angebotenen Mengen ist der beschriebene Zusammenhang als **normaler Verlauf** zu betrachten. Und es gilt ebenfalls, dass dies sowohl für das einzelne Unternehmen als auch auf der Ebene des Gesamtmarktes für alle Anbieter plausibel ist. Wie bei der Nachfrage können die angebotenen Mengen aller Produzenten zu einem **Gesamtangebot aggregiert** werden.

Die in der Abbildung verwendete **lineare Angebotsfunktion** ist – wie auf der Nachfrageseite – aus Vereinfachungsgründen gewählt. Nichtlineare Angebotskurven sind möglich, ändern aber an den prinzipiellen Ergebnissen nichts, solange das Angebot einen normalen, d.h. steigenden, Verlauf besitzt.

2.2.3. Das Marktgleichgewicht

Die folgende Abbildung beschreibt das Vorgehen bei der Ermittlung der Angebots- und der Nachfragefunktion auf dem Markt für Gummibärchen.

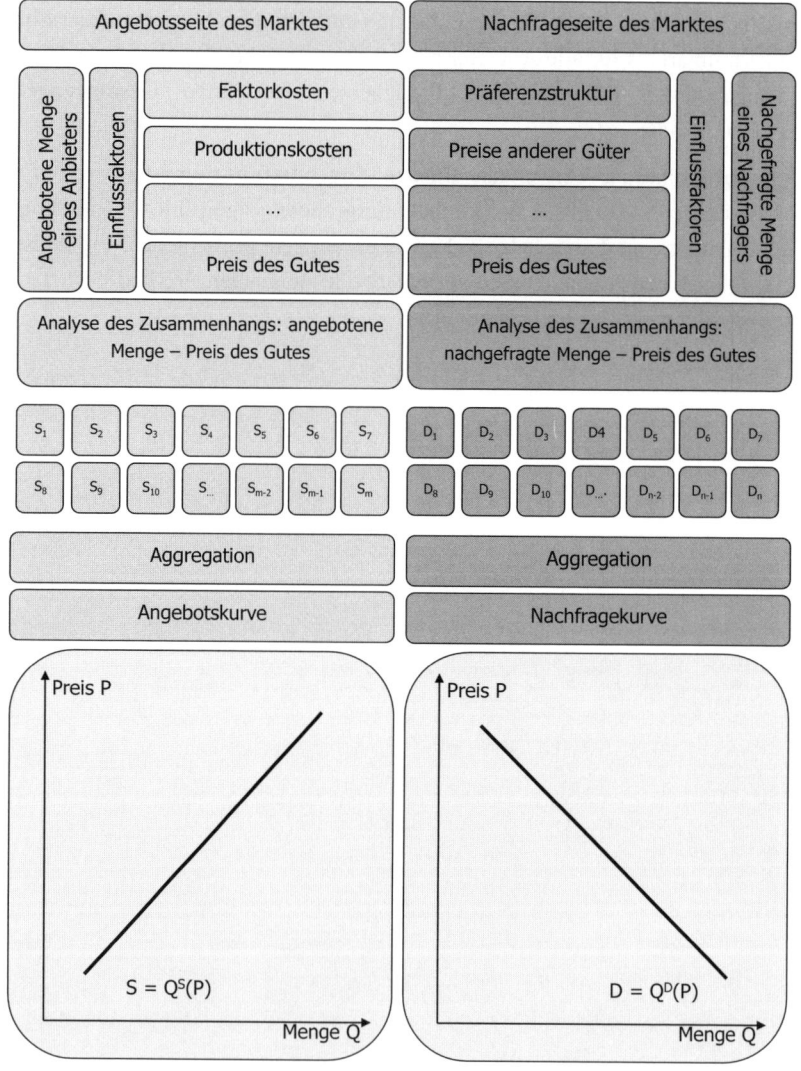

S_1 bis S_m sind die einzelnen Produzenten (Anbieter) und D_1 bis D_n sind die einzelnen Nachfrager.

Statt der bisher getrennten Betrachtung der Angebots- und Nachfrageseite eines Marktes wird im nächsten Schritt der gesamte Markt in einem Diagramm (Preis-Mengen-Diagramm; **Marktmodell**) dargestellt:

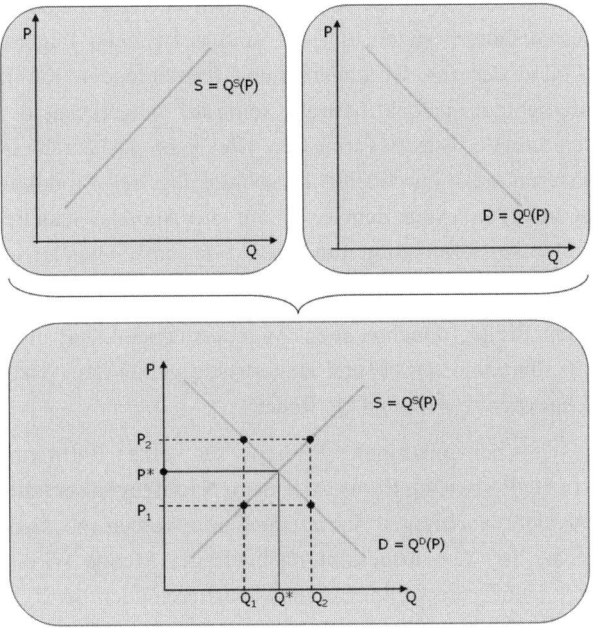

Legende: Q^D = nachgefragte Menge, Q^S = angebotene Menge

Wie aus der Grafik deutlich wird, existiert im Schnittpunkt von D und S ein Preis P*, bei dem die angebotene der nachgefragten Menge an 200-Gramm-Tüten Gummibärchen entspricht. Bei diesem Preis sind die Unternehmen bereit, genau die Menge auf dem Markt anzubieten, die die Konsumenten zu diesem Preis nachfragen. Dieser Preis wird auch als **Gleichgewichtspreis P*** bezeichnet. Die zugehörige Menge **Q*** heißt dementsprechend **Gleichgewichtsmenge**. Die Übereinstimmung von nachgefragter und angebotener Menge bezeichnet man als Markträumung.

Wie können wir uns die Vorgänge auf dem Markt vorstellen, die dazu führen, dass dieses Gleichgewicht erreicht wird? Bei hohen Preisen für eine 200-Gramm Tüte Gummibärchen (z.B. P_1 = 3,00 Euro) bieten zwar viele Unternehmen an, aber nur wenige Konsumenten sind bereit so viel Geld auszugeben. Die

Situation, dass bei einem bestimmten Preis mehr angeboten als nachgefragt wird, bezeichnet man als **Angebotsüberschuss**. Der Angebotsüberschuss führt kurzfristig bei den Unternehmen zu einem Lageraufbau. Das nicht verkäufliche Angebot drückt auf den Preis und die Produzenten werden versuchen, mittels Preissenkungen ihre Überschüsse zu verkaufen. Warum? Kurzfristig bleiben sie auf nicht verkauften Gütern sitzen, d.h. sie sind gezwungen Lagerhaltung zu betreiben. Auf Grund der aus der Lagerhaltung resultierenden Kapitalbindung werden die Unternehmen jedoch bestrebt sein den Lagerbestand möglichst schnell abzubauen, um Verluste zu vermeiden. Dies kann u.a. durch ein Angebot zu geringeren Preisen oder durch eine Einschränkung der Produktion in der nächsten Periode erfolgen. Außerdem ist es für die Anbieter naheliegend, auf Grund der schlechten Absatzsituation ihre Produktionskapazitäten zu verringern.

Sinkende Preise lösen aber bei den Verbrauchern eine zunehmende Nachfrage aus. Die sinkenden Preise, abnehmenden Angebotsmengen und zunehmenden Nachfragemengen führen so mittel- und längerfristig gemeinsam dazu, dass der Markt zum Gleichgewicht bei P^* und Q^* findet.

Analog kommt es bei niedrigen Preisen für eine 200-Gramm Tüte Gummibärchen (z.B. $P_2 = 0{,}40$ Euro) zu einem **Nachfrageüberschuss**, da zu diesem Preis zwar viele Nachfrager Gummibärchen erwerben möchten, aber das Angebot nur gering ist. Die insgesamt nachgefragte Menge wird durch die produzierte Menge nicht gedeckt. Im Ergebnis existieren auch bei P_1 weder eine Übereinstimmung von angebotener und nachgefragter Menge noch eine Markträumung und damit kein langfristig stabiler Zustand.

Die Anpassungsprozesse die in diesem Fall ausgelöst werden, lassen sich wie folgt charakterisieren: Die Produzenten stellen fest, dass eine erhebliche unbefriedigte Nachfrage existiert. Preiserhöhungen lassen sich daher kurzfristig am Markt durchsetzen und erhöhen den Gewinn. Gleichzeitig werden die Anbieter ihre Produktionsmengen steigern, da sich dadurch zusätzliche Gewinne erzielen lassen. Mittel- und langfristig wird die angebotene Menge auch dadurch zunehmen, dass in neue Fertigungskapazitäten investiert wird.

Steigende Preise haben aber auch einen Rückgang der nachgefragten Mengen zur Folge. Im Resultat kommt der Markt zum Gleichgewicht, weil die Preise steigen, die angebotenen Mengen zunehmen und die Nachfrage sich verringert.

Allerdings kann es auch vorkommen, dass durch die Anpassungsprozesse ein erneuter Ungleichgewichtszustand entsteht, wenn bspw. die Unternehmen bei P_2 die Preise zu stark senken (daraus resultierend: Nachfrageüberschuss) bzw. bei P_1

zu stark erhöhen (daraus resultierend: Angebotsüberschuss). Die so eventuell sich ergebenden neuen Ungleichgewichte setzen aber wiederum die oben bereits beschriebenen Anpassungsreaktionen auf der Angebots- bzw. Nachfrageseite in Kraft, so dass sich in langer Frist i.d.R. ein markträumender Gleichgewichtszustand einstellt.

Zusammenfassend ist festzustellen, dass bei Abweichungen vom Gleichgewichtspreis Anpassungsmechanismen ausgelöst werden, die den Markt zurück zum Gleichgewicht bringen. Da eine solche Tendenz zum Gleichgewicht existiert, handelt es sich um ein **stabiles Gleichgewicht**.

Fazit: Bei Abweichungen vom Gleichgewichtspreis P* existieren i.d.R. Anpassungskräfte hin zum Gleichgewichtspreis („**Tendenz zum Marktgleichgewicht**").

Die Anpassungsprozesse können jedoch nur volle Wirkung entfalten, wenn die Voraussetzungen eines Wettbewerbsmarktes erfüllt sind. Sofern dies gegeben ist, bildet sich auf dem Markt ein **einheitlicher Preis** für das gehandelte Gut, der für den einzelnen Marktteilnehmer eine vom Markt fixierte Größe darstellt.[29] Die Marktteilnehmer sind demnach Preisnehmer und können lediglich die angebotene bzw. nachgefragte Menge in Anbetracht des Preises variieren. Sie sind sogenannte Mengenanpasser.

Die **wichtigsten Voraussetzungen** um ein solches Gleichgewicht zu erreichen, werden im Folgenden kurz näher erläutert. Zunächst muss die **freie Preisbildung** auf dem Markt gewährleistet sein. D.h. weder der Staat greift regulierend ein (bspw. Höchst- oder Mindestpreise), noch gelingt es den Unternehmen, die Preise untereinander abzusprechen (bspw. Kartellbildung).

Weitere wichtige Voraussetzungen, damit sofort ein Gleichgewicht wie im Modell erreicht wird, sind:

- **homogene Güter**
  Nur wenn Güter homogen sind, können sie in einer Gesamtgröße Q zusammengefasst und auf der x-Achse des Preis-Mengen-Diagramms abgetragen werden. Auf diese Weise wird das Problem unterschiedlicher Qualität ausgeklammert.

- **vollkommene Markttransparenz**

---

[29] Dies wird als Jevons Gesetz bezeichnet, nach dem englischen Ökonomen William Stanley Jevons (1835–1882).

Dies bedeutet vollständige Information aller Anbieter und Nachfrager über die Marktverhältnisse. Damit wird kein Nachfrager bereit sein mehr als den Gleichgewichtspreis zu zahlen und kein Anbieter wird einen Preis unter diesem akzeptieren.

- **Polypol**
  Es liegt anders formuliert eine atomistische Marktstruktur vor. Folglich existiert keinerlei Marktmacht und es sind bspw. Preisabsprachen nicht möglich.

- **Gewinn- bzw. Nutzenmaximierung und rationales Verhalten**
  Diese Verhaltensannahmen sind im Teil A vorgestellt worden.

- **Räumlicher und zeitlicher Punktmarkt**
  In der einfachsten Analyse wird von Raum und Zeit abstrahiert. Die Probleme, die sich auf Grund von Transportkosten, Standortunterschieden und zeitlich verzögerter Anpassungsprozesse sowie von Erwartungen ergeben, bleiben unberücksichtigt.

Werden alle diese Annahmen getroffen, handelt es sich um das Modell der vollständigen Konkurrenz.[30] Dieses ist ein **Idealmodell eines Wettbewerbsmarktes**, das selbstverständlich so in der Realität nie anzutreffen ist. Es ist trotzdem aus zwei Gründen ausgesprochen nützlich. Erstens können mit ihm trotz der starken Vereinfachungen einige wichtige grundlegende Eigenschaften und Abläufe von und auf Märkten analysiert werden. Dies wird in den anschließenden Kapiteln und im Teil B II verdeutlicht. Zweitens dient es als Basismodell, durch realitätsnähere Annahmen kann es leicht erweitert werden. Zeitliche Aspekte von Marktprozessen werden bspw. später im Kapitel 3 einbezogen.

---

[30] Alternativ kann statt der obigen Annahmen ein Wettbewerbsmarkt unterstellt werden, bei dem der Preis für die Anbieter und Nachfrager ein Datum darstellt (siehe oben Kapitel 1.1.3).

Illustrierendes Beispiel: Rechnerische Analyse

Diese verbalen Erläuterungen lassen sich auch rechnerisch nachvollziehen. Algebraisch kann man die Gleichgewichtswerte ermitteln, indem man die Funktionen für die Angebots- und Nachfragekurve gleichsetzt: $S = D$. Wenn die Angebotsfunktion S im Gummibärchen-Beispiel $p = 1 + 0{,}05Q^S$ beträgt und die Nachfragefunktion D sei $p = 10 - Q^D$, so ergeben sich eine Gleichgewichtsmenge von 8,57 (Millionen) Tüten und ein Gleichgewichtspreis von 1,43 Euro, die wie folgt berechnet werden (wobei im Gleichgewicht ja gilt, dass Nachfrage und Angebot übereinstimmen, also: $S = D$ bzw. $Q^S = Q^D$):

$S = D$

$1 + 0{,}05Q = 10 - Q$
$1{,}05Q = 9$
$Q = 8{,}57$

Die Gleichgewichtsmenge Q* beträgt also 8,57. Eingesetzt in D ergibt sich der Gleichgewichtspreis:
$P = 10 - 8{,}57 = 1{,}43$

Zum selben Resultat gelangt man, wenn alternativ die Gleichgewichtsmenge in die Angebotsfunktion eingesetzt wird:
$P = 1 + 0{,}05 \times 8{,}57 = 1{,}43$

Alternativ können die Nachfrage- und Angebotsfunktion auch erst nach Q aufgelöst und dann gleichgesetzt werden.
D: $Q = 10 - p$
S: $Q = -20 + 20p$

Hier führt das Gleichsetzen und Ausrechnen zu identischen Ergebnissen.

Bei P* in Höhe von 1,43 € und Q* von 8,57 Mio. 200-Gramm-Tüten ergibt sich eine Markträumung, d.h. weder Anbieter noch Nachfrager, die zu diesen Preis (ver-)kaufen wollen, bleiben unberücksichtigt (langfristig stabile Situation). Es besteht keine Tendenz zu einer Preis- oder Mengenänderung.

3. Veränderungen von Angebot und Nachfrage

3.1. Einleitender Überblick

Im Gliederungspunkt 2.3 haben wir betrachtet, welche Auswirkungen es hat, wenn der Preis eines Gutes vom Gleichgewichtspreis abweicht. Alle anderen Einflussfaktoren wurden konstant gehalten (ceteris-paribus-Verfahren). Da der Preis eines Gutes genauso wie die Menge im Modell des Preis-Mengen-Diagramms enthalten ist, handelt es sich um die Analyse einer **endogenen Veränderung**.

Es lassen sich mittels Preis-Mengen-Diagramm aber auch die Auswirkungen von Veränderungen der bisher konstant gehaltenen Einflüsse untersuchen. Eine solche Vorgehensweise wird als Analyse einer **exogenen Veränderung** bzw. Veränderung einer exogenen Variablen bezeichnet.[31]

Ein **wichtiger Unterschied** bei der Vorgehensweise existiert zwischen endogenen und exogenen Veränderungen. Variationen des Preises des betreffenden Gutes haben immer eine **Bewegung auf der Nachfrage- und Angebotsfunktion** dieses Gutes zur Folge. Veränderungen der anderen Einflussfaktoren führen zu einer **Lageänderung der Angebots- bzw. Nachfragefunktion**. Diese Lageänderung besteht in einer Verschiebung und/oder Drehung der jeweiligen Funktion.

Eine **Lageänderung der Angebotskurve** auf dem Markt eines Gutes kann bspw. aus folgenden Änderungen im Umfeld der Unternehmen resultieren:

- die Anzahl der Anbieter steigt/sinkt
  - o staatliche Regulierungen, z. B. Begrenzung der Anzahl der Anbieter durch Lizenzvergabe
  - o Liberalisierung der Märkte, z. B. Abschaffung von Markteintrittsbarrieren oder Kartellverbote
- die Faktorkosten, d.h. die Preise für Produktionsfaktoren, steigen/sinken
  - o Preis für Rohstoffe steigt/sinkt
  - o Gewerkschaft setzt 10%-ige Lohnerhöhung für Mitarbeiter durch
- die Produktionskosten steigen/sinken aus anderen Gründen
  - o Opportunitätskosten, d.h. Gewinnaussichten bei alternativer Verwendung der Produktionsfaktoren, steigen oder sinken

---

[31] Unter einer exogenen Variable versteht man eine Variable, die NICHT im Modell erfasst ist und für die Betrachtungen als exogen gegeben angenommen wird. Beim Preis-Mengen-Diagramm sind alle Variablen außer dem Preis und der angebotenen bzw. nachgefragten Menge exogene Faktoren (vgl. hierzu auch Teil A).

    o   Erhebung/Erhöhung/Verringerung   oder   Abschaffung   von Produktionsabgaben (z.B. Stücksteuer pro Outputeinheit) oder Subventionszahlungen

    o   technischer Fortschritt in der Fertigungstechnologie erlaubt eine weitergehende Automatisierung der Produktion

Eine **Lageänderung der Nachfragekurve** kann sich bspw. wegen folgender Änderungen im Umfeld der Konsumenten ergeben:

- die Anzahl der Nachfrager steigt/sinkt
  - o Bevölkerungswachstum/-verringerung
  - o Änderungen auf Grund von Trends und Moden
  - o saisonale Schwankungen
- das verfügbare Einkommen bzw. Vermögen steigt/sinkt
- eine veränderte Bedürfnisstruktur
- der Preis von Substituten sinkt/steigt

Die Auswirkungen bestimmter Veränderungen werden im Folgenden anhand von Beispielen für die Nachfrage- und Angebotsseite für verschiedene Märkte erläutert.

3.2. Veränderungen der Nachfrage

Was passiert bspw. auf dem Markt für Smartphones, wenn das **Einkommen der Haushalte wächst**? Nehmen wir an, dass auf Grund deutlicher Lohnerhöhungen sowie zunehmender Beschäftigtenzahlen das für Konsumzwecke verfügbare Einkommen in Deutschland drastisch ansteigt.

Wichtig ist als erster Schritt der Analyse sich klar zu machen, dass das für Konsumzwecke verfügbare Einkommen ein exogener Einflussfaktor[32] der Nachfrage ist, weshalb sich die Lage der Nachfragekurve verändern wird.

Wie wird diese Lageveränderung der Nachfrage aussehen? Wenn den Konsumenten mehr Geld für Konsumausgaben zur Verfügung steht, ist davon auszugehen, dass sich die Nachfrage nach Smartphones erhöht. In Folge der Lohnerhöhung verschiebt sich die Nachfragefunktion also nach rechts (siehe Übersicht 3.1).

---

[32] Zum Teil wird in der Literatur auch von „externen" an Stelle von „exogenen" Faktoren gesprochen.

Das neu entstehende Gleichgewicht kann neben einem höheren Gleichgewichtspreis ($P_1 > P_0$) durch eine größere Gleichgewichtsmenge ($Q_1 > Q_0$) charakterisiert werden.

Übersicht 3.1: Verschiebung der Nachfragefunktion I

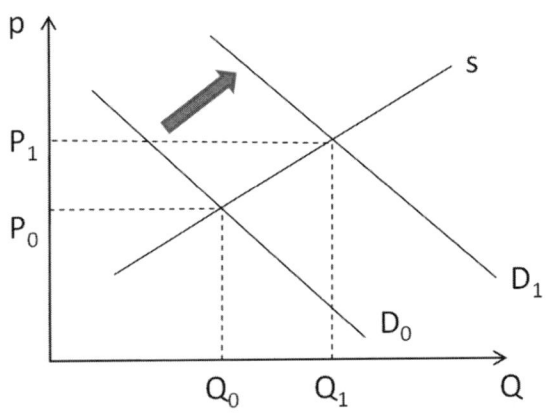

Auf dem Buchmarkt für gedruckte Bücher betrachten wir als zweite exogene Veränderung eine **Prozessinnovation**, durch die die Hardwarepreise auf dem Markt für eBook-Reader stark fallen. Die exogene Veränderung findet daher in Form der Preissenkung für eBook-Reader statt. Die fallenden Preise für das Substitutionsgut EBooks resultieren in einer Lageveränderung der Nachfragekurve auf dem Markt für gedruckte Bücher.[33]

Warum? Bei sinkenden Preisen für eBook-Reader werden diese aus Sicht der Konsumenten im Vergleich zu gedruckten Büchern günstiger. Die Konsumenten werden darauf reagieren, in dem sie vermehrt eBooks nachfragen und entsprechend weniger gedruckte Bücher kaufen. Die Nachfragemengen für Bücher auf Papier verringern sich folglich. Im Preis-Mengen-Diagramm verschiebt sich die Nachfragekurve nach links.

---

[33] Wichtig ist zu erkennen, dass sich die Prozessinnovation hier NICHT auf den relevanten Untersuchungsmarkt, sondern auf den Markt eines anderen Gutes bezieht. Die sich auf diesem anderen Markt ergebenden Veränderungen der Gleichgewichtswerte wirken jedoch – wie beschrieben – zurück auf den von uns betrachteten Markt für gedruckte Bücher.

Es entsteht ein neues Gleichgewicht mit einem geringeren Gleichgewichtspreis ($P_1 < P_0$) und einer geringeren Gleichgewichtsmenge ($Q_1 < Q_0$), wie in der folgenden Übersicht 3.2 ersichtlich.

Übersicht 3.2: Verschiebung der Nachfragefunktion II

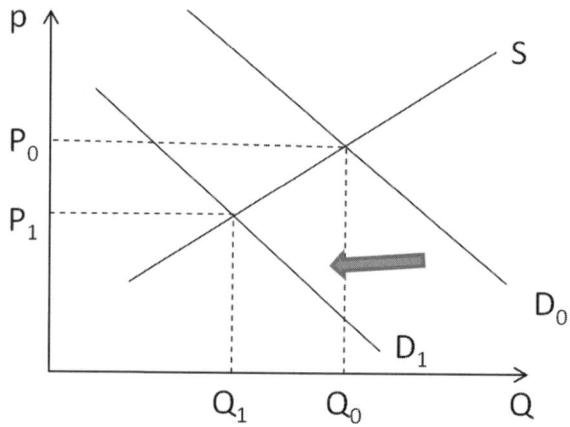

3.3. Veränderungen des Angebotes

Als erste exogene Veränderung sehen wir uns einen staatlichen Eingriff auf dem Lebensmittelmarkt an. Die Bundesregierung beschließt auf Grund eines Hygiene-Skandals auf dem Markt für Bio-Sprossen, nur noch lizenzierte Produzenten zuzulassen. Die Anzahl der Lizenzen ist dabei auf vier beschränkt.

Die Lizenzierung hat Auswirkungen auf die **Anzahl der Anbieter**, so dass sich in Folge dieser exogenen Veränderung die Lage der Angebotskurve verändern wird.

Durch die Beschränkung der Anbieter auf maximal vier wird es – zumindest kurzfristig (d.h. bis die verbleibenden vier Anbieter ihre Produktionskapazitäten ausgeweitet haben) – zu einem deutlichen Rückgang der angebotenen Menge kommen. Daraus lässt sich schlussfolgern, dass sich die Angebotskurve nach links verschiebt.

Die grafische Analyse der Auswirkungen findet sich in der unten stehenden Abbildung. Es entsteht ein neues Gleichgewicht. Die neue Gleichgewichtsmenge Q_1 ist – im Vergleich zum Ursprungszustand – geringer ($Q_1 < Q_0$), während der Gleichgewichtspreis steigt ($P_1 > P_0$).

Übersicht 3.3: Verschiebung der Angebotsfunktion I

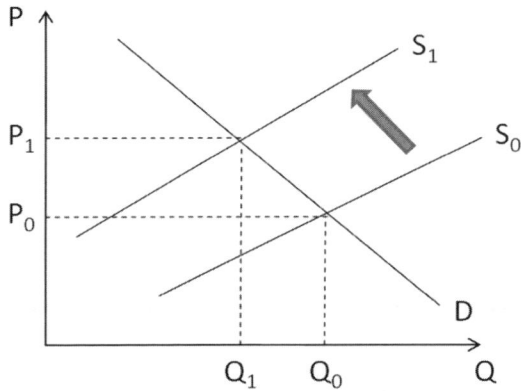

Die zweite von uns betrachtete exogene Veränderung ist eine **Verfahrensinnovation** in der Produktion von Mikrochips, auf die alle Hersteller zurückgreifen können und in deren Folge die Produktionskosten aller Unternehmen sinken.

Die Produktionskosten sind ein exogener Einflussfaktor des Angebotes, so dass sich in Folge dieser Kostensenkung die Lage der Angebotskurve auf dem Weltmarkt für Mikrochips verändert. Die sinkenden Produktionskosten der Unternehmen führen dazu, dass sich die Angebotskurve nach unten (bzw. nach rechts) verschiebt.

Wie die untenstehende Übersicht 3.4 verdeutlicht, ergibt sich im neuen Gleichgewicht ein – im Vergleich zum Ursprungszustand – geringerer Gleichgewichtspreis ($P_1 < P_0$) und eine größere Gleichgewichtsmenge ($Q_1 > Q_0$).

Übersicht 3.4: Verschiebung der Angebotsfunktion II

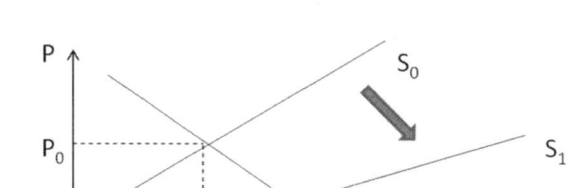

3.4. Komparativ-statische Analyse und Gleichgewichtsfindung

Das in den vorangegangenen Gliederungspunkten eingeführte Marktmodell ist zunächst auf einen Zeit<u>punkt</u> bezogen, d.h. es handelt sich um eine **statische Analyse**. In den Abschnitten 3.2 und 3.3 haben wir dann die Auswirkungen von Veränderungen analysiert, indem wir die Gleichgewichte zweier Zeitpunkte gegenübergestellt haben. Dabei handelt es sich um eine sogenannte **komparativ-statische Analyse**.[34] Wir können mittels der Verschiebungen von Angebots- und Nachfragekurve im Preis-Mengen-Diagramm die Veränderungen der Gleichgewichtswerte bestimmen. Der Anfangs- und der Endzustand vor und nach einer exogenen Veränderung sind durch die komparativ-statische Analyse erfasst. Diese beiden Zeitpunkte können miteinander verglichen werden. Die Dauer des Anpassungsprozesses (Wie viel Zeit vergeht bis die neuen Gleichgewichtswerte erreicht sind?) und der genaue Anpassungsverlauf von einem zum anderen Gleichgewicht lässt sich aus dem Modell nicht erkennen. Aussagen dazu erfordern eine **dynamische Analyse**, die hier nicht durchgeführt wird.

In der **Realität** liegen hinsichtlich des dynamischen Ablaufs i.d.R. **komplizierte mehrstufige Informations- und Anpassungsprozesse** vor. Außerdem rufen neue exogene Veränderungen (Steigerung/Verringerung der Löhne, Veränderungen der Preise für Vorleistungen, Steueränderungen,

---

[34] Unter einer komparativ-statischen Analyse versteht man den Vergleich („komparativ") zweier Zeitpunkte („statisch").

Preisveränderungen bei wichtigen Rohstoffen usw.) ständig Anpassungsprozesse auf den Märkten hervor, die sich teilweise gegenseitig kompensieren, mitunter aber auch verstärken. Die Ergebnisse, die man auf Grund der Untersuchungen am Preis-Mengen-Diagramm erhält, stellen immer nur die Auswirkungen isolierter einzelner Einflüsse dar.

Es existieren jedoch auch in der Praxis Märkte, die dem betrachteten idealen polypolistischen Wettbewerbsmarkt sehr nahe kommen. Wichtige Beispiele sind die Börsen. Die existierenden **Devisen- und Wertpapierbörsen** mit Maklern bzw. **elektronischen Handelssystemen** stellen Beispiele für ideale Märkte dar. Bspw. betreibt die Deutsche Börse mit Sitz in Frankfurt das Handelssystem XETRA. Der Makler bzw. die Software dieses Handelssystems sammelt alle Angebots- und Nachfragemengen inklusive der zugehörigen Preisvorstellungen und ermittelt daraus den markträumenden Gleichgewichtspreis, so dass die gehandelte Menge maximiert wird. Ein weiteres Beispiel, das unter bestimmten Gesichtspunkten den hier dargestellten Markprozessen ähnelt, sind Auktionen im Internet.

Obwohl die Preisbildungsprozesse auf nahezu allen anderen real existierenden Märkten „ungenauer" sind und es ständig Abweichungen vom idealen Gleichgewichtspreis gibt, lässt sich aber eine **Tendenz zum Gleichgewicht** feststellen.

Anhand zweier Beispiele werden einige relevante Aspekte dieses Kapitels noch einmal illustriert.

1. Beispiel: Der Rohölmarkt

Der Winter des Jahres 2009/2010 war durch eine extrem lange Kälteperiode mit hohen Minustemperaturen gekennzeichnet. Der Gleichgewichtspreis für einen Barrel Rohöl stieg im Februar von 64 $ auf 78 $. Mit Hilfe eines Preis-Mengen-Diagramms und einer komparativ-statischen Analyse kann man erklären, warum damals der Preis für Heizöl stieg: Durch einen kalten Winter verändern sich die Präferenzen der Nachfrager (und damit auch die Zahlungsbereitschaft für Heizöl), die nicht frierend in ihrem Haus sitzen mochten.

Dieser exogene Schock kann im Modell durch eine Rechtsverschiebung der Nachfragefunktion dargestellt werden (siehe Übersicht 3.5). In Folge ergibt neben einer gestiegenen Gleichgewichtsmenge auch ein höherer Handelspreis.

Übersicht 3.5: Der Heizölmarkt

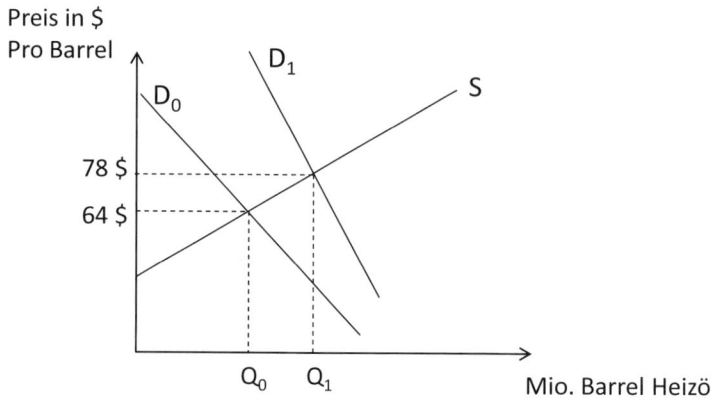

2. Beispiel: Der Zinnmarkt

Das nachstehende Marktmodell (Übersicht 3.6) zeigt den aus empirischen Untersuchungen hergeleiteten Verlauf der Angebots- und Nachfragekurve auf dem Weltmarkt für Zinn in den Jahren 1910, 1960 und 2010. Die Situation auf dem Zinnmarkt ist in diesem Zeitraum neben einer permanenten Erhöhung der Fördermengen durch eine stetig steigende Nachfrage geprägt.

Übersicht 3.6: Der Zinnmarkt in langfristiger Perspektive

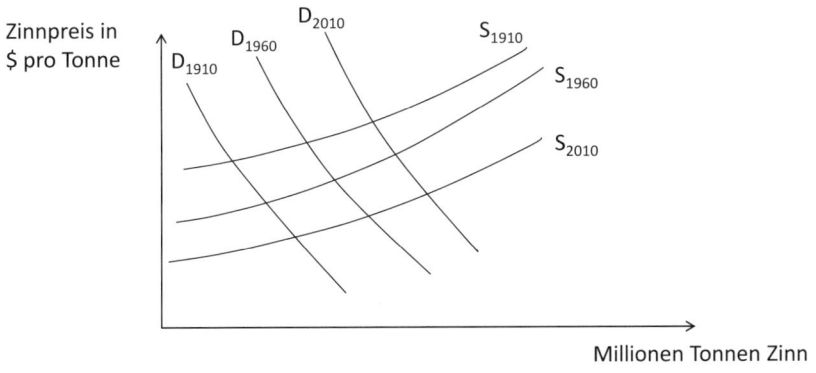

Zinnpreis in $ pro Tonne

Millionen Tonnen Zinn

In der langfristigen Betrachtung für den Zeitraum 1910 bis 2010 ist festzustellen, dass die Preise im Zeitverlauf geringfügig sinken. Dies ist das Ergebnis der Rechtsverschiebungen der Angebots- und Nachfragefunktion in diesem Zeitraum, wobei die zusätzliche Nachfrage durch das zusätzliche Angebot überkompensiert wurde. In der Übersicht 3.6 sind die relevanten Gleichgewichtspunkte der Jahre 1910, 1960 und 2010 zu identifizieren.

4. Nachfrage- und Angebotselastizitäten

Bis jetzt ist deutlich geworden, dass die nachgefragte Menge nach einem Gut insbesondere von dessen Preis abhängt. Entsprechendes gilt für die Angebotsmenge. Aber wie genau reagiert die nachgefragte Menge auf eine Preisänderung, d.h. wie stark steigt (sinkt) die nachgefragte Menge, wenn der Preis sinkt (steigt)?

Diese Fragestellung ist für Unternehmen im Rahmen der Produktions- und Absatzentscheidungen von großer Bedeutung und wird u.a. mit Hilfe sogenannter Elastizitäten analysiert. Eine **Elastizität** gibt immer eine Antwort auf die Frage, um wie viel Prozent sich eine **abhängige Variable** (häufig eine Menge) ändert, wenn sich eine **unabhängige Variable** (bspw. ein Preis oder das Einkommen) um 1% verändert. Elastizitäten beschreiben demnach die „Empfindlichkeit" (Reagibilität) einer Variablen auf Schwankungen anderer Einflüsse.[35]

Es sind insbesondere die folgenden vier Elastizitäten von Bedeutung: die direkte Preiselastizität der Nachfrage, die Einkommenselastizität der Nachfrage, die Kreuzpreiselastizität der Nachfrage und die Preiselastizität des Angebotes.

Die **direkte Preiselastizität der Nachfrage** eines Gutes beschreibt, um wie viel Prozent sich die **nachgefragte Menge** ändert, wenn sich der Preis dieses Gutes um 1% verändert. Der Zusammenhang zwischen Preis und nachgefragter Menge ist bei einer normalen Nachfragefunktion gegenläufig, d.h. wenn der Preis steigt (sinkt) führt dies zu einer Verringerung (Steigerung) der nachgefragten Menge. Beträgt die Preiselastizität der Nachfrage bspw. $-2{,}5$ heißt das, dass die nachgefragte Menge um 2,5 % sinkt, wenn der Preis um 1 % steigt. Erhöht sich der Preis um 1 %, dann verringert sich die nachgefragte Menge um 2,5 %. Die direkte Preiselastizität der Nachfrage wird abgekürzt als E_D. E steht für Elastizität, D für Nachfrage.

Die mathematische Formel dieser Elastizität lautet (bei Betrachtung einer infinitesimal kleinen Veränderung):

---

[35] Unter mathematischem Gesichtspunkt kann jede Elastizität als Division der relativen (prozentualen) Veränderung der abhängigen (%Δy) durch die relative (prozentuale) Veränderung der unabhängigen Variable (%Δx) berechnet werden: $E_x^y = \dfrac{\%\Delta y}{\%\Delta x}$.

$$E_D = \frac{\dfrac{dQ}{Q}}{\dfrac{dp}{p}} = \frac{dQ}{Q} \cdot \frac{p}{dp} = \frac{dQ}{dp} \cdot \frac{p}{Q}$$

Dabei ist dQ/Q die relative Mengenänderung und dp/p die relative Preisänderung.

Wie sieht der Zusammenhang zwischen Preis und Menge bei normal verlaufender Nachfragefunktion aus? Er ist gegenläufig, d.h. negativ, weil eine Preiserhöhung zu einer Senkung der nachgefragten Menge führt und eine Preissenkung eine Erhöhung der nachgefragten Menge bewirkt. D.h. es gilt:[36]

$$-\infty \leq E_D \leq 0$$

Je nach Höhe der Preiselastizität der Nachfrage sind die folgenden Formen der Übersicht 4.1 zu unterscheiden.

Übersicht 4.1: Preiselastizität der Nachfrage

$E_D = -\infty$	vollkommen elastische Nachfrage
$-\infty < E_D < -1$	elastische Nachfrage
$E_D = -1$	einselastische Nachfrage
$-1 < E_D < 0$	unelastische Nachfrage
$E_D = 0$	vollkommen unelastische Nachfrage

---

[36] Da die Rechnung mit negativen Werten etwas umständlich ist, wird in der Literatur zum Teil ein Minuszeichen in die Definition eingebaut. Dann liegt E_D zwischen Null und unendlich: $0 \leq E_D \leq \infty$.

Eine **vollkommen elastische Nachfrage** liegt in der grafischen Darstellung vor, wenn die Nachfragekurve horizontal verläuft (siehe Übersicht 4.2). Die Nachfrage reagiert auf infinitesimal kleine Preisänderungen extrem stark: Bei einem Preis etwas über P_0 geht die Nachfrage auf Null zurück. Bei einem Preis etwas unter P_0 wird die Nachfrage unendlich groß. Eine **vollkommen unelastische Nachfrage** ist hingegen bei einer vertikalen Nachfragefunktion gegeben (siehe Übersicht 4.3). Unabhängig vom Preis wird immer die Menge Q_0 nachgefragt.

Übersicht 4.2: Vollkommen elastische Nachfrage

Übersicht 4.3: Vollkommen unelastische Nachfrage

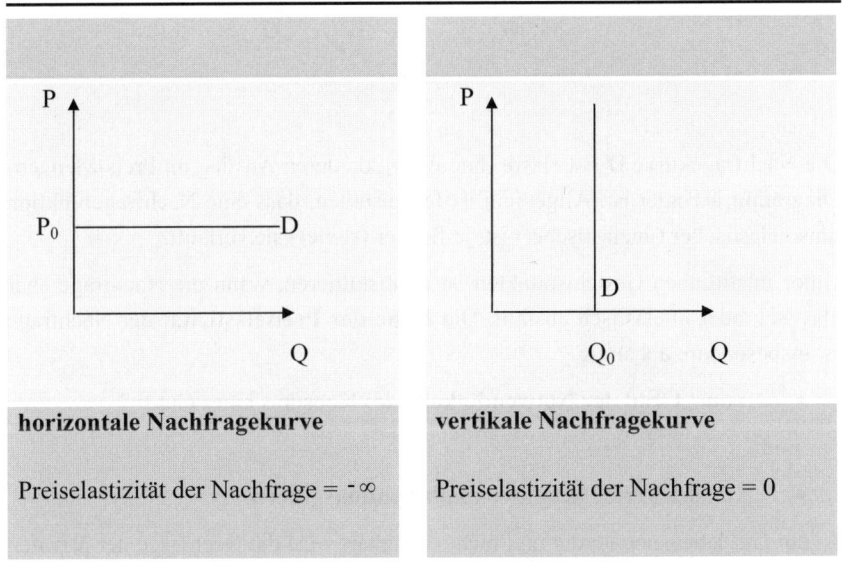

horizontale Nachfragekurve	vertikale Nachfragekurve
Preiselastizität der Nachfrage = $-\infty$	Preiselastizität der Nachfrage = 0

Hinsichtlich des Grades der Elastizität lassen sich zwischen diesen beiden Extremen Zwischenstufen identifizieren (siehe Übersicht 4.4).

Übersicht 4.4: Elastizitäten unterschiedlicher Nachfragefunktionen

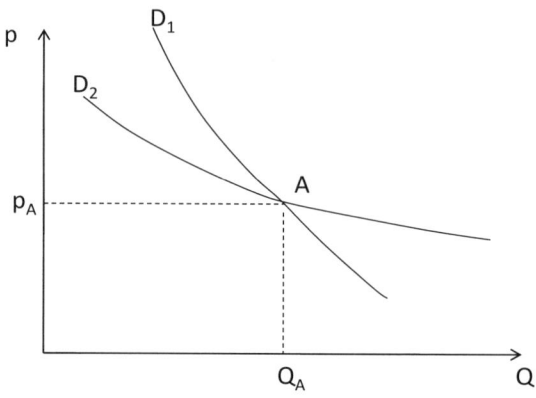

Die Nachfragekurve D_2 ist elastischer als D_1, da deren Anstieg im Preis-Mengen-Diagramm geringer ist. Allgemein ist festzustellen, dass eine Nachfragefunktion umso elastischer (unelastischer) ist, je flacher (steiler) sie verläuft.[37]

Unter inhaltlichen Gesichtspunkten ist zu diskutieren, wann die Nachfrage eher elastisch oder unelastisch ausfällt. Die **Höhe der Preiselastizität** der Nachfrage ist insbesondere abhängig.

- …vom „**Grad der Notwendigkeit**" des Konsums eines Gutes

und

- …von der Verfügbarkeit von **Substitutionsgütern**

Ist ein Gut lebensnotwendig und nicht ersetzbar, wird die Nachfrage der privaten Haushalte sehr unelastisch sein. Bei (lebens-)notwendigen Gütern (z.B. Salz) kann der Konsum trotz einer Preiserhöhung gar nicht oder nicht wesentlich eingeschränkt werden.

Bei leicht ersetzbaren Gütern, ohne wichtige Funktionen für den Konsumenten gilt das Gegenteil. Wenn es bei bestimmten Gütern (z.B. Gummibärchen) viele Substitutionsgüter gibt, die für die Nachfrager einen identischen bzw. annähernd gleichen Nutzen stiften (z.B. Marshmallows, Lakritze, Schoko-Riegel,

---

[37] Genau genommen gilt die Aussage nur im Punkt A. Diese Einschränkung wird im Folgenden vernachlässigt.

Schokoladen-Tafeln, Pralinen, Überraschungseier etc.), dann sind die Nachfrager nur in geringem Umfang darauf angewiesen das konkrete Gut „Gummibärchen" zu kaufen, d.h. die Nachfrageänderung ist im Fall einer kleinen Preisänderung bereits relativ groß.

Darüber hinaus ist es wichtig dabei auseinanderzuhalten, ob die Preiselastizität auf dem Gesamtmarkt gemeint ist oder die Preiselastizität der Nachfrage nach einem Gut **eines** bestimmten Produzenten. Die Nachfrage nach Salz auf dem Gesamtsalzmarkt ist sehr unelastisch. Der einzelne Produzent auf dem Markt für Haushaltssalz wird dagegen feststellen, dass die Preiselastizität der Nachfrage für sein Produkt (sehr) hoch ist. Salz ist aus Sicht der Konsumenten ein weitgehend homogenes Gut, für das er unter verschiedenen Anbietern wählen kann. Es existieren also viele Substitute für die Marke eines Salzproduzenten (bspw. Bad Reichenhaller Speisesalz). Erhöht ein Salz-Hersteller für sein Produkt den Preis werden die Nachfrager daher sofort auf ein Konkurrenzprodukt ausweichen.

In der Unternehmenspraxis ist die Frage relevant, welche Wirkung eine Preissenkung oder Preiserhöhung auf die verkaufte Menge und damit vor allem den Umsatz eines Unternehmens hat, wobei der Umsatz mit R (für Revenue abgekürzt wird).

Dazu zwei Beispiele:

Unelastische Nachfrage: $E_D = -0,8$

$p\uparrow$ um 1% $\rightarrow$ Q$\downarrow$ um 0,8% $\rightarrow$ R$\uparrow$

$p\downarrow$ um 1% $\rightarrow$ Q$\uparrow$ um 0,8% $\rightarrow$ R$\downarrow$

Elastische Nachfrage: $E_D = -2$

$p\downarrow$ um 1% $\rightarrow$ Q$\uparrow$ um 2% $\rightarrow$ R$\uparrow$

$p\uparrow$ um 1% $\rightarrow$ Q$\downarrow$ um 2% $\rightarrow$ R$\downarrow$

Als Spezialfall ist auch eine Nachfragefunktion möglich, die in allen Punkten eine Elastizität von -1 aufweist (siehe Übersicht 4.5). Die Preisreduktion von p_1 auf p_2 führt zu einer Verringerung des Umsatzes (hellgraues Kästchen), die von der Preissenkung ausgelöste Erhöhung der nachgefragten Menge von Q_1 auf Q_2 erhöht aber den Umsatz in genau dem gleichen Umfang (dunkelgraues Kästchen).

Übersicht 4.5: Einselastische Nachfrage

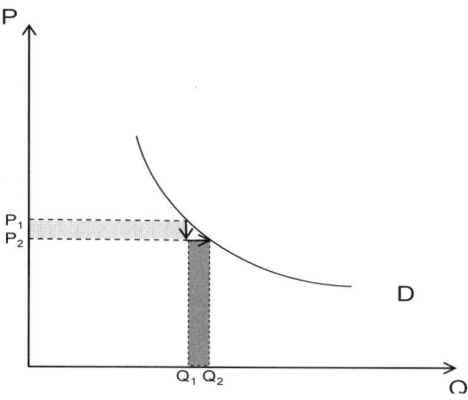

Die **Einkommenselastizität der Nachfrage** besagt, um wie viel Prozent sich die nachgefragte Menge ändert, wenn sich das Einkommen um 1% verändert. Ist die Einkommenselastizität positiv heißt das, bei einer Einkommenserhöhung wird das Gut mehr nachgefragt. Beträgt die Einkommenselastizität bspw. 1,7 so wird die Nachfrage um 1,7 % zunehmen, wenn das Einkommen des Haushaltes um 1 % erhöht wird. Es handelt sich dann um ein **superiores Gut**.

Ist die Einkommenselastizität negativ, dann sinkt die Nachfrage bei Einkommenssteigerungen. Es liegt der Fall eines **inferioren Gutes** vor. Diese beiden Begriffe sind uns schon im Abschnitt A begegnet.

Die Einkommenselastizität der Nachfrage wird abgekürzt als E_I. Die dazugehörige Formel lautet:

$$E_I = \frac{\frac{dQ}{Q}}{\frac{dI}{I}} = \frac{dQ}{dI} \cdot \frac{I}{Q}$$

Das Einkommen wird dabei mit I bezeichnet (I für Income).

Ökonomisch relevant ist darüber hinaus die sogenannte **Kreuzpreiselastizität der Nachfrage**. Sie beschreibt die relative Veränderung der nachgefragten Menge eines Gutes x als Reaktion auf die relative Preisänderung eines anderen

Gutes y und wird abgekürzt als: E_{xy}. Dabei bezieht sich die Elastizität auf die nachgefragte Menge des Gutes x und p_y ist der Preis des Gutes y. Die dazugehörige Formel ist:

$$E_{xy} = \frac{\dfrac{dQx}{Qx}}{\dfrac{dPy}{Py}}$$

Dabei sind x und y zwei verschiedene Güter. Die Kreuzpreiselastizität der Nachfrage ist größer als Null, wenn es sich bei den beiden Gütern um Substitutionsgüter handelt. Im Fall von Komplementärgütern liegt die Kreuzpreiselastizität unter Null, ist also negativ.

Die **Preiselastizität des Angebots** beschreibt, um wie viel Prozent sich die **angebotene Menge** ändert, wenn sich der Preis für dieses Gut um 1% verändert (siehe die folgenden Übersichten 4.6 und 4.7). Ein vollkommen elastisches Angebot liegt vor, wenn die Angebotskurve horizontal verläuft. Ein Preis etwas über P_0 führt zu einer unendlich großen Angebotsmenge. Bei einem Preis etwas darunter produziert kein Unternehmen mehr. Ein vollkommen unelastisches Angebot ist hingegen bei einer vertikalen Angebotsfunktion gegeben. Unabhängig vom erzielbaren Preis wird die Menge Q_0 offeriert.

Übersicht 4.6: Vollkommen elastisches Angebot

Übersicht 4.7: Vollkommen unelastisches Angebot

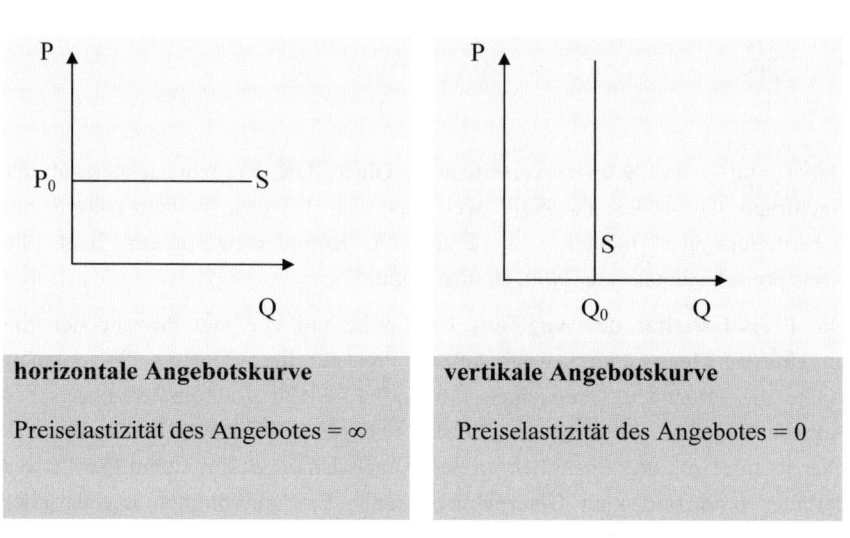

horizontale Angebotskurve	vertikale Angebotskurve
Preiselastizität des Angebotes = ∞	Preiselastizität des Angebotes = 0

Zur Illustration verschiedener Elastizitäten werden im Folgenden Beispiele aus der Realität herangezogen und besprochen.

Empirische Untersuchungen von Preiselastizitäten

In den anschließenden Übersichten sind die Ergebnisse einer Reihe von Studien zu Preis-, Kreuzpreis- und Einkommenselastizitäten zusammengefasst.

Übersicht 4.8 enthält die direkte **Preiselastizität der Nachfrage für die Produkte bzw. Marken einzelner Anbieter** unterschiedlicher Jahre und Industrieländer aus diversen Konsumgüterbranchen. Bspw. sagt die von Telser für die Kaffeenachfrage in den USA ermittelte Preiselastizität der Nachfrage von -4,45 aus, dass eine Preiserhöhung um 1% zu einer Verringerung der nachgefragten Menge um 4,45% führt (und umgekehrt).

Übersicht 4.8: Preiselastizitäten von Konsumgütern – Produkte/Marken

Produkte/Marke	Studie (Jahr)	Land	mittlere Preiselastizität
KCorn Flakes			-3,54
KCorn Pops			-5,94
Krice Krispies			-5,71
GMCoco Puffs		USA	-6,20
GMTotal Raisin	Chidmi (2005)		
Bran			-5,27
Pgrape Nuts			-3,82
Qcap N Crunch			-5,51
R Cookie Crisp			-8,59
Coke			-1,47
Pepsi			-1,87
Sprite	Cotterill (1994)	USA	-1,25
7Up			-1,88
DrPep			-1,45
Kaffee	Telser (1962)*	USA	-4,45
	Lambin (1976)*	B	-2,93
	Kucher (1985)*	D	-7,17
Waschmittel	Russel-Bolton (1988)*	USA	-2,13
	Simon (1979)*	D	-2,36
Margarine	Blattberg-Wisnewski (1985)*	USA	-4,11
Elektrorasierer	Lambin (1976)*	D	-3,49
Telefondienst	Rea-Lage (1978)*	USA	-1,72
	Tacke (1989)*	D	-0,68
Pharmaprodukte	Simon (1979)*	D	-0,44
Soft Drinks	Nevin (1974)*	USA	-4,43
	Lambin (1976)*	B, NL	-1,59
Pkw	Cowling-Cubbin (1971)*	UK	-1,92

* Zitiert nach Simon (1992): 132.

Alle Untersuchungen zeigen, dass die Preiselastizitäten der Nachfrage negativ sind. Dies bedeutet, dass die Nachfragefunktionen der Güter einen fallenden Verlauf haben. Der von uns bisher angenommene normale Verlauf von Nachfragefunktionen wird also von diesen praktischen Beispielen bestätigt. Mit ganz wenigen Ausnahmen sind die ermittelten Preiselastizitäten außerdem elastisch, d.h. liegen unter -1. Dies ist ein Indiz dafür, dass in sehr vielen Konsumgüterbranchen – bspw. zwischen verschiedenen Produkten für Müsli bzw. Frühstücksflocken in den USA – ein intensiver Preiswettbewerb herrscht. Die Marke KCorn Flakes des Unternehmens Kellogg's würde bei einer zehnprozentigen Preiserhöhung einen Absatzrückgang von über 35 % hinnehmen müssen!

Eine Ausnahme ist in dieser Hinsicht die Nachfrage nach Telefondiensten in Deutschland von Tacke aus dem Jahr 1989. Hier beträgt die Preiselastizität der Telefondienste der damaligen Deutschen Bundespost -0,68, d.h. eine Preiserhöhung um 1 % führt zu einem Nachfragerückgang um 0,68%. Zu diesem Zeitpunkt war der Telefondienst in Deutschland aber auch noch ein Monopol der staatlichen Deutschen Bundespost.

Übersicht 4.9 enthält ebenfalls eine Reihe von empirisch ermittelten **Preiselastizitäten der Nachfrage**. Diesmal aber jeweils **für den Gesamtmarkt** der jeweiligen Produktkategorie. Auch auf den Gesamtmärkten sind jeweils normale, d.h. fallende, Nachfragefunktionen festzustellen. Im Vergleich zu den Produkten einzelner Anbieter sind die Preiselastizitäten allerdings (absolut gesehen) kleiner. Sie liegen in der Regel im unelastischen Bereich. Dies ist plausibel, denn hier sind die Substitutionsmöglichkeiten für den Verbraucher natürlich geringer: Wenn der Konsument gerne Milch trinkt besitzt er kaum Ausweichmöglichkeiten. Innerhalb des Milchmarktes konkurrieren dagegen verschiedene Anbieter miteinander, zwischen denen der Haushalt wählen kann.

Übersicht 4.9: Preiselastizitäten von Konsumgütern – Gesamtmärkte

Produktkategorie	Studie (Jahr)	Land	mittlere Preis-elastizität
Wohnraum	Ermisch et. al. (1996)*	UK	-0,40
	Rosenthal et. al (1991)*	USA	-0,92
Zigaretten	Becker / Grossman /Murphy (1994)	USA	-0,40
Milch		UK	-0,36
Fleisch		UK	-0,69
Lammfleisch	Lipsey / Chrystal (2007)	UK	-1,29
Kartoffeln		UK	-0,12
Fruchtsaft		UK	-0,55
Grüne Erbsen		USA	-2,80
Elektrizität		USA	-1,20
Bier	Houthakker/Taylor (1970)**	USA	-1,19
Schuhe		USA	-0,70
Benzin	Graham/Glaister (2002)***	Niederlande	-0,70
	Hanly et al. (2002)***	Niederlande	-0,45
	Espey (1998)	Niederlande	-0,44
Buchmarkt	Hjorth-Andersen (2000)	Dänemark	-1,44
Breitbandanschluss	Cadman (2008)	OECD	-0,43
Lammfleisch		UK	-1,12
Frische Bananen	Tiffin et al. (2011)	UK	-0,53

* zitiert nach Schulte (2008): 346.
** zitiert nach Frank (2003): 126 – 140.
***zitiert nach Brons et al. (2006): 13

Es ist als wichtig festzuhalten, dass bei der Betrachtung und Interpretation von direkten Preiselastizitäten der Nachfrage immer sorgfältig zwischen den Analyseebenen – einzelnes Produkt eines Anbieters oder Gesamtmarkt eines Gutes – unterschieden werden muss.

Eine weitere erforderliche Differenzierung bezieht sich auf den Zeitraum, der der Elastizität zugrunde liegt. Die **kurzfristige Preiselastizität** des Zigarettenkonsums in den USA bezogen auf fünf Jahre liegt bei -0,68. Die **langfristige Preiselastizität** über einen Zeitraum von 10 Jahren dagegen bei -0,94 (Stock/Watson, 2012: 490). Häufig sind die Elastizitäten langfristig höher als kurzfristig, da Anpassungsprozesse der Verbraucher (und Unternehmen) Zeit in Anspruch nehmen.

Die **Kreuzpreiselastizitäten** zwischen einer Reihe von Soft Drinks in den USA gibt Übersicht 4.10 wieder. Bspw. führt eine einprozentige Erhöhung des Preises für Coke einer Erhöhung der Nachfrage nach Pepsi um 0,35 %. Es handelt sich also um Substitute. Solche substitutiven Beziehungen liegen (erwartungsgemäß) zwischen den meisten der einbezogenen Marken vor. Interessant sind die feststellbaren Ausnahmen, bspw. zwischen Sprite und Coke. Die negative Kreuzpreiselastizität von -0,56 deutet auf eine komplementäre Beziehung. Dies ist insoweit plausibel, als Sprite und Coke unterschiedliche Geschmacksrichtungen treffen und deshalb (bspw. für eine Erstsemester-Party) gerne zusammen gekauft werden.

Übersicht 4.10: Kreuzpreiselastizitäten – Produkte/Marken

Produkte / Marke	Produkte mit Preisveränderungen	Studie (Jahr)	Land	Kreuzpreiselastizität
Pepsi	Coke			0,35
Sprite	Coke			-0,56
7Up	Coke			0,44
Coke	Pepsi			0,36
Coke	Sprite			-0,09
Coke	7Up	Cotterill (1994)	USA	0,08
Pepsi	7Up			0,12
Pepsi	DrPep			0,10
7Up	Pepsi			0,64
DrPep	Pepsi			0,69

Abschließend enthält Übersicht 4.11 die Einkommenselastizitäten verschiedener Produktkategorien aus dem Bereich der Konsumgüter von Nahrungsmitteln über Dienstleistungen bis zu langlebigen Verbrauchsgütern.

Übersicht 4.11: Einkommenselastizitäten ausgewählter Konsumgüter

Produkt	Studie (Jahr)	Land	mittlere Einkommenselastizität
Milch		UK	0,05
Rindfleisch und Kalbfleisch		UK	0,25
Eier		UK	-0,01
Zucker	National Food Survey report (2000)	UK	0,00
Äpfel		UK	-0,07
Orangen		UK	0,23
Fruchtsaft		UK	0,45
Tee		UK	-0,02
Nahrungsmittel/Getränke	Kratena et al. (2009)	Österreich	0,59
Bekleidung		Österreich	1,06
Beheizung		Österreich	0,31
Pkw	Houthakker/Taylor* (1970)	USA	2,46
Restaurantbesuche		USA	1,40
Schweinefleischprodukte		USA	-0,20
Öffentliche Verkehrsmittel		USA	-0,36
Zigaretten	Devaraj (2009)	USA	0,10
Nahrungsmittel		USA	0,80
Kleidung		USA	1,00
Telefondienst		Spanien	0,50

*zitiert nach Frank (2003): 126 – 140

Die Einkommenselastizität von 2,46 für Pkw besagt, dass die Nachfrage nach Pkw um 2,46 % zunimmt, wenn das Einkommen der Haushalte um 1% steigt. Es handelt sich um ein superiores Gut. Eine Einkommenserhöhung um 1 % führt dagegen bei der Nachfrage nach öffentlichen Verkehrsmitteln zu einem Rückgang um 0,36 %. Öffentliche Transportmittel sind also ein inferiores Gut. Mit steigendem Einkommen werden private Pkw angeschafft, so dass der Haushalt nicht mehr auf öffentliche Busse und Bahnen angewiesen ist. Dies gilt zumindest für die USA bis Anfang der 70er Jahre.

Teil B I Wiederholungsfragen und Übungsaufgaben

Märkte und Preise

Wiederholungsfragen

(1) Definieren Sie den Begriff „Markt".

(2) „Die Definition eines Marktes hängt vom konkreten Sachverhalt bzw. von der konkreten Problemstellung ab." Nehmen Sie zu dieser Aussage Stellung.

(3) Nach welchen Kriterien lassen sich unterschiedliche Märkte für einzelne Güter abgrenzen?

(4) Erläutern Sie das zentrale Problem der sachlichen Abgrenzung eines Marktes.

(5) Was kennzeichnet einen Wettbewerbsmarkt (Konkurrenzmarkt)?

(6) Nennen Sie die wichtigsten Annahmen des Modells der vollständigen Konkurrenz.

(7) Was besagt die Annahme eines „räumlichen Punktmarktes"?

(8) Was versteht man unter dem normalen Verlauf einer Nachfragefunktion?

(9) Führt eine Preisänderung eines Gutes zu einer Bewegung auf der Nachfragekurve oder zu einer Verschiebung der Nachfragekurve dieses Gutes?

(10) Welche Auswirkungen hat eine Veränderung der Präferenzen eines Individuums für seine Nachfragefunktion?

(11) Warum hat die Angebotskurve eine positive Steigung?

(12) Führt eine Veränderung der Produktionstechnologie, die eine Kostensenkung in der Produktion zur Folge hat, zu einer Bewegung auf der Angebotskurve oder zu einer Verschiebung der Angebotskurve eines Gutes? Welche Veränderungen werden dadurch ausgelöst?

(13) Definieren Sie den Begriff „Marktgleichgewicht".

(14) Handelt es sich bei einem Oligopol um einen Wettbewerbsmarkt?

(15) Beschreiben Sie die Kräfte, die einen Markt zum Gleichgewicht drängen.

(16) Was ist ein „stabiles Gleichgewicht"?

(17) Ist die Elastizität des Angebotes üblicherweise größer auf kurze oder auf lange Sicht? Warum?

(18) Von welchen Bedingungen hängt es ab, ob Unternehmen Güter anbieten und welche Mengen sie auf dem Markt anbieten wollen?

(19) Erläutern Sie die Begriffe „Monopson", „bilaterales Monopol" und „Polypol".

(20) Was ist unter „potentieller Konkurrenz" zu verstehen?

(21) Ist die Nachfrage nach Waschmaschinen langfristig elastischer als kurzfristig (oder umgekehrt)? Begründen Sie Ihre Antwort.

(22) Welchen Verlauf hat eine vollkommen elastische Nachfragefunktion?

(23) Definieren Sie den Begriff „Kreuzpreiselastizität der Nachfrage"

(24) Ist es möglich, dass die Kreuzpreiselastizität zwischen zwei Gütern gleich Null ist? Was bedeutet dies ökonomisch?

Übungsaufgaben

Aufgabe 1:

Der Wirtschaftsteil der Süddeutschen Zeitung vom 7. Oktober 2002 enthielt folgende Nachricht zur Entwicklung des Marktes für Schafwolle:

75% des weltweiten Angebotes von Schafwolle entfallen auf Australien. Im Jahr 1990 wurden in Australien 1,03 Mrd. kg Wolle hergestellt. Diese Menge fiel bis zum Jahr 2000 auf ca. 700 Mio. Kg, da die Zahl der Schafe in diesem Zeitraum erheblich zurückging. Die gegenwärtige katastrophale Dürreperiode in Australien lässt einen weiteren Rückgang der Schafherden und damit des Schafwollangebotes auf 495 Mio. Kg. im Jahr 2003 erwarten. Die jährliche weltweite Nachfrage nach Schafwolle ist weitgehend konstant.

Stellen Sie grafisch in einer komparativ-statischen Analyse dar, wie sich der Weltmarktpreis für das Kg Schafwolle in 1990, 2000 und 2003 entwickelt hat, bzw. entwickeln wird. Gehen Sie dabei von einem normalen Verlauf der Nachfragefunktion aus.

Aufgabe 2:

Unter der Annahme der vollständigen Konkurrenz sind die folgenden Funktionen gegeben:

$$\text{Angebotsfunktion: } p = 1 + \frac{3}{2}q$$

$$\text{Nachfragefunktion: } p = 5 - \frac{1}{2}q$$

a) Welche Mengen bieten die Anbieter bei $p = 1$, $p = 3$, $p = 6$, $p = 9$ an?
b) Ermitteln Sie rechnerisch und grafisch Gleichgewichtspreis und Gleichgewichtsmenge.
c) Wieso stellen die Preise $p = 4,5$ und $p = 3$ keine Gleichgewichtspreise dar?

Aufgabe 3:

Diskutieren Sie bei den folgenden Gütern, ob und inwieweit es sich jeweils um homogene Güter handelt: a) Gummibärchen b) Unterhaltungsromane c) Rohöl der Sorte „Brent Star" d) Tütensuppen e) Mais.

Aufgabe 4:

In Schlaraffenland, das zufällig dieselbe Größe und Einwohnerzahl wie Deutschland hat, existieren zwei in jeder größeren Stadt mit eigenen Filialen vertretene Fast-Food-Ketten, nämlich Pizza-Pepe und Gyros-Karli. Inwiefern handelt es sich bei dem Markt für Schnellimbisse um einen landesweiten Markt?

Aufgabe 5:

Das Unternehmen Raserati stellt exklusive Turbo-Sportwagen her. In der Zeitschrift „PKW, Spoiler und Sport" lesen sie die folgende Kurzmeldung: „Raserati erhöht seinen Marktanteil auf 16 %". Diskutieren Sie die Aussagekraft dieser Meldung.

Aufgabe 6:

Der Erfinder Maniel Rüsentrieb arbeitet für den Snowboard-Produzenten „Snow-Max". Ihm gelingt es, ein völlig neues 5-Komponenten-Sandwich-Material für die Herstellung von Snowboards zu entwickeln. Dieser Materialmix führt bei identischen Fahreigenschaften zu einer Reduktion der Herstellungskosten von Snowboards um 30%.
   (1) Wie verändern sich durch diese Innovation die Nachfrage- und die Angebotsfunktion auf dem Markt für Snowboards von „Snow-Max"?
   (2) Welcher Einfluss auf die Nachfragefunktion für „Snow-Max" ergäbe sich, wenn diese Erfindung auch mit einer Verbesserung der Fahreigenschaften (Drehfreudigkeit, Spursicherheit) verbunden wäre?

Aufgabe 7:

Der Student Manfred Karrierix bestellt sich – genauso wie alle anderen Studenten - beim Italiener immer zu jeder Portion Lasagne ein Glas Chianti. Welche Folgen hat eine Rekorderntte in den Weinanbaugebieten Italiens für Preise und Mengen bei Chianti und Lasagne? Stellen Sie ihre Analyse grafisch bei komparativ-statischer Betrachtung auf den Märkten dar.

Aufgabe 8:

Auf dem Markt für Tennissportschuhe existiert eine normale Angebotsfunktion Welche Auswirkungen hat es für diese Funktion, wenn der Preis für Tennisschuhe steigt?

Aufgabe 9:

Erklären Sie die ökonomischen Unterschiede zwischen einer Bewegung auf einer gegebenen Nachfragekurve und einer Verschiebung einer gegebenen Nachfragekurve.

Aufgabe 10:

Das Angebot und die Nachfrage auf einem homogenen polypolistischen Markt stellen sich wie folgt dar:

Angebotsfunktion: $p = 3 + 1,5\,q$

Nachfragefunktion: $p = 7 - 0,5\,q$

(a) Charakterisieren Sie die Begriffe Prohibitivpreis und Sättigungsmenge! Welche Werte haben sie in der gegebenen Nachfragefunktion?

(b) Ermitteln Sie die Gleichgewichtsmenge und den Gleichgewichtspreis.

(c) Erläutern Sie, wie in einer Marktwirtschaft die Preise eine Koordinationsfunktion erfüllen.

(d) Welche Konsequenzen ergeben sich, wenn durch Eingriffe in die Preisbildung der Preis auf $p = 6,5$ festgelegt wird?

(e) Stellen Sie in einer Skizze dar, wie sich die Nachfragefunktion verändern würde, wenn ceteris paribus der Prohibitivpreis auf 5 sinkt.

Aufgabe 11:

In der Saale-Unstrut-Region werden auf 400 Hektar Weinanbaufläche jährlich 20.000 Hektoliter Wein gekeltert. Wie lautet die Angebotsfunktion für Saale-Unstrut-Wein bei einer kurzfristigen Betrachtung, d.h. innerhalb eines Zeitraums von einem Kalenderjahr? Stellen Sie die Funktion grafisch dar, erläutern Sie ihren Verlauf und beschreiben Sie das prinzipielle Aussehen der Angebotsfunktion innerhalb eines Zeithorizonts von 10 Jahren.

Aufgabe 12:

Sie erhalten zu Ihrer großen Freude im Rahmen Ihres Praktikums einen Praktikantenplatz an der New York Stock Exchange (NYSE). An Ihrem ersten Arbeitstag treffen Sie um 8.50 Uhr auf dem Börsenparkett ein, um Ihren Betreuer Freddie Kennedy kennenzulernen. Freddie – der für die Kursfeststellung der SaimlerWurmler-Aktie zuständig ist - meldet sich per Handy und teilt Ihnen mit, dass er auf Grund eines Getriebeschadens seines Saimler-Wurmler-PKW leider erst in einer Stunde eintreffen wird. Sie sollen ihn solange vertreten. In diesem Moment stürzt Georgy – ein Kollege von Freddie – auf Sie zu, drückt Ihnen einen Zettel in die Hand und erklärt Ihnen, dass Sie anhand dieser Angaben den Eröffnungskurs für den Parketthandel der Saimler-Wurmler-Aktie um 9.00 Uhr bestimmen müssen. Georgy grinst Sie an, wünscht Ihnen „Good Luck" und verschwindet. Auf dem Zettel finden Sie folgende Notizen, die sich alle auf Saimler-Wurmler-Aktien beziehen:

Käufer:

Richmond Invest., 2000 Aktien, maximal 29,- $ pro Stück

Moneymaker-Development-Bank, 1500 Aktien zu höchsten 26,50 $ für eine Aktie

Schorgan-Finley-Bank, Preis höchsten 30,- $ pro Aktie, insgesamt 3000 Aktien

Coal Pension Fund, 500 Stück, maximal 28,- $ pro Aktie

Trust Inc., Nachfrage 1000 Aktien, maximale Zahlungsbereitschaft 29,50 pro Stück

Verkäufer:

Blue Horizon Investment, Erlös mindestens 27 US-$ pro Aktie, 2500 Aktien

Randerbilt & Associates Bank., 500 Aktien zum Preis von mindestens 28,- US-$

Very Best Fund, 2000 Aktien, aber nur bei einem Erlös von mindestens 30.- US-$ pro Aktie

Total Securities, Preis darf nicht unter 25 US-$ pro Stück liegen, 3500 Stück

Zeigen Sie Georgy und Freddie, was Sie über die Marktpreisbildung gelernt haben.

(a) Ermitteln Sie grafisch in einem Preis-Mengen-Diagramm den Eröffnungskurs der Saimler-Wurmler-Aktie! Wieviele Aktien werden gehandelt?

(b) Erläutern und begründen Sie Ihr Vorgehen!

Aufgabe 13:

Im zweiten Halbjahr 2008 ist der Preis für Palladium auf dem Weltmarkt um 74% gesunken (Meldung in der Wirtschaftswoche vom Dezember 2008). Analysieren Sie mögliche Ursachen für diese Preissenkung anhand eines Preis-Mengen-Diagramms im Rahmen einer komparativ-statischen Analyse. Unterstellen Sie dabei einen normalen Verlauf der relevanten Funktionen. Anmerkung: Palladium ist ein seltenes Metall, das bspw. für die Herstellung von Abgas-Katalysatoren benötigt wird. In Russland und Südafrika befinden sich die wichtigsten Lagerstätten.

B II Konsumenten und Produzenten

Lernziele

Der Studierende soll nach Bearbeitung dieses Kapitels:

- verstehen, was der Grenznutzen eines Guts ist und wie sich daraus prinzipiell die Nachfragefunktion eines Konsumenten ableiten lässt.
- die Begriffe ordinale Nutzentheorie und Indifferenzkurvenanalyse definieren und anwenden können.
- erklären können, wie die Nachfragefunktion auf dem Markt eines Gutes durch die Aggregation der einzelnen individuellen Nachfragefunktionen zustande kommt.
- wissen, was eine Produktionsfunktion ist und in welchem Verhältnis diese zur Kostenfunktion steht.
- die inhaltlichen Aussagen von Isoquanten, Skalenerträgen und ertragsgesetzlichen Kostenverläufen erläutern können.
- verschiedene Kostenbegriffe – wie bspw. fixe Kosten, variable Durchschnittskosten, totale Durchschnittskosten, Gemeinkosten – unterscheiden können.
- verstehen, welche Rolle die Grenzkosten bei der Ermittlung der Angebotsfunktion spielen.
- den Begriff der Sozialen Wohlfahrt, der Konsumenten- und der Produzentenrente erklären und anwenden können.
- die Auswirkungen von staatlichen Höchst- und Mindestpreisen kennen und kritisch hinterfragen können.
- die Konsequenzen von Mengen- und Wertsteuern im Rahmen von Preis-Mengen-Diagrammen darlegen können.

5. Vertiefende Betrachtung von Nachfrage und Angebot

5.1. Die individuelle Nachfrage

5.1.1. Einführung

Dieses Kapitel geht noch einmal genauer darauf ein, welche Überlegungen der Nachfragefunktion auf einem Markt zugrunde liegen. Generell ist die Nachfrage eines Haushalts bzw. einer Person nach Gummibärchen aus Sicht der VWL von folgenden Faktoren abhängig:

- dem **Preis** für eine Tüte Gummibärchen
  ⇒ Auf Grund der Opportunitätskosten, die mit jeder Ausgabe verbunden sind, neigen die Nachfrager dazu bei geringeren Preisen mehr zu kaufen.

- den **Preisen von Substitutionsgütern** in Form von
  - o anderen Gummi-Süßigkeiten (Gummikrokodile usw.),
  - o ähnlichen Süßigkeiten (Lakritzstangen, Marshmallows, Kaugummis usw.)
  - o anderen Süßigkeiten (Schokolade, Pralinen etc.)
  - o anderen Arten von Snacks (Erdnussflips, Chips, Popcorn usw.)

  ⇒ Wichtig zur Beurteilung, ob und wie viel 200-Grammm Tüten Gummibärchen ein Haushalt nachfragt, sind auch die Preise der Substitutionsgüter. Bspw. wird unsere Studentin Friederike auf Grund des ihr üblichen rationalen Verhaltens ausschließlich Lakritzstangen kaufen, wenn diese ihr genauso lieb sind wie Gummibärchen, aber nur halb so viel kosten.

- den **Präferenzen** (d.h. individuellen Vorlieben bzw. Bedürfnissen) der (potentiellen) Käufer.
  ⇒ Diese Präferenzen eines Konsumenten sind einerseits sehr stark subjektiv geprägt: Jemand mag eben Gummibärchen oder nicht. Die Gründe dafür sind im Allgemeinen kein Thema der VWL. Andererseits sind bestimmte Präferenzen auch von objektiven Einflüssen abhängig und sind insoweit gut empirisch analysierbar. Die Präferenzen können bspw. abhängig von den Temperaturverhältnisse oder der Jahreszeit sein, etwa für Winterbekleidung oder Sonnenmilch. Im Hinblick auf bspw. Schokolade dürfte im Hochsommer die Nachfrage für Schokoladen-Tafeln geringer ausfallen (höhere logistische Anforderungen an den Verbraucher wegen „Schmelz- und Kleckergefahr" als in kühleren Jahreszeiten, geringere Neigung warme halbgeschmolzene Schokolade zu essen).

- dem **verfügbare Einkommen** (und Vermögen)
  ⇒ Die Wünsche des Haushalts können nur innerhalb der finanziellen Möglichkeiten realisiert werden. Als verfügbares Einkommen wird das Einkommen bezeichnet, das für Konsum oder Sparen verwendet werden kann. Es sind also Steuern und Sozialabgaben ebenso zu berücksichtigen wie staatliche Transferleistungen (BAföG, Wohngeld usw.).

Zusammengefasst ist die Nachfrage nach einem Gut x in erster Linie vom Preis des betreffenden Gutes (= P_x), den Preisen anderer Güter (P_y, P_z usw.), den Präferenzen für die verschiedenen Güter (U_x, U_y, U_z usw.)[38] und dem Einkommen (I) sowie dem Vermögen (V) abhängig. Unter Verwendung dieser Variablenabkürzungen kann der Zusammenhang in Form der folgenden Funktion ausgedrückt werden:

$$Q_x^D = f\,(P_x, P_y, P_z, \ldots, U_x, U_y, U_z \ldots, I, V)$$

Preise, Einkommen und Vermögen sind dabei ökonomische Einflussfaktoren und werden daher in der Mikroökonomie genauer untersucht, während die Präferenzen als nicht-ökonomische Determinanten der Konsumentscheidungen in der VWL als gegeben (und häufig auch unveränderlich) angesehen werden. Zur weiteren Vereinfachung wird außerdem zunächst der Einfluss des Preises des betreffenden Gutes isoliert von den anderen Einflussfaktoren analysiert. D.h. alle anderen Variablen werden konstant gehalten (ceteris-paribus-Betrachtung). Die Nachfragefunktion wird dadurch zu:

$$Q_x^D = f\,(P_x), \text{ konkret bspw. als lineare Funktion: } Q_x^D = 10 - 0{,}5 P_x$$

5.1.2. Die kardinale Nutzentheorie

Warum aber werden Güter letztlich nachgefragt? Güter werden konsumiert, weil sie dem Käufer ein **subjektives Befriedigungsgefühl** verschaffen. Dieses subjektive Befriedigungsgefühl bezeichnet die VWL als **Nutzen** bzw. wie oben bereits eingeführt als Präferenzen. Die einfachste Möglichkeit die Nachfragefunktion eines Individuums auf einem Markt zu begründen, geht davon aus, dass die Befriedigungsniveaus in Nutzeneinheiten als absolute Zahlen gemessen werden können. Hinsichtlich der Entwicklung des Nutzens bei zunehmendem Konsum eines Gutes wird unterstellt, dass das sogenannte Sättigungsgesetz gilt. Dies beinhaltet, dass der **Grenznutzen eines Gutes** mit

---

[38] Da der Nutzen simultan von den Mengen aller Güter abhängt, ist U = U(x,y,z....) die exakte Formulierung.

steigendem Verbrauch dieses Gutes ständig abnimmt. Es wird also eine Marginalbetrachtung (siehe Teil A) durchgeführt und die Frage gestellt, wie sich der Nutzen verändert, wenn das Individuum eine Einheit des Gutes zusätzlich erhält. Die linke Grafik in der untenstehenden Übersicht 5.1 bildet den Zusammenhang von Nutzen (abgekürzt U für Utility) und Zahl der Gläser Rotwein pro Tag (d.h. Q) ab. Bis zu einer Menge von 16 Gläsern steigt der Gesamtnutzen, aber der Nutzenzuwachs (d.h. die Steigung von U) wird immer geringer. Diese Nutzenzuwächse sind der Grenznutzen, der in der rechten Grafik noch einmal alleine für sich widergegeben ist.

Übersicht 5.1: Nutzen und Grenznutzen

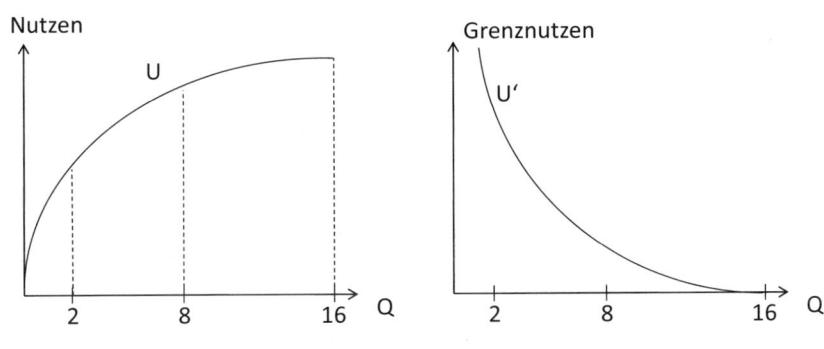

Zur Wiederholung: Wachsende Konsummengen (von 2 über 8 bis 16 Gläser Rotwein) steigern den **Gesamtnutzen** (bis zur Menge von 16 Gläsern), aber der Gesamtnutzen steigt dabei immer weniger, d.h. der **Grenznutzen** (marginale Nutzen, Nutzen einer weiteren konsumierten Gütereinheit) nimmt ab. Dies wird auch als erstes Gossensches Gesetz bezeichnet. Für den Bereich der privaten Haushalte wird diese Entwicklung als allgemein gültig angesehen. Der abnehmende Grenznutzen soll für Rotwein und Bier genauso richtig sein, wie für Flachbildfernseher, Sommerschuhe und Gummibärchen.[39] Plausibel ist dies im Hinblick auf einen Sättigungseffekt bei zunehmenden Mengen **eines** Gutes.

---

[39] Die kardinale Nutzentheorie geht zurück auf den deutschen Juristen und Ökonomen Hermann Heinrich Gossen (1810-1858), die Anwendung zur Ableitung von Nachfragefunktionen auf den schon erwähnten englischen Nationalökonomen Alfred Marshall (1842-1924).

Wenn eine Reihe von (stark) vereinfachenden Annahmen getroffen werden, lässt sich aus dieser Grenznutzenbetrachtung die **Nachfragefunktion** einer Person ableiten. Die **kardinale Nutzentheorie** unterstellt dazu die absolute Messbarkeit des Nutzens in Geldeinheiten (d.h. in €). Weitere Annahmen sind ein nutzenmaximierendes Verhalten des Haushaltes, ein konstanter Grenznutzen des Geldes, die vollständige Teilbarkeit der Güter und die Beschränkung auf die Betrachtung eines einzigen Gutes.

Übersicht 5.2: Grenznutzen und Nachfragefunktion

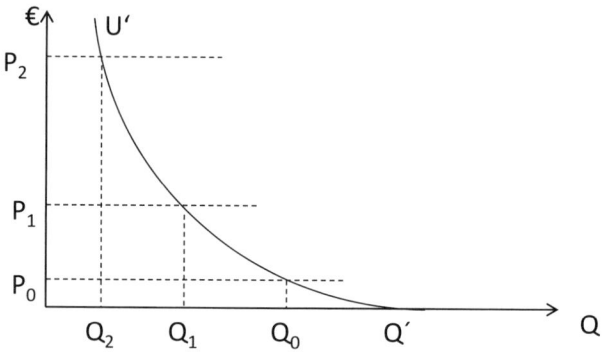

In der Abbildung der Übersicht 5.2 werden der Grenznutzen und der Preis in € gemessen und auf der vertikalen Achse abgetragen. Ein nutzenmaximierendes Individuum stellt folgende Überlegungen an: Liegt der Preis für das Gut unter dem in € gemessenen Grenznutzen wird die Nachfrage nach dem Gut erhöht, da ein zusätzliches Glas Rotwein weniger kostet (dies ist der Preis) als es an zusätzlichem Nutzen stiftet. Umgekehrt wird die Nachfrage sinken, wenn der Preis über dem in € gemessenen Grenznutzen liegt. Ein nutzenmaximierender Haushalt fragt daher jeweils die Gütermenge nach, bei der der Grenznutzen (ausgedrückt in €) gleich dem Preis ist.

Folglich konsumiert der Haushalt bei einem Preis von P_1 die Menge Q_1, bei P_2 die Menge Q_2 und bei einem Preis von P_0 die Menge Q_0. Im Resultat entspricht die Grenznutzenfunktion des betreffenden Individuums seiner Nachfragefunktion, denn die Nachfragefunktion gibt ja an, welche Mengen bei unterschiedlichen Preisen nachgefragt werden. Der normale Verlauf der Nachfrage (von links oben nach rechts unten) kann also auf den abnehmenden Grenznutzen zurückgeführt werden.

Dies hat auch die Konsequenz, dass bei einem Preis von Null – das Gut ist kostenlos erhältlich – nicht beliebig viel, sondern die Menge Q' nachgefragt wird. Diese Menge ist die uns bereits bekannte Sättigungsmenge. Sie liegt in unserem Beispiel bei 16 Gläsern Rotwein. Bei dieser Menge wird der Grenznutzen gleich Null.

Die Unterscheidung von Nutzen (d.h. Gesamtnutzen) und Grenznutzen ermöglicht es auch das sogenannte **Wertparadoxon** zu erklären. Es besteht darin, dass bspw. ein Gut wie Wasser, einen sehr großen Nutzen hat: Es ist lebensnotwendig. Trotz dieses sehr hohen Nutzens ist der Preis für einen Liter Wasser (in der Regel) sehr gering. Dies resultiert, weil der Grenznutzen des Wassers sehr stark fällt, wenn man mit der lebensnotwendigen Wassermenge versorgt ist. Wenn also eine ausreichend große Menge an Wasser angeboten wird, bspw. die Menge Q_0 in Übersicht 5.2, dann ist der Preis, den ein Individuum zu zahlen bereit ist, sehr niedrig, weil der Grenznutzen sehr gering ist. Der Preis eines Gutes hat also nichts mit dem Nutzen (d.h. Gesamtnutzen) zu tun, sondern ergibt sich allein aus dem Grenznutzen.

In einem weiteren fiktiven **Zahlenbeispiel** kann diese Nachfragefunktion etwa wie folgt lauten:

Preis:	0,-	5,-	10,- €	pro Glas Rotwein
Nachfrage-Menge:	100	50	0	Gläser pro Monat

Dieser Werte lassen sich graphisch in einem Preis-Mengen-Diagramm als Nachfragekurve darstellen (siehe untenstehende Übersicht 5.3). Sie hat einen von links nach rechts fallenden Verlauf. Ein solcher Zusammenhang wird – wie schon erwähnt – als normale Nachfragefunktion bezeichnet.

Übersicht 5.3: Die Nachfrage nach Rotwein

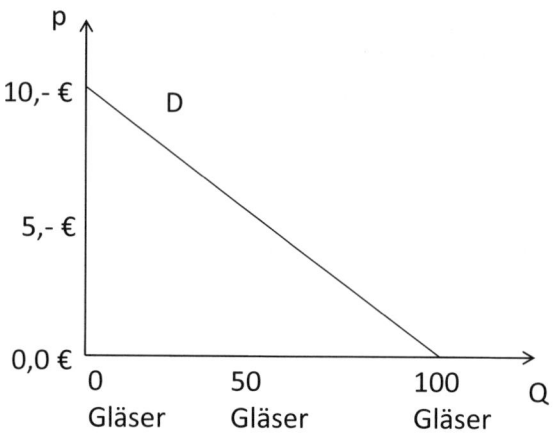

Als Spezialfälle sind aber auch andere Verläufe einer Nachfragefunktion denkbar.

Übersicht 5.4: Horizontale Nachfrage   Übersicht 5.5: Vertikale Nachfrage

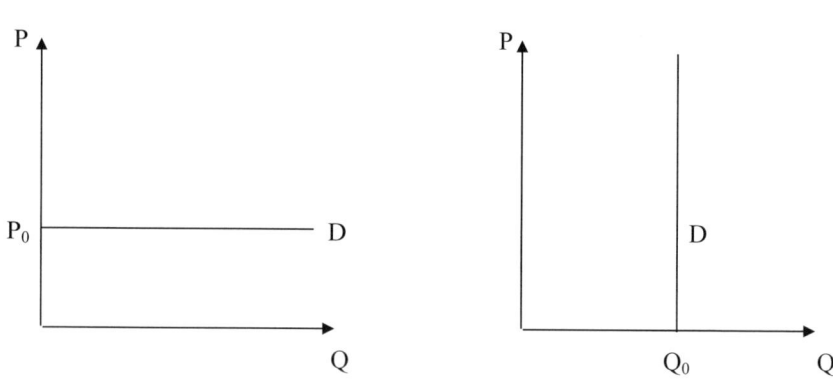

Im Fall einer **horizontalen Nachfragekurve** gibt es einen Preis P_0, zu dem die

Nachfrager kaufen (würden). Sobald der Preis jedoch geringfügig steigt, wird nichts mehr nachgefragt. Sinkt der Preis marginal,[40] wird unendlich viel nachgefragt. Zur Erklärung kann man sich vorstellen, dass die Konsumenten wissen, dass ein Gut, bspw. Butter, im Prinzip immer genau 1,20 € pro 250 Gramm kostet. Verlangt ein Supermarkt 1,25 € kauft kein Verbraucher dort seine Butter. Bietet der Laden die Butter für 1,15 € an, kaufen alle Konsumenten dort ihre Butter.

Eine **vertikale Nachfragekurve** liegt dann vor, wenn die Nachfrager in keinster Weise preissensibel reagieren, d.h. sie kaufen unabhängig vom Preis der dafür zu entrichten ist, immer die gleiche Menge Q_0. Derartige Verläufe sind - wie bereits erwähnt - bspw. bei **lebensnotwendigen Gütern** (Salz etc.) plausibel.

Wir wissen aus dem vorhergehenden Kapitel bereits, dass die horizontale Nachfragekurve eine völlig elastische Nachfrage darstellt und eine vertikale Funktion eine völlig unelastische Nachfrage.

Die Betrachtung eines einzelnen isolierten Gutes bei kardinaler Nutzenmessung ist eine extreme Vereinfachung, die aber in verschiedenen Schritten realitätsnäher erweitert werden kann. In einem ersten Schritt ist es möglich, statt nur eines Gutes den Fall von zwei Gütern zu untersuchen. Dies führt zum zweiten Gossenschen Gesetz (= Genussausgleichsgesetz). Es besagt, dass eine knappe Ressource so auf verschiedene Güter (Verwendungsarten / Verwendungsrichtungen) verteilt wird, dass der Grenznutzen in allen Verwendungsrichtungen gleich groß ist.

Der nutzenmaximierende Haushalt wird sein gegebenes (knappes) Einkommen so auf den Erwerb verschiedener Güter verteilen, dass der Grenznutzen der Verwendung des Einkommens pro Geldeinheit bei allen Gütern gleich groß ist. Dieses Ergebnis gilt uneingeschränkt auch für den Fall mehrerer bzw. vieler Güter.

Statt einer grafischen Analyse erfolgt die Herleitung hier zunächst analytisch. Sie wird in der anschließenden Übersicht 5.6 erläutert.

---

[40] Eine marginale Veränderung ist eine Grenzanalyse (siehe Teil A Kapitel 3).

Übersicht 5.6: Die nutzenmaximierende Nachfrage im 2-Güter-Fall

(1) $U = U(x, y)$ $\qquad$ U = Gesamtnutzen des betrachteten Individuums

$\qquad\qquad\qquad\qquad\qquad\quad$ x und y sind zwei Güter

(2) $I = p_y y + p_x x$ $\qquad$ Restriktion: Ausgabensumme (= $p_y y + p_x x$) entspricht dem Einkommen I (= Income)

Umgestellt ergibt sich:

(3) $p_x x + p_y y - I = 0$

Maximierung von (1) unter der Nebenbedingung (3) → Lagrange-Ansatz

(4) $L = [U(x, y)] - \lambda (p_x x + p_y y - I)$ $\qquad$ λ = Lagrange-Multiplikator

Maximum von (4) ist gleich Maximum von (1), wenn Nebenbedingung (3) erfüllt ist.

Die ersten Ableitungen sind bei der Bestimmung des Maximums von L wie üblich gleich Null zu setzen.

$$\frac{\partial L}{\partial x} = \frac{\partial U}{\partial x} - \lambda p_x = 0$$

$$\frac{\partial L}{\partial y} = \frac{\partial U}{\partial y} - \lambda p_y = 0$$

$$\frac{\partial L}{\partial \lambda} = - [p_x x + p_y y - I] = 0$$

Daraus folgt:

$$\frac{\partial U}{\partial x} / p_x = \lambda \qquad\qquad \text{und} \qquad\qquad \frac{\partial U}{\partial y} / p_y = \lambda$$

wenn der Grenznutzen als U' geschrieben wird also:

$$\frac{U'(x)}{p_x} = \frac{U'(y)}{p_y} (= \lambda)$$

Verallgemeinert für den Fall vieler Güter (x, y,...., z):

$$\frac{U'(x)}{p_x} = \frac{U'(y)}{p_y} = ... = \frac{U'(z)}{p_z} \qquad \text{Dies ist das 2. Gossensches Gesetz.}$$

5.1.3. Die ordinale Nutzentheorie

5.1.3.1. Grundlagen

Ein naheliegender Einwand gegen die Ausführungen des letzten Kapitels besteht darin, dass der **Nutzen**, den Individuen empfinden, **nicht kardinal** in Nutzeneinheiten **messbar** und daher auch nicht interpersonell vergleichbar ist. Nutzen ist höchstens bzgl. der Intensität erfassbar. Also ob ein Zustand besser ist als ein anderer kann festgestellt werden, aber es ist nicht möglich zu sagen, um wie viel % oder Euro besser.[41] Die folgende Darstellung erfolgt von Anfang an mittels eines 2-Güter-Falls für die Güter x und y.

Die Analyse beruht auf den folgenden Annahmen:

(a) Konsumentenpräferenzen sind **vollständig**. D.h. für jedes beliebige Güterbündel/Warenkorb, d.h. jede beliebige Kombination der Mengen von x und y, kann der Haushalt sagen, ob er dieses einem anderen gegebenen Bündel vorzieht, geringer einschätzt oder indifferent ist.

(b) Präferenzen sind **transitiv**. D.h., wenn Kombination A > Kombination B und Kombination B > Kombination C, dann gilt auch Kombination A > Kombination C.

(c) **Unabhängigkeit**: Der Nutzen eines Individuums ist unabhängig von der Güterausstattung anderer Individuen

(d) **Nicht-Sättigung**. D.h. mehr von einem oder mehreren Gütern ist immer besser als weniger.

(e) Indifferenzkurven verlaufen **konvex** zum Ursprung.

Darauf basierend kann ein Haushalt zwei Aussagen bezüglich seines Nutzens für alle möglichen Güterkombinationen von x und y treffen:

- Inwieweit die Güterkombinationen der Punkte A,B und C ihm jeweils einen vergleichsweise höheren oder niedrigeren Nutzen stiften oder

- Ob die Güterkombinationen den gleichen Nutzen stiften (**gleicher Nutzen = Indifferenz**).

---

[41] Die ordinale Nutzentheorie geht zurück auf den italienischen Ökonomen und Soziologen Vilfredo Pareto (1848-1923). Ja, das ist der mit dem Pareto-Kriterium! Die folgenden Ausführungen lassen sich auch auf der Basis der sogenannten Theorie der offenbarten Präferenzen herleiten. Die Erläuterungen zu Übersicht 5.7 basieren auf den beobachtbaren Wahlhandlungen der Individuen, insoweit kann auf die Verwendung des Nutzenbegriffs verzichtet werden (behavioristische Version der Präferenzermittlung). Ein gewisse Verwirrung ergibt sich, weil außerdem die im Folgenden behandelten Indifferenzkurven kardinal interpretiert werden können. In dieser Form sind sie vom englischen Ökonomen Francis Edgeworth (1845-1926) ursprünglich entwickelt worden.

Diese beiden Aussagen lassen sich in einem Koordinatensystem graphisch abbilden, bei dem auf den beiden Achsen, die jeweiligen Mengen der Güter x und y abgetragen sind (siehe Übersicht 5.7).

Übersicht 5.7: Güterkombinationen

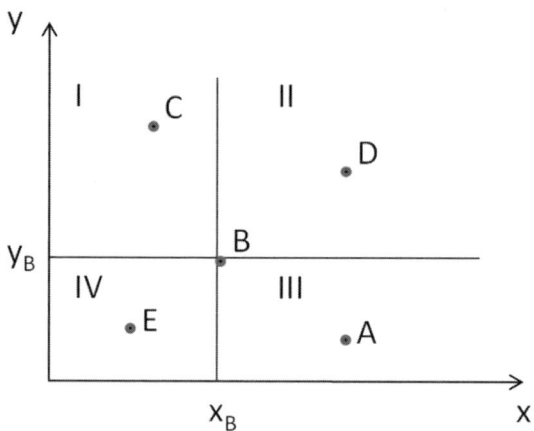

Jeder der Punkte im Koordinatensystem (A, B, C usw.) entspricht einer bestimmten Mengenkombination von x und y. Zum Punkt B gehören bspw. die Mengen x_B und y_B. In dieses Koordinatensystem können sogenannte Indifferenzkurven eingezeichnet werden. Eine Indifferenzkurve ist definiert als die Verbindungslinie aller Güterkombinationen, die dem Haushalt einen gleich hohen Nutzen stiften.

Ausgehend von Punkt B lässt sich schließen (Annahme c), dass weniger von Gut y und/oder von Gut x einen geringeren Nutzen bedeutet, d.h. eine **Indifferenzkurve** durch B kann nicht durch Quadrant IV verlaufen (und analog für Quadrant II). Die Indifferenzkurve durch Punkt B verläuft folglich monoton fallend von links oben nach rechts unten vom Quadranten I in den Quadranten III, bspw. durch die Punkte C, B und A. Die inhaltliche Begründung basiert darauf, dass weniger von einem Gut durch mehr vom anderen Gut kompensiert werden muss, damit der Nutzen konstant bleibt. Auf Grund von Annahme e) hat damit die Indifferenzkurve durch Punkt B den in der folgenden Übersicht abgebildeten Verlauf. Analog lassen sich Indifferenzkurven durch die Punkte E und D herleiten, so dass sich eine Schar von Indifferenzkurven entsprechend der Übersicht 5.8 ergibt. Jede der drei Indifferenzkurven IK_1, IK_2 und IK_3 zeichnet sich dadurch aus, dass alle Punkte - d.h. Kombinationen der Güter x und y - auf einer bestimmten Indifferenzkurve dem Individuum ein gleich hohes Nutzenniveau verschaffen. In welchem Verhältnis stehen nun das Nutzenniveau von bspw. IK_2 verglichen mit dem Nutzenniveau von IK_1? Auf Grund der Annahme der Nicht-Sättigung (Annahme c) muss das Nutzenniveau auf IK_2 höher sein als das von IK_1.

Übersicht 5.8: Das Indifferenzkurvensystem

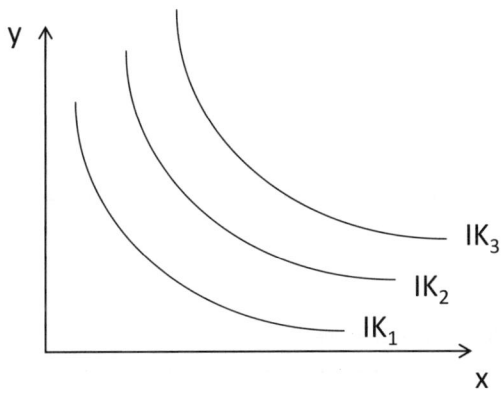

Diese Aussage lässt sich verallgemeinern: Je weiter weg vom Ursprung eine Indifferenzkurve liegt, desto größer ist der damit verbundenen Nutzen.[42] Für diese Betrachtung ist es nicht notwendig, kardinale Nutzenmessungen durchzuführen, relative Größenaussagen bezüglich des Nutzens sind ausreichend. Beispielsweise hat IK_3 ein höheres Nutzenniveau als IK_2, es muss aber nicht bekannt sein, wie groß der absolute Nutzenunterschied zwischen den beiden Indifferenzkurven ist. Aus der Herleitung der Indifferenzkurven folgt, dass prinzipiell im Koordinatensystem der Güter x und y unendlich viele Indifferenzkurven existieren, von denen jeweils aus Gründen der Übersichtlichkeit nur einige wenige eingezeichnet werden.

---

[42] Alternativ zur oben angeführten Interpretation, kann das Indifferenzkurvensystem auch als System von Höhenlinien eines Nutzengebirges betrachtet werden, die in die x,y-Ebene projiziert werden.

Als Spezialfälle sind in den beiden folgenden Übersichten die Indifferenzkurven für zwei Komplementärgüter (Übersicht 5.9) und perfekte Substitute (Übersicht 5.10) abgebildet.

Übersicht 5.9: Komplementärgüter

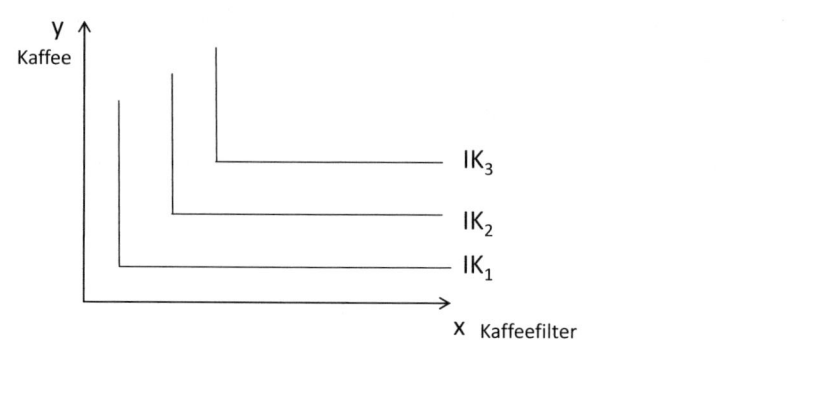

Übersicht 5.10: Perfekte Substitutionsgüter

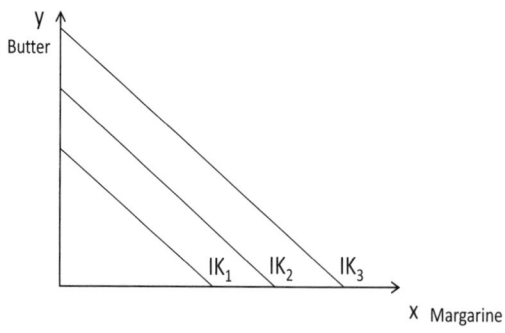

Der Standardfall ist aber der konvexe Verlauf aus Übersicht 5.8. Eine solche einzelne konvexe Indifferenzkurve wird in der Übersicht 5.11 noch einmal wiedergegeben. Sie ist nichts anderes als der funktionale Zusammenhang von y und x für ein gegebenes Nutzenniveau. Sieht man sich die Steigung dieser Kurve an, ist festzustellen, dass diese abnimmt (in absoluten Werten). Diese Steigung einer Indifferenzkurve wird auch „Grenzrate der Substitution" (Marginal rate of substitution), abgekürzt GRS, genannt. Es gilt also, dass die Grenzrate der Substitution dy/dx des Gutes y durch das Gut x mit zunehmender Substitution von y durch x abnimmt, wobei: $GRS \equiv \dfrac{dy}{dx} \approx \dfrac{\Delta y}{\Delta x}$

Übersicht 5.11: Die Grenzrate der Substitution

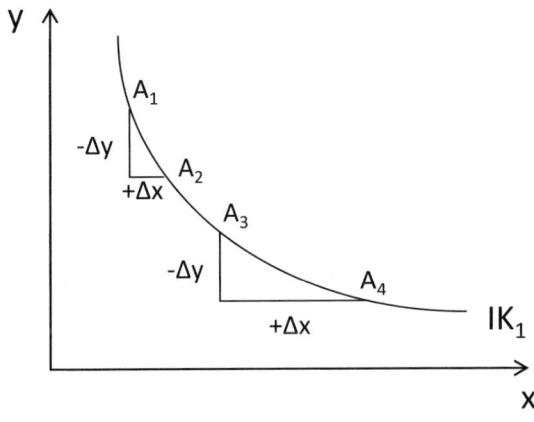

Inhaltlich besagt die GRS, wenn vom Punkt A_1 ausgehend der Punkt A_2 erreicht werden soll, wie viel mehr an x (= Δx) man benötigt, um den Verlust an y (= $-\Delta y$) zu kompensieren, wenn man dabei auf dem gleichen Nutzenniveau bleiben will: Δx steigt und damit sinkt $\dfrac{\Delta y}{\Delta x}$, d. h. die Grenzrate der Substitution.

Auf der Indifferenzkurve gilt, dass die Steigung dem negativen umgekehrten Grenznutzenverhältnis der beiden Güter x und y entspricht:

$$GRS \equiv \frac{dy}{dx} = -\frac{\partial U}{\partial x} \Big/ \frac{\partial U}{\partial y}$$

Der formale Beweis für diese Behauptung findet sich in Übersicht 5.12.[43] Die ökonomische Aussage, die darin steckt, wird noch einmal anhand der Bewegung von A_1 über A_2 und A_3 nach A_4 in Übersicht 5.11 deutlich. Der Grenznutzen von y steigt, weil y weniger wird und der Grenznutzen von x fällt, weil x mehr wird. In genau diesem Fall wird die Indifferenzkurve konvex verlaufen. Bei konvexem Verlauf der Indifferenzkurve wird also unterstellt, dass das 1. Gossensche Gesetz gilt (d.h. ein abnehmender Grenznutzen beim Konsum von x bzw. y vorliegt).[44]

Übersicht 5.12: GRS und Grenznutzenverhältnis der Güter x und y

---

$U = U(x,y)$ Der Nutzen U hängt von x und y ab.

Das totale Differential dieser Funktion entspricht:

$$dU = \frac{\partial U}{\partial x}dx + \frac{\partial U}{\partial y}dy$$

Wobei $\frac{\partial U}{\partial x}$ = partielle Ableitung von U nach x usw.

Auf der Indifferenzkurve verändert sich der Nutzen definitionsgemäß nicht, d.h. $dU = 0$, also:

$$0 = \frac{\partial U}{\partial x}dx + \frac{\partial U}{\partial y}dy \text{ . Durch Umstellung folgt:}$$

$$dy\frac{\partial U}{\partial y} = -\frac{\partial U}{\partial x}dx$$

$$\frac{dy}{dx} = -\frac{\partial U}{\partial x}\bigg/\frac{\partial U}{\partial y} = GRS$$

Die Steigung der Indifferenzkurve ist negativ und entspricht dem umgekehrten Grenznutzenverhältnis.

---

[43] Das Minuszeichen in der obigen Formel ergibt sich, weil die Indifferenzkurve fällt und die Grenznutzen selber ja beide positiv sind.

[44] Genauer gesagt, ist ein abnehmender Grenznutzen beider Güter eine hinreichende Bedingung für den konvexen Verlauf der Indifferenzkurven.

5.1.3.2. Budgetbeschränkung und optimaler Konsum

Das Indifferenzkurvensystem ist eine grafische Darstellung der Präferenzen eines Individuums für alle denkbaren Güterkombinationen. Es ist insoweit eine Art von „Wunschliste" der betreffenden Person. Aber welche Güterkombinationen sind für diese tatsächlich realisierbar? Dies hängt vom Einkommen und den Preisen der Güter x und y ab. Wenn man von Sparen und Entsparen abstrahiert, entspricht die Ausgabensumme der Güter dem Einkommen (I = Ausgabensumme ≈ Einkommen).

Dieser Zusammenhang kann in Form der sogenannten **Bilanz-, Budget-, oder Haushaltsgerade** ausgedrückt werden:

$$(1) \quad \overline{p_x} \cdot x + \overline{p_y} \cdot y = \overline{I} \quad \text{bzw.} \quad y = \frac{\overline{I}}{p_y} - \frac{\overline{p_x}}{p_y} \cdot x$$

Die Tatsache, dass die Preise der Güter x und y sowie das Einkommen I für den Haushalt gegeben sind, wird durch Querstriche über diesen Variablen verdeutlicht. Sie sind daher nicht mehr variabel, sondern fixe Parameter.[45] Die Budgetgerade nach obiger Formel (1) ist daher grafisch in einem Koordinatensystem der Güter x und y abbildbar. Dies geschieht in Übersicht 5.13.

Übersicht 5.13: Die Budgetgerade

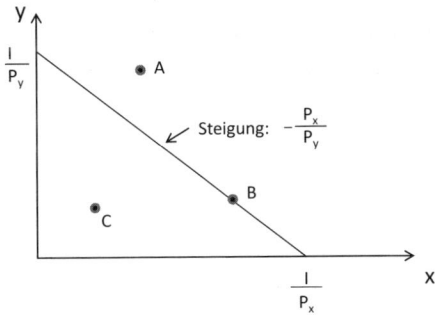

---

[45] Die Preise sind insoweit exogen gegeben, als sie auf den Märkten der Güter x und y zustande kommen. Die Entscheidung Sparen oder Konsumieren kann prinzipiell einbezogen werden; der Haushalt muss dabei zwischen gegenwärtigem und zukünftigem Konsum abwägen. Entsprechend lässt sich auch die Entscheidung zwischen Freizeit und Arbeitszeit (und damit Einkommen) analysieren.

Die Auswirkungen von Preisveränderungen sind auf dieser Grundlage leicht darzustellen. Eine Erhöhung von p_x (1) und eine Senkung von p_x (2) finden sich in Übersicht 5.14.

Übersicht 5.14: Wirkungen von Preisveränderungen

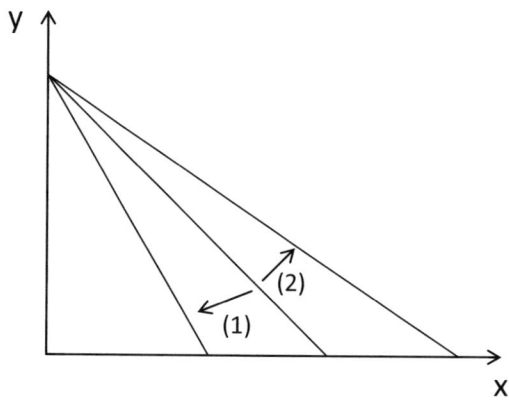

Auch eine Erhöhung (oder Verringerung) des (Nominal-)Einkommens I bei gegeben Preisen p_x und p_y ist in den Wirkungen ableitbar. Einkommenserhöhungen (Einkommenssenkungen) bewirken, wie Übersicht 5.15 illustriert, eine Parallelverschiebung der Budgetgerade nach außen (nach innen). Eine identische Wirkung hat eine gleiche prozentuale Verringerung bzw. Erhöhung der Preise beider Güter.

Übersicht 5.15: Wirkung von Einkommensveränderungen

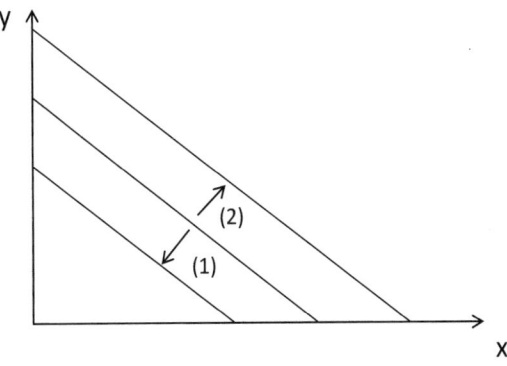

Zurück zu Übersicht 5.13. Im Koordinatensystem sind Punkte rechts der Budgetgerade nicht realisierbar, Punkte links davon schöpfen das Einkommen nicht voll aus. Wenn davon abgesehen wird, dass die Person spart, sind daher nur noch Punkte auf der Budgetgerade für die weitere Betrachtung relevant.

Damit sind wir bei dem hier wichtigen Problem angelangt: Welche Güterkombination wird ein nutzenmaximierender Haushalt bei gegebenen Einkommen, Präferenzen und Preisen P_X, P_Y wählen? Diese Frage ist durch die Gegenüberstellung von Präferenzstruktur (d.h. Indifferenzkurvensystem) einerseits und den realisierbaren Konsummöglichkeiten andererseits (d.h. der Budgetgerade) lösbar. Der Haushalt wählt den Tangentialpunkt A von Budgetgerade und höchster erreichbarer Indifferenzkurve $IK_2 = A$ mit Y_A, X_A als den resultierenden nutzenmaximierenden Konsummengen von X und Y (siehe Übersicht 5.16).

Übersicht 5.16: Die optimale Konsumwahl einer Person

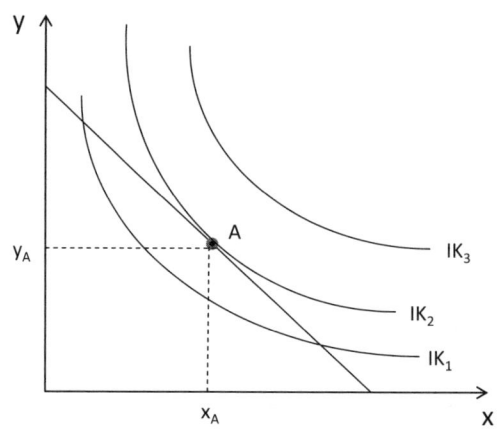

Im Optimum A stimmen die Steigung der Indifferenzkurve und der Budgetgerade überein. Da die Steigung der Indifferenzkurve – wie wir aus dem vorangehenden Kapitel wissen – gleich dy/dx ist und die Steigung der Budgetgeraden dem Preisverhältnis p_x/p_y entspricht, folgt im Punkt A die Optimalbedingung:

$$\frac{dy}{dx} = -\frac{p_x}{p_y}.$$

5.1.3.3. Einkommens- und Preisveränderungen

Was passiert bei einer Variation des Einkommens, d.h. wenn I steigt bzw. fällt? Die obige Bedingung wird dann jeweils für unterschiedliche Einkommens- und damit Nutzenniveaus realisiert. Die Verbindungslinie der resultierenden Optimalpunkte ist die sogenannte Einkommens-Konsum-Kurve für die zwei Güter x und y. Diese Einkommens-Konsumkurve (EKK) enthält Übersicht 5.17.

Übersicht 5.17: Die Einkommens-Konsumkurve

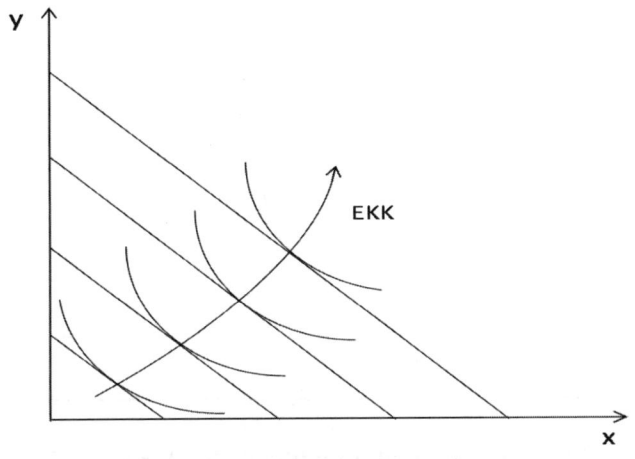

Auch hier lassen sich verschiedene Spezialfälle auseinanderhalten. Übersicht 5.18 enthält in der linken Abbildung a) die Situation, dass die Nachfrage nach dem Gut x bei steigendem Einkommen nicht mehr weiter zunimmt (also bei höheren Einkommen konstant bleibt). In der rechten Abbildung b) geht die Nachfrage nach dem Gut x bei steigendem Einkommen sogar zurück. Dies ist uns im Abschnitt A als Fall sogenannter inferiorer Güter begegnet.[46] Auf diese Zusammenhänge wurde auch im Kapitel 4. kurz eingegangen.

---

[46] Der Zusammenhang zwischen Einkommen und Konsum eines Gutes wird in Engelkurven dargestellt, benannt nach einem deutschen Statistiker des 19. Jahrhunderts (Ernst Engel, 1821-1896), der die Beziehungen zwischen Nahrungsmittelausgaben und Einkommen in Sachsen untersuchte.

Übersicht 5.18: Spezialfälle der Einkommens-Konsumkurven

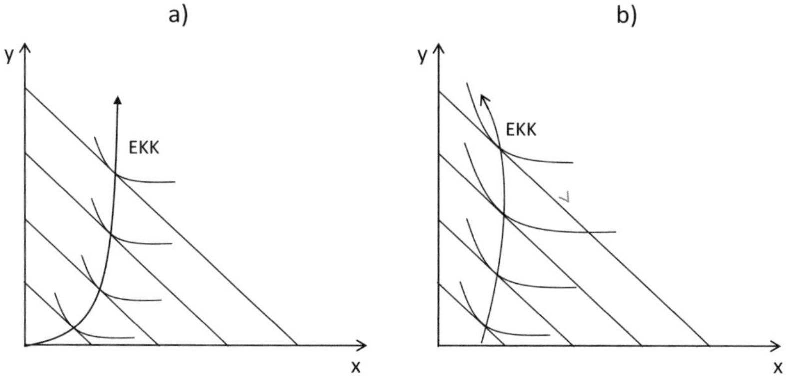

5.1.3.4. Preisvariation und individuelle Nachfragefunktion

Im letzten Schritt kann jetzt (endlich) die Nachfragekurve eines privaten Haushaltes hergeleitet werden.

Zur Wiederholung, die Optimalbedingung lautet: $\dfrac{dy}{dx} = -\dfrac{p_x}{p_y}$.

Was passiert (ceteris paribus) bei einer Veränderung des Preises von x, bspw. p_x nimmt ab? Die grafische Analyse dazu enthält Übersicht 5.19 (oberes Bild 1). Die Bilanzgerade dreht sich nach außen um Punkt A. Bei unverändertem Einkommen kann der Haushalt jetzt maximal mehr von x konsumieren (nämlich B_1 statt B_0), während sein maximal möglicher Konsum von y unverändert bleibt (= A). Der Haushalt realisiert jetzt einen anderen Optimalpunkt, nämlich Punkt C_1 statt ursprünglich Punkt C_0.

Übersicht 5.19: Herleitung der Nachfragekurve

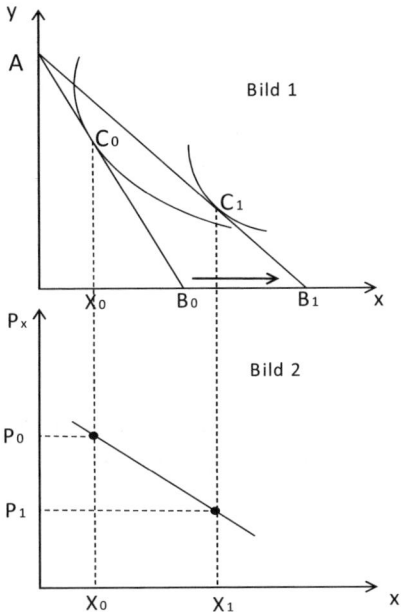

Zum ursprünglichen Preis p_0 gehört die Budgetgerade AB_0 und damit der Optimalpunkt C_0, bei dem die Menge x_0 des Gutes x konsumiert wird. Zum niedrigeren neuen Preis p_1 dreht sich die Budgetgerade auf AB_1. Der neue Optimalpunkt C_1 führt zu einer gestiegenen Nachfrage des Gutes x, die jetzt x_1 beträgt. Also:

Preis p_0 → konsumierte Menge x_0
Preis p_1 → konsumierte Menge x_1

Dies gilt natürlich auch umgekehrt bei einer Preiserhöhung des Gutes x. Die Budgetgerade schwenkt dadurch nach innen und wir bewegen uns von C_1 nach C_0.

In der unteren Abbildung von Übersicht 5.19 sind diese beiden Preis-Mengenkombinationen in das uns bekannte Preis-Mengen-Diagramm eingetragen. Die nachgefragte Menge des Gutes x kann dabei direkt von der oberen Abbildung auf die untere Abbildung übertragen werden (dies ist gestrichelt angedeutet).

Bei kontinuierlicher Preisvariation (hier Preissenkung) ergibt sich aus Bild 1 eine ständig zunehmende Nachfrage nach x. Diese wird in Bild 2 als Nachfragefunktion eingezeichnet. Das Ergebnis entspricht den früher angestellten Überlegungen für einen normalen Verlauf der Nachfragefunktion d.h. die nachgefragte Menge steigt mit sinkendem Preis. In Übersicht 5.20 ist der Zusammenhang zwischen Preisveränderungen des Gutes x und den resultierenden Optimalpunkten im x, y-Diagramm noch einmal wiedergegeben. Die Verbindungslinie aller Optimalpunkte bezeichnet man als Preis-Konsum-Kurve (PKK) (analog zur Einkommen-Konsum-Kurve bei einer Einkommensänderung).

Übersicht 5.20: Die Preis-Konsum-Kurve für Veränderungen von p_x

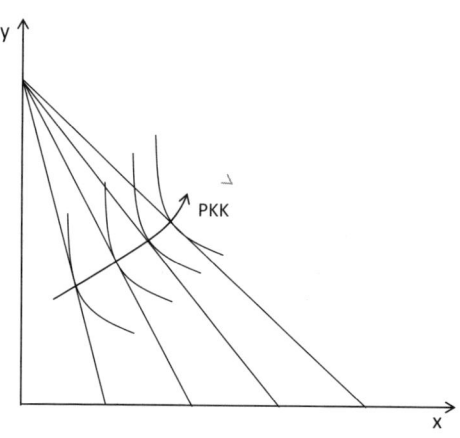

Zurück zur Nachfragefunktion des Preis-Mengen-Diagramms. In der unteren Abbildung der Übersicht 5.19 war uns eine normal verlaufende Nachfragefunktion begegnet. Möglich ist aber auch ein anormaler Verlauf, d.h. ein Preisanstieg führt zu einer Erhöhung der nachgefragten Menge. Dieser Spezialfall wird als **Giffen-Fall** bzw. **Giffen-Paradox** bezeichnet.[47] Übersicht 5.21 verdeutlicht den Zusammenhang. Eine Preiserhöhung von p_A auf p_B führt

---

[47] Nach dem schottischen Statistiker und Ökonomen Robert Giffen (1837-1910).

jetzt auf Grund der Lage der Indifferenzkurven zu einem Optimalpunkt, der mit einer steigenden Nachfrage nach dem Gut x verbunden ist.

Übersicht 5.21: Das Giffen-Paradox

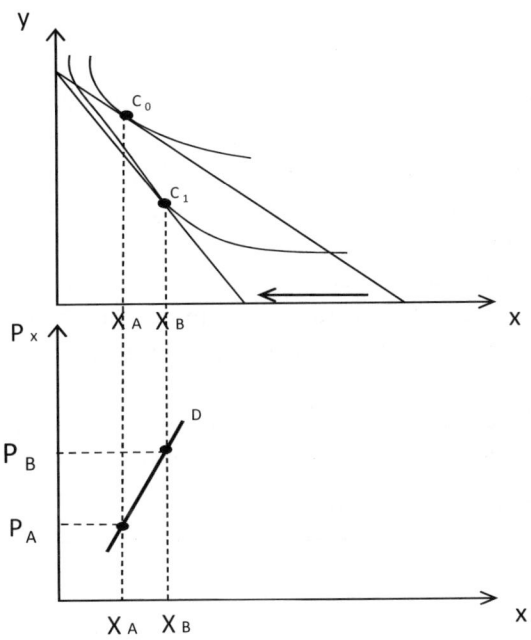

Entsprechende empirische Beobachtungen wurden im 19. Jh. in England gemacht. Ein steigender Brotpreis löste bei ärmeren Bevölkerungsschichten einen Anstieg der Brotnachfrage aus (x = Brot, p = Brotpreis). Die inhaltliche Erklärung ist, dass bei gegebenem sehr niedrigen Einkommen und einer resultierenden, das Existenzminimum bzw. Überleben gerade sichernden Kombination von Brot und Fleischkonsum eine Erhöhung des Brotpreises dazu führt, dass der Haushalt seinen (geringen) Fleischkonsum aufgeben und mehr Brot essen muss, um überhaupt noch ausreichend Kalorien zu sich zu nehmen.

Einkommens- und Substitutionseffekt

Offensichtlich ist, dass wenn nur die Veränderungen der Nachfrage nach x betrachtet werden (= Schnittpunkte der Budgetgeraden mit der horizontalen Achse des Koordinatensystems) die Wirkungen von Preis- und Einkommensänderungen gleich aussehen:

Preiserhöhung von x = Realeinkommensminderung
Preissenkung von x = Realeinkommenserhöhung

Generell gilt, dass eine Preisänderung immer zwei Teileffekte auslöst, die in der Theorie (gedanklich) getrennt werden können: Erstens den Einkommenseffekt und zweitens den Substitutionseffekt. In der Übersicht 5.22 ist noch einmal ein x,y-Diagramm mit Indifferenzkurven und Budgetgerade abgebildet. Ausgangspunkt ist der Optimalpunkt C_0 (Dies ist der Tangentialpunkt der Indifferenzkurve IK_1 mit der Budgetgerade). Der Preis des Gutes x wird jetzt gesenkt, was zu einer Drehung der Budgetgerade nach rechts führt. Ergebnis ist ein neuer Optimalpunkt C_1 (Tangentialpunkt der neuen Budgetgerade mit der Indifferenzkurve IK_2).

Der Gesamteffekt hinsichtlich der Nachfrage nach dem Gut x besteht in einer Nachfrageerhöhung: statt x_0 wird jetzt die Menge x_1 konsumiert.

Übersicht 5.22: Einkommens- und Substitutionseffekt

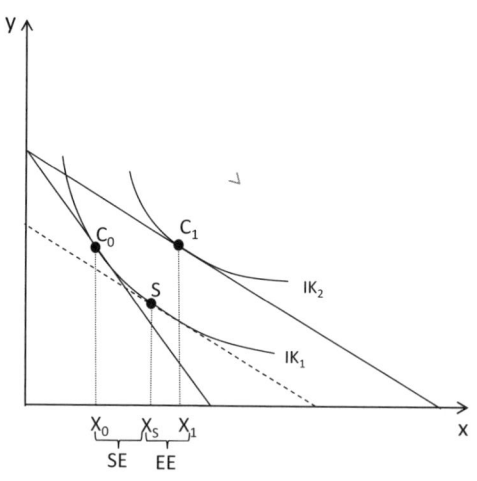

Diese Nachfrageerhöhung wird jetzt gedanklich in zwei Teileffekte aufgespalten.

a) Substitutionseffekt: Die Frage ist, welche Auswirkungen die Preissenkung des Gutes x hätte, wenn das Nutzenniveau des Haushalts unverändert bliebe. Um diese Wirkung zu ermitteln, verschiebt man die neue Budgetgerade (deren Steigung entspricht dem neuen Preisverhältnis der Güter x und y) so lange nach links, bis der Tangentialpunkt mit der alten Indifferenzkurve (d.h. dem alten Nutzenniveau) gefunden ist. Dies ist die gestrichelt eingezeichnete Budgetgerade, die die alte Indifferenzkurve IK_1 im Punkt S tangiert. Im Punkt S wird die Menge X_s des Gutes x nachgefragt. Dies ist eine Erhöhung der Nachfrage von X_0 auf X_S. Der Substitutionseffekt führt auch dazu, dass von dem Gut y weniger nachgefragt wird.

b) Einkommenseffekt: Ausgehend von S kann analysiert werden, welchen Effekt zum neuen Preisverhältnis die Erhöhung des Einkommens auslöst. Dieser Einkommenseffekt beschreibt die Auswirkungen der Realeinkommenserhöhung, die sich auf Grund der Preissenkung des Gutes x einstellt. Die Nachfrage nach x erhöht sich dadurch von X_s auf X_1.

Nochmals wiederholt: Die Wirkung der Preissenkung wird gedanklich in folgende zwei Teileffekte zerlegt:

Substitutionseffekt: Bewegung von C_0 nach S
Dieser ist bei einer Preissenkung immer eindeutig: Von dem billiger gewordenen Gut x wird mehr konsumiert, zu Lasten des Gutes y.

Einkommenseffekt: Bewegung von S nach C_1
Die Preissenkung des Gutes x hat die gleiche Wirkung wie eine Einkommenserhöhung. Diese Einkommenserhöhung führt im obigen Bild dazu, das sowohl von x mehr (= X_1) und von y mehr konsumiert wird, d.h. der Nachfragerückgang bei y auf Grund des Substitutionseffektes wird durch den Einkommenseffekt teilweise wieder aufgehoben (kompensiert).

Die Wirkung des Einkommenseffektes auf die Nachfrage nach x (und y) ist nicht eindeutig! Im Beispiel führt die Preissenkung von p_x dazu, dass x mehr konsumiert wird (auf Grund des Substitutionseffektes = X_0X_s und wegen des Einkommenseffektes = X_sX_1) Es ist aber ersichtlich, dass die Richtung des Einkommenseffektes auf die Nachfrage nach x von der Lage der Indifferenzkurve abhängt.

Wenn der Einkommenseffekt, d.h. die Realeinkommenserhöhung, die mit dem sinkenden Preis des Gutes x verbunden ist, die Nachfrage nach x so stark verringert, dass er den Substitutionseffekt überkompensiert, resultiert der Fall einer anomalen Nachfragekurve (Giffen-Paradox).

Abschließend wird die nutzenmaximierende Nachfrage eines Haushalts nach den beiden Gütern x und y noch einmal graphisch und mathematisch hergeleitet, sowie inhaltlich interpretiert:

a) Graphische Herleitung

Im Optimalpunkt gilt, dass die Steigung der Indifferenzkurve (GRS) mit der Steigung der Budgetgerade $-\frac{\overline{p_x}}{p_y}$ übereinstimmt. Die GRS ist identisch mit dem negativen umgekehrten Grenznutzenverhältnis (siehe oben Kapitel 5.1.3.1). Also:

$$\frac{dy}{dx} = -\frac{\partial U}{\partial x} \Big/ \frac{\partial U}{\partial y} = -\frac{\overline{p_x}}{p_y}$$

$$-\frac{dy}{dx} = \frac{\partial U}{\partial x} \Big/ \frac{\partial U}{\partial y} = \frac{\overline{p_x}}{p_y} \qquad \text{Grenznutzenverhältnis = Preisverhältnis}$$

Dies ist nichts anderes als das zweite Gossensche Gesetz

$$\frac{\partial U}{\partial x} \Big/ p_x = \frac{\partial U}{\partial y} \Big/ p_y \quad \text{oder in anderer Schreibweise: } U'(x)/p_x = U'(y)/p_y$$

D. h. im nutzenmaximierenden Tangentialpunkt ist das zweite Gossensche Gesetz erfüllt (siehe Übersicht 5.6).

b) Analytische Ableitung

Es handelt sich um die Maximierung der Nutzenfunktion unter der Nebenbedingung der Bilanzgerade. Dies erfolgte bereits oben in der Übersicht 5.6 (Lagrange-Ansatz) im Rahmen der kardinalen Nutzentheorie. Die Indifferenzkurven müssen jetzt im Rahmen der ordinalen Betrachtung allerdings als Indexfunktionen interpretiert werden.[48]

c) Inhaltliche Interpretation

Wir betrachten die beiden Güter Sekt (x) und Rotwein (y), die unsere Studentin Friederike an einem lauen Sommerabend zur Hebung der Stimmung konsumiert. Der Grenznutzen aus einem zusätzlichen Glas Sekt liegt bei 12 Nutzeneinheiten und bei einem Glas Rotwein beträgt ihr Grenznutzen 8 Nutzeneinheiten. Die

---

[48] Bei einer Nutzenindexfunktion enthalten die Werte der Funktion nur noch Informationen hinsichtlich der Rangfolge. Sie machen keine Aussage über absolute Nutzenunterschiede.

Preise belaufen sich auf 4 Euro für das Glas Sekt und 2 Euro für den Rotwein. Das Verhältnis von Grenznutzen zu Preis bei Sekt und Rotwein (entsprechend dem 2. Gossenschen Gesetz) beträgt also: 12/4 und 8/2. Damit gilt aber, dass der Grenznutzen pro Geldeinheit (also pro Euro) bei Sekt 3 beträgt und bei Rotwein gleich 4 ist. Pro Euro ist der Grenznutzen bei einem weiteren konsumierten Glas Rotwein höher als bei einem weiteren Glas Sekt. Friederike, die ihren Nutzen im Blick hat, wird also ein Glas Rotwein kaufen und nicht ein Glas Sekt. Bei Rotwein „bekommt sie mehr für ihr Geld". Erst wenn bei ihr der Grenznutzen pro Euro für Sekt und Wein gleich groß ist, wird sie keinen Anreiz mehr haben durch Umschichtung ihres Budgets (Kauf von mehr Rotwein bzw. Sekt) ihren Nutzen zu erhöhen. Sie hat dann ihr Nutzenmaximum erreicht.

5.2. Die Gesamtnachfrage

Mit Hilfe der oben durchgeführten Untersuchungen lässt sich für jeden einzelnen Haushalt eine **individuelle Nachfragefunktion** konstruieren, die angibt welche Mengen dieser Haushalt zu bestimmten Preisen nachfragt. Sofern man die individuellen Nachfragefunktionen aller Nachfrager eines Marktes zusammenführt[49], gelangt man zur **Nachfragefunktion auf dem (Gesamt-) Markt**.

Dies sei durch folgende Tabelle verdeutlicht. Betrachtet wird der Jenaer Markt für Rosinenbrötchen im Jahr 2012 und es wird angenommen, dass es nur drei Nachfrager gibt, nämlich Manfred, Kerstin und Peter (siehe Übersicht 5.23).

---

[49] Man spricht in diesem Fall auch von Aggregation.

Übersicht 5.23: Nachfragetabelle für den Rosinenbrötchen-Markt

Preis \ Nachfrager	Manfred	Kerstin	Peter	Σ
0,00 Euro	100	200	200	500
0,50 Euro	80	140	180	400
1,00 Euro	60	90	150	300
1,50 Euro	60	70	70	200
2,00 Euro	30	40	30	100
2,50 Euro	0	0	0	0

Sofern man die individuellen und die Gesamt-Nachfragekurve in einem Preis-Mengen-Diagramm grafisch darstellt, wird verständlich, dass einfach eine „**horizontale Addition**" (bzw. horizontale Aggregation) der individuellen Nachfragemengen erfolgt, wie in der Übersicht 5.24 verdeutlicht.

Damit wird im Preis-Mengen-Diagramm wiedergegeben, was inhaltlich aber auch aus dem praktischen Menschenverstand heraus auf der Hand liegt: Die Gesamtnachfrage auf dem Markt ist nichts anderes als die **Summe der nachgefragten Mengen aller Verbraucher**, die das betreffende Gut kaufen.

Die (Maximal-)Menge, die von den Nachfragern bei einem Preis von 0,00 Euro nachgefragt wird, kennen wir als **Sättigungsmenge**. Mehr Rosinenbrötchen können und wollen die Verbraucher auf dem Markt auch bei kostenfreiem Zugang zu dem Gut nicht konsumieren. Im obigen Beispiel beträgt die Sättigungsmenge 500 Rosinenbrötchen pro Jahr.

Übersicht 5.24: Die Gesamtnachfrage auf dem Markt

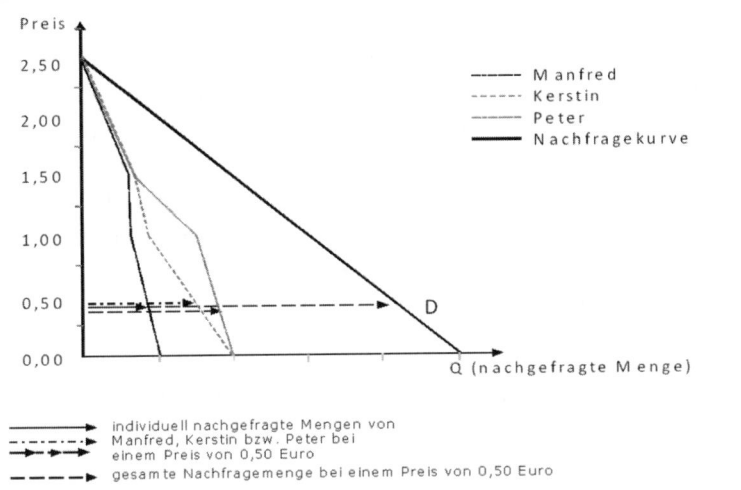

Der (Minimal-)Preis, bei dem die Verbraucher keine Menge mehr nachfragen, ist der bereits bekannte **Prohibitivpreis**. Zu diesem Preis sind die Nachfrager nicht mehr bereit das Gut zu kaufen („Schmerzgrenze"), weil sie ihm einen geringeren Wert zuweisen, als sie auf Grund des Preises zahlen müssten. Alternativ könnten die Haushalte auch dazu übergehen, die für den Eigenbedarf notwendigen Rosinenbrötchen nicht fremd zu beziehen, sondern selbst herzustellen. Der Prohibitivpreis liegt im Beispiel bei 2,50 Euro.

Dass sich im Rosinenbrötchen-Beispiel eine lineare Gesamt-Nachfragekurve ergibt, ist natürlich ein konstruierter Fall. Bei theoretischen Untersuchungen wird tatsächlich – aus Gründen der Einfachheit – häufig ein linearer Zusammenhang zwischen der nachgefragten Menge und dem Preis unterstellt.

Praktisches Beispiel: Conjoint Measurement

Die Conjoint-Analyse (hergeleitet aus <u>Con</u>sidered <u>Joint</u>ly) ist eine statistische Analysemethode, die auch als Verbundmessung, Conjoint Measurement oder konjunkte Analyse bezeichnet wird. Sie dient dazu, die Bewertung eines Gutes durch eine Person zu messen. Die Conjoint-Analyse wurde seit den 70er Jahren von den US-amerikanischen Ökonomen Green und Srinivasan als Verfahren in der Marktforschung eingeführt. Es ist heute die am häufigsten eingesetzte

Analysemethode zur Erhebung der Präferenzen von Konsumenten. Sie basiert dabei auf den Verfahren der linearen und nichtlinearen Regression.

Bei der traditionellen Conjoint-Analyse werden verschiedene Eigenschaftsausprägungen eines Gutes (bspw. Kaloriengehalt, Verpackung, Preis und Fruchtanteil einer Frühstücks-Marmelade) einer Untersuchungsperson zur Beurteilung vorgelegt, um so die Bedeutung der einzelnen Eigenschaften des Gutes zu erfassen. Es wird also untersucht, in welchem Maß einzelne Merkmale beziehungsweise Merkmalskombinationen, die ein bestimmtes Produkt auszeichnen, den Gesamtnutzen eines Konsumenten beeinflussen (dekompositioneller Ansatz). Ziel ist es, auf diese Weise die Präferenzen des Konsumenten abzubilden.

Für einen PKW-Produzenten ist bspw. relevant, welche Bedeutung die Merkmale Marke, Design, Preis und Umweltfreundlichkeit für die Kaufentscheidung der (potentiellen) Kunden haben (Backhaus et al., 2015, S. 451-499). Im Rahmen einer Conjoint-Analyse bildet man aus diesen Merkmalen eine Reihe von (fiktiven) Gesamtprodukten. Dazu werden verschiedene Kombinationen gebildet, etwa ein BMW mit Sportausstattung für 45.000 Euro und Hybrid-Antrieb, ein Audi mit Holz- und Leder Innenausstattung für 61.000 Euro sowie Dieselmotor, ein Mercedes mit Standardausstattung für 51.000 Euro und Benzinmotor usw.). Der Befragte gibt nun zu diesen Gesamtkonzepten jeweils ein Votum ab. Im Rahmen des Conjoint-Verfahrens ist es möglich, aus den Angaben des Befragten auf dessen Präferenzen bezüglich der einzelnen Merkmale und Merkmalsausprägungen zu schließen. In diesem Beispiel könnte ermittelt werden, dass sich die (potentiellen) Käufer beim Erwerb eines Neuwagens in erster Linie an der Marke, d.h. dem Hersteller orientieren (wichtigstes Merkmal), wobei das Unternehmen Audi bevorzugt wird (wichtigste Merkmalsausprägung).

Die Conjoint-Analyse wird auf Grund der zahlreichen Merkmale und Merkmalsausprägungen leicht sehr komplex und überfordert dann u.U. die befragten Personen. Weiterentwicklungen sind bspw. die auswahlbasierten Conjoint-Analysen (Discrete-Choice-Analysen: Logit-und Probit-Verfahren).

Da sich fast alle Güter als Kombination von Produkteigenschaften mit bestimmten Merkmalsausprägungen beschreiben lassen, wird die Conjoint-Analyse in der Markt- und Marketingforschung häufig eingesetzt. Ein Online-Beispiel zum Testen der Methode an Hand der Präferenzen für Pizza findet sich unter: http://www.dobney.com/Conjoint/CnjtDemo.htm. Weitere Erläuterungen auf aktuellem Stand vermittelt Altobelli (2017, S. 342-354).

5.3. Die Herleitung der Angebotsfunktion

5.3.1. Die Produktionsfunktion als Grundlage

Im vorliegenden Kapitel geht es darum, die Angebotsfunktion auf einem Markt herzuleiten. Güter werden von den Unternehmen angeboten, weil damit ein Gewinn zu erzielen ist. Ein Einflussfaktor des Gewinns sind die Kosten. Kosten entstehen, weil für die Herstellung von Gütern Produktionsfaktoren eingesetzt und kombiniert werden müssen. Diese Produktionsfaktoren sind knapp und für ihre Inanspruchnahme sind daher Preise zu zahlen. Zu diesen Preisen auf den Faktormärkten zählen bspw. Löhne, Zinsen, Mieten, Pachten bzw. Preise für Rohstoffe, Vorprodukte, Investitionsgüter usw.

Während die Kostentheorie den Zusammenhang zwischen dem Output, d.h. der Menge produzierter Güter und den damit verbundenen Kosten analysiert, beschäftigt sich die **Produktionstheorie** mit den dahinter stehenden realwirtschaftlichen, d.h. physischen, Zusammenhängen.

Das analytische Instrument der Produktionstheorie ist die **Produktionsfunktion**. Sie beschreibt den funktionellen Zusammenhang zwischen den eingesetzten Faktormengen und den produzierten Gütermengen. Es handelt sich um technisch-physikalisch bedingte Relationen, in denen keine monetären Größen auftauchen. Eine Produktionsfunktion stellt die Beziehung zwischen den realen Einsatzmengen der Inputs, d.h. Faktoreinsatzmengen, und den Outputs, d.h. Mengen der hergestellten Güter, dar: **Outputs = f (Inputs)**, wobei f das Funktionszeichen ist.

In der Realität stellen Unternehmen fast immer mehrere Produkte her (bspw. die Deutsche Telekom AG: Mobilfunk, Breitband-Kabel, Telefondienst, dabei: Orts- und Ferngespräche, Mietleitungen usw.) und setzen viele Produktionsfaktoren ein (bspw. Arbeit verschiedener Qualität und Ausbildung, Gebäude, Kabelschächte, die verschiedensten Vorleistungen usw.). Der Zusammenhang von Inputs und Outputs sieht also wie folgt aus: (x, y, z, ...) = f (L, C, D ....). Dabei sind x, y, z usw. die hergestellten Güter und L, C, D usw. die verschiedenen Produktionsfaktoren. Dieser recht komplexe Zusammenhang wird in den Lehrbüchern stark vereinfacht, etwa in Form der Produktionsfunktion Q = f (L). Damit wird ein Unternehmen unterstellt, das lediglich eine einzige Art von Gut in der Menge Q mit genau einem Produktionsfaktor L (bspw. Arbeit) herstellt.

Normalerweise wird außerdem davon ausgegangen, dass die Ertragszuwächse bei zunehmendem Arbeitseinsatz sinken (abnehmender Grenzertrag der Arbeit). Eine solche Produktionsfunktion enthält die nächste Übersicht 5.25.

Übersicht 5.25: Eine einfache Produktionsfunktion

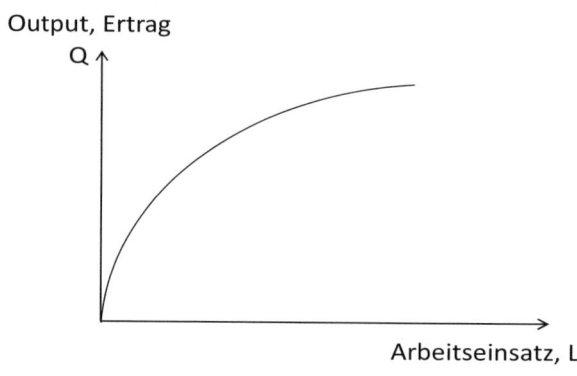

Neben dieser einfachsten Form der Produktionsfunktion wird häufig davon ausgegangen, dass zwei Inputfaktoren (in der Regel Arbeit, L, und Kapital, C) und ein Output existieren. Die Produktionsfunktion lautet dann: $Q = f(L, C)$. Dieser Zusammenhang lässt sich graphisch darstellen, indem die Produktionsfaktoren L und C auf den beiden Achsen eines Koordinatensystems abgetragen werden. Der Output dieses Einproduktunternehmens wird in Form von sogenannten **Isoquanten** eingezeichnet. Isoquanten sind definiert als geometrische Verbindungslinien all derjenigen Faktorkombinationen, die zu einer gleichen Produktionsmenge führen, wobei keine Produktionsfaktoren ungenutzt bleiben. Es werden also nur effiziente Faktorkombinationen, die dem Maximumprinzip entsprechen, betrachtet. Je weiter weg vom Ursprung die Isoquanten liegen, desto größer ist der Output Q. Außerdem wird standardmäßig ein konvexer Verlauf der Isoquanten angenommen (siehe Übersicht 5.26).

Übersicht 5.26: Das Isoquantensystem

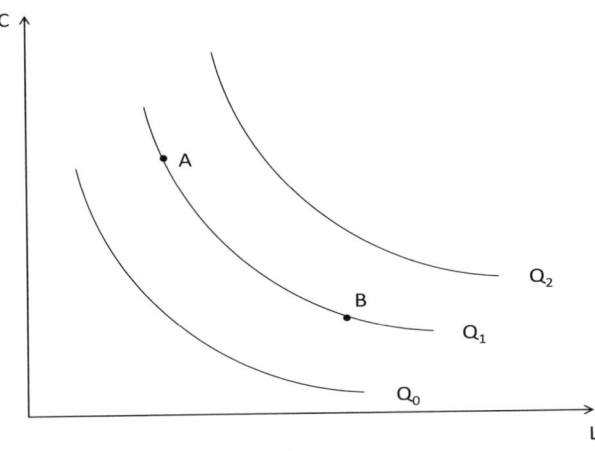

Der abgebildete Verlauf der Isoquanten unterstellt, dass die Produktionsfaktoren Arbeit und Kapital (begrenzt) substituierbar sind. Ein bestimmte Menge Q_1 lässt sich im Punkt A mit hohem Kapital- und geringem Arbeitseinsatz produzieren. Alternativ kann die Produktion aber auch im Punkt B stattfinden. Hier wird die gleiche Outputmenge mit viel Arbeit und wenig Kapital hergestellt. Ohne dies genauer zu erläutern, liegt auf der Hand, dass die Frage, ob von einem Unternehmen der Punkt A oder der Punkt B gewählt wird, von den Relationen der Faktorpreise abhängt. Ceteris-paribus wird bei einem hohen Lohnsatz der Punkt A realisiert. D.h. konkret, dass bspw. in Deutschland die Fertigung in einem hohen Maße automatisiert ist, also mit umfangreichem Einsatz von Maschinen, Robotern und Anlagen erfolgt. Wir sprechen dann von einer hohen Kapitalintensität (d.h. niedrigen Arbeitsintensität) der Produktion.

Plausibel ist aber auch, dass in bestimmten Branchen eine Komplementarität der Produktionsfaktoren gegeben ist. Diese Situation wird in Übersicht 5.27 dargestellt. Die Isoquanten verlaufen in Form „rechter Winkel".

Übersicht 5.27: Limitationale Produktionsfunktion

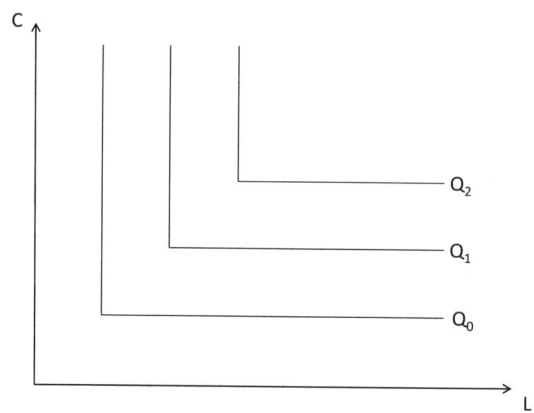

Diese Produktionsfunktion wird als **limitationale Produktionsfunktion**, bzw. als **Leontief-Produktionsfunktion**, bezeichnet.[50] Im Speditionsgewerbe ist zur Herstellung des Outputs Tonnenkilometer als Maßstab für die Transportleistung sowohl der Einsatz von Fahrern als auch von Lkw notwendig, wobei das Einsatzverhältnis fix ist und annähernd 2 zu 1 beträgt. Eine Substitution von Lkw durch Arbeitskräfte ist nicht möglich (wenn man von Menschen als Lastträgern absieht).

Die Zusammenhänge zwischen Inputs und dem Output lassen sich in einem Isoquantensystem aus drei verschiedenen Perspektiven analysieren (siehe Übersicht 5.28).

a) Isoquante Faktorvariation: Es handelt sich um eine Bewegung entlang einer Isoquante. D.h. es wird die Veränderung des Einsatzverhältnisses der Produktionsfaktoren bei gleicher Outputmenge untersucht. Bspw. stellt sich die Frage, in welchem Umfang eine Erhöhung des Lohnsatzes zu einer Ersetzung von Arbeit durch Kapital führt. Formal dargestellt als: $\bar{Q} = f(L, C)$.

b) Proportionale Faktorvariation: Hier werden die Produktionsfaktoren Arbeit und Kapital im gleichen Verhältnis erhöht und untersucht, wie stark der Output dadurch steigt. Die formale Darstellung lautet dann: $Q = f(\lambda\bar{L}, \lambda\bar{C})$, wobei λ eine

---

[50] Nach Wassily Leontief (1905-1999) einem russisch-US-amerikanischen Volkswirt.

positive Zahl ist, bspw. 2, wenn die Einsatzmengen von Arbeit und Kapital verdoppelt werden.

c) Partielle Faktorvariation: In diesem Fall hält man die Einsatzmenge des einen Produktionsfaktors (in der Übersicht 5.26 des Kapitaleinsatzes) konstant, erhöht die Einsatzmenge des anderen Faktors (hier Arbeit) und analysiert wie die Outputmenge darauf reagiert. Die formale Darstellung lautet: $Q = f(L, \bar{C})$.

Übersicht 5.28: Faktorvariation

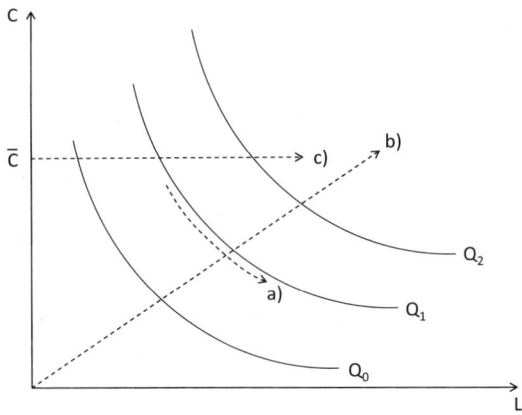

Bei der proportionalen Faktorvariation kann der Output in Abhängigkeit vom Multiplikationsfaktor λ dargestellt werden. Dies geschieht in der Übersicht 5.29. Mit wachsender proportionaler Erhöhung der Faktoreinsatzmengen, d.h. Verdoppelung, Verdreifachung usw., steigt im dargestellten Fall der Output unterproportional. Dann sprechen wir von abnehmenden **Skalenerträgen**. Nicht dargestellt – aber denkbar – sind auch konstante, zunehmende oder variierende Skalenerträge.

Übersicht 5.29: Abnehmende Skalenerträge

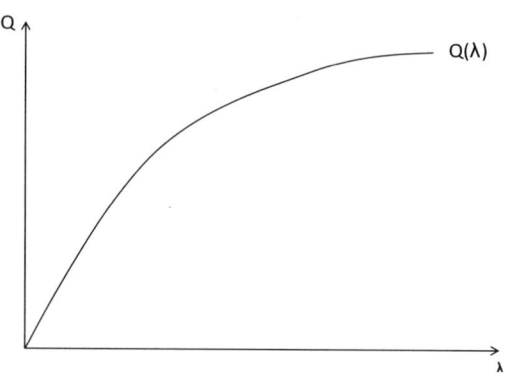

Auch in der BWL wird außerdem in der Regel auf die sogenannte „ertragsgesetzliche Produktionsfunktion" eingegangen. Sie wird üblicherweise auf die Betrachtung der partiellen Faktorvariation zurückgeführt.[51] Bei wachsendem Arbeitseinsatz ergeben sich in diesem Fall zunächst überproportional steigende und dann abnehmende Ertragszuwächse (siehe die folgende Übersicht 5.30).

---

[51] Der Ausdruck „ertragsgesetzlich" ist weit verbreitet, aber irreführend, da der Verlauf nicht zwingend, sondern nur unter bestimmten Annahmen plausibel ist.

Übersicht 5.30: Die ertragsgesetzliche Produktionsfunktion

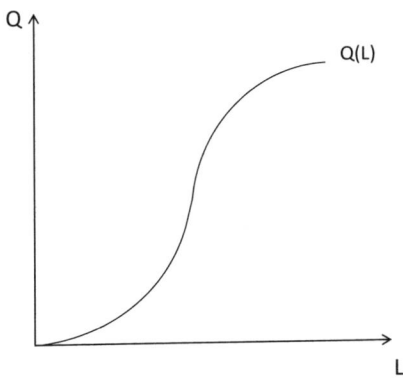

Eine grundlegende Ausprägung der allgemeinen Produktionsfunktion Q = f(L, C) ist die **Cobb-Douglas-Produktionsfunktion**.[52] Sie besitzt die Form:

$$(1)\ Q = L^{\alpha} \times C^{\beta}\ bzw.\ Q = A \times L^{\alpha} \times C^{\beta}$$

Die Konstanten A, α und β sind größer als Null. A ist ein Skalenparameter, je höher er ausfällt, desto mehr kann mit einem gegeben Niveau von L und C hergestellt werden. Häufig wird unterstellt, dass A gleich Eins ist, womit wir bei der einfachen linken Variante der obigen Cobb-Douglas-Funktion landen. Die Exponenten geben jeweils die Elastizität des Outputs in Bezug auf den Arbeitseinsatz (α) bzw. den Kapitaleinsatz (β) wieder. D.h. wenn α bspw. gleich 0,6 ist, steigt der Output um 0,6 %, wenn der Arbeitseinsatz um 1 % zunimmt. Diese Elastizitäten bezeichnet man auch als partielle Produktionselastizität der Arbeit (bzw. des Kapitals). Die Summe von α und β entspricht den Skalenerträgen. Wenn α plus β größer (kleiner) ist als Eins, liegen zunehmende (abnehmende) Skalenerträge vor. Im Fall, dass α plus β gerade gleich Eins sind, existieren konstante Skalenerträge.

Dieser Fall wird in der Regel, da dann gilt β = 1 – α, wie folgt geschrieben:

$$(2)\ Q = L^{\alpha} \times C^{1-\alpha}$$

---

[52] Benannt nach den US-amerikanischen Ökonomen Charles Cobb (1875-1949) und Paul Douglas (1892 - 1976), die diese Funktionsform auf der makroökonomischen Ebene für die USA entwickelten und im Jahr 1928 als Erste publizierten.

Die Produktionsfunktion ist dann linear-homogen. D.h. eine Erhöhung des Einsatzes von Arbeit und Kapital um jeweils bspw. 10 % führt zu einer Steigerung des Outputs um 10 %.

Eine weitere wichtige Eigenschaft der Cobb-Douglas-Produktionsfunktion ist die damit verbundene **Substitutionselastizität** zwischen den Produktionsfaktoren. Die Substitutionselastizität (üblicherweise als σ abgekürzt) beschreibt, wie sich das relative Faktoreinsatzverhältnis von L und C ändert, wenn sich das relative Faktorpreisverhältnis ändert. Wobei allerdings unterstellt werden muss, dass vollständige Konkurrenz vorliegt und die Unternehmen sich kostenminimierend verhalten. Dies führt dann dazu, dass die technische Substitutionsrate, d.h. die Krümmung der Isoquante mit dem Faktorpreisverhältnis übereinstimmt. Konkreter formuliert: Was passiert mit dem Einsatz von Kapital und Arbeit, wenn bspw. die Löhne zunehmen und die Preise der Maschinen, Gebäude usw. konstant bleiben? Die Substitutionselastizität der Cobb-Douglas-Produktionsfunktion beträgt -1. Eine einprozentige Erhöhung des Faktorpreisverhältnisses von Arbeitslohn zu Kapitalkosten führt zu einer einprozentigen Steigerung des Verhältnisses von Kapital- zu Arbeitseinsatz. Die Substitutionselastizität der limitationalen Produktionsfunktion (Leontief-Produktionsfunktion) der Übersicht 5.27 beträgt dagegen Null, da keinerlei Substitution von Kapital durch Arbeit (oder umgekehrt) möglich ist. Anders ausgedrückt ist hier das Verhältnis von Arbeits- zu Kapitaleinsatz bei einem gegebenen Output fixiert und unabhängig vom Faktorpreisverhältnis.

Die Cobb-Douglas-Produktionsfunktion kann durch Aufnahme weiterer Inputfaktoren leicht erweitert werden. Durch Logarithmierung auf beiden Seiten kann sie außerdem umgeformt werden zu:

(3) $\ln Q = \ln A + \alpha \times \ln L + \beta \times \ln C$.

In dieser logarithmierten Form ist es einfach, sie ökonometrisch zu schätzen, wenn Daten für Q, L und C vorhanden sind. Bspw. können Skalenerträge auf diese Weise empirisch ermittelt werden.

Weiterentwicklungen und Verallgemeinerungen der Cobb-Douglas-Produktionsfunktion sind die **CES-Produktionsfunktionen** (Constant-Elasticity of Substitution) und die **Translog-Produktionsfunktionen** (wobei Translog für Transcendental Logarithmic steht):

$$(4) \quad \ln q = \beta_0 + \sum_{n=1}^{N} \beta_n \ln x_n + \frac{1}{2} \sum_{n=1}^{N} \sum_{m=1}^{N} \beta_{nm} \ln x_n \ln x_m + u$$

Der Output ist hier gleich q und X_1 bis X_n sind die Produktionsfaktoren, bzw. allgemeiner Inputfaktoren.

Die **praktische Relevanz** theoretischer Analysen von Produktionsfunktionen ist allerdings **auf der Ebene einzelner Unternehmen gering**. Anwendbar sind Produktionsfunktionen vor allem in Industriebranchen, in denen naturwissenschaftlich-technische Zusammenhänge vorliegen (bspw. Chemiesektor) und im Bereich der Rohstoffindustrie sowie der Landwirtschaft. Recht wenig geeignet ist der Ansatz bei Dienstleistungen, insbesondere bei komplexeren Dienstleistungen (bspw. Banken, Versicherungen, Unternehmensberatungen, Softwareindustrie).

Es ist allerdings wichtig sich zwei Sachverhalte klar zu machen. Erstens, dass **letztlich Güter NICHT mittels Geld produziert werden**, sondern durch Kombination von realen Mitarbeitern, in existierenden Gebäuden und mittels bestimmter konkreter Anlagen und Maschinen. Zweitens gilt, wenn man die für die Produktion einer bestimmten Menge eines Gutes notwendigen Produktionsfaktoren mit ihren Preisen bewertet, gelangt man zur Kostenfunktion. D.h. hinter bestimmten Kostenfunktionen stehen jeweils bestimmte Produktionsfunktionen. Anders ausgedrückt: **Kostenfunktionen können aus Produktionsfunktionen abgeleitet werden**. Dies geschieht durch Bewertung der Faktoreinsatzmengen mit ihren jeweiligen Preisen.[53]

5.3.2. Kostenarten und Kostenfunktionen

Die Produktionsfunktion erfasst, welche Mengen eines Gutes bei welchen eingesetzten Faktormengen hergestellt werden können. Zusammen mit den Faktorpreisen ergeben sich so die Kosten der Produktion eines Gutes.

Kosten sind im ökonomischen Sinn immer **Opportunitätskosten**. Der Preis den ein Unternehmen für einen Mitarbeiter zahlt, kann nicht mehr für eine Maschine ausgegeben werden. Allgemein gilt: Preise der Produktionsfaktoren stellen die Opportunitätskosten dar und zwar in Form der Alternative, die das Unternehmen

---

[53] Kosten- und Produktionsfunktion sind insoweit zwei Seiten einer Medaille. Dies firmiert in der Mikroökonomie als Dualität von Kosten- und Produktionsfunktion.

nicht mehr erwerben kann. Opportunitätskosten existieren aber auch dann, wenn das Unternehmen keine Preise zu zahlen hat: Dies sind die sogenannten kalkulatorischen Kosten (bspw. kalkulatorischer Unternehmerlohn und kalkulatorische Zinsen).

Die Herstellung von Gütern, d.h. Produktion, ist mit Kosten verbunden, bzw. verursacht Kosten. Dies wird durch eine **Kostenfunktion** abgebildet: $K = K(q)$, wobei K die Kosten sind und q die produzierte Menge eines Gutes.

Verschiedene Arten von Kosten und damit Kostenbegriffe sind sorgfältig zu unterscheiden. Dazu gehören insbesondere:

a) Gesamtkosten/Totalkosten (= K)
Sie setzen sich zusammen aus fixen Kosten und variablen Kosten.

b) Fixe Kosten (= FK)
Diese sind nicht abhängig von der produzierten Menge.

Bsp.: Mieten oder Abschreibungen für Gebäude, Maschinen, Lohn des Nachtwächters der Produktionsanlage.

c) Variable Kosten (= VK)
Sie sind direkt abhängig von der produzierten Menge.

Bsp.: Rohstoffe, Materialien, Vorprodukte. In der Pkw-Produktion etwa der Preis der 4 Reifen, die pro hergestelltem Pkw zugekauft werden.

Gesamtkosten, fixe Kosten und variable Kosten stehen in folgender Beziehung zueinander: $K(q) = FK + VK(q)$. Darüber hinaus sind eine Reihe weiterer Kostenbegriffe wichtig:

d) Totale Durchschnittskosten: $TDK = \dfrac{K}{q}$

Die gesamten Kosten dividiert durch die produzierte Menge ergeben die Totalen (Gesamten) Durchschnittskosten.[54]

e) Variable Durchschnittskosten: $VDK = \dfrac{VK}{q}$

Die variablen Kosten werden hier durch die Produktionsmenge geteilt. Das Ergebnis nennt man variable Durchschnittskosten.

f) Durchschnittliche Fixkosten: $DFK = \dfrac{FK}{q}$

---

[54] Statt Durchschnittskosten wird manchmal der Begriff Stückkosten verwendet.

Gemeinsam führen e) und f) zu TDK = DFK + VDK, d.h. $\dfrac{K}{q} = \dfrac{FK}{q} + \dfrac{VK}{q}$

Die fixen Kosten werden durch die produzierte Menge q dividiert. Mit steigender Produktionsmenge q sinken daher die DFK. Dies ist die bekannte Fixkostendegression.

g) Grenzkosten, auch als marginale Kosten bezeichnet: $GK = \dfrac{dK}{dq} = K'(q)$

Die Grenzkosten sind die zusätzlichen Kosten, die entstehen, wenn eine weitere Einheit des betrachteten Gutes produziert wird. In der Gummibärchenproduktion folglich bspw. die zusätzlichen Kosten eine weitere 200-Gramm Tüte Gummibärchen herzustellen.

Mathematisch betrachtet handelt es sich um die erste Ableitung der Gesamtkostenfunktion ($\dfrac{dK}{dq}$ bzw. $K'(q)$ oder einfach K').

h) Versunkene Kosten (sunk cost)
Es handelt sich definitionsgemäß um Kosten des Markteintritts, die bei einem Marktaustritt nicht wieder erlöst werden können. Allgemein formuliert sind dies Kosten, die für ein Unternehmen bereits entstanden sind und nicht „rückholbar" sind (bspw. durch Verkauf rückgängig gemacht werden können). Beispiele sind ggf. Kosten für die Markterschließung oder Produktentwicklung.

i) Gemeinkosten
Bei Mehrproduktunternehmen, sind dies Kosten, die – im Unterschied zu den sogenannten Einzelkosten – keinem der einzelnen Produkte zugerechnet werden können. Beispiele sind die Löhne und Gehälter in der Personalabteilung und allgemein der zentralen Unternehmensverwaltung.

Der Verlauf und das Aussehen einiger dieser Kostenarten werden jetzt anhand einmal einer linearen Kostenfunktion und dann einer nichtlinearen Kostenfunktion erläutert. Wir betrachten dabei jeweils kurzfristige Zeiträume, d.h. wir unterstellen eine bestimmte gegebene Produktionskapazität. Der erste betrachtete Fall ist der einer einfachen linearen Kostenfunktion mit Fixkosten.

Erster Fall: Lineare Kostenfunktion

Die Gesamtkostenfunktion lautet:

$K = 10 + 3q$

Damit ergibt sich für die fixen und die variablen Kosten:

$FK = 10, \qquad VK = 3q$

Die totalen und variablen Durchschnittskosten sowie die Grenzkosten betragen also:

$$TDK = \frac{K}{q} = \frac{10 + 3q}{q} = 3 + \frac{10}{q}$$

$$VDK = \frac{VK}{q} = \frac{3q}{q} = 3$$

$$GK = \frac{dK}{dq} = 3$$

Die Gesamtkostenfunktion kann in folgendem Koordinatensystem abgebildet werden:

Übersicht 5.31: Lineare Gesamtkostenfunktion

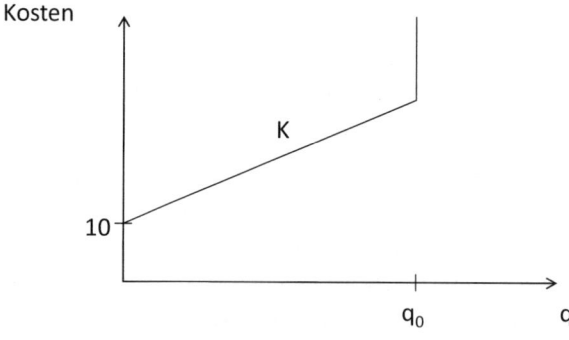

Die dazugehörenden totalen und variablen Durchschnittskosten sowie die Grenzkosten sehen wie folgt aus:

Übersicht 5.32: TDK- und GK einer linearen Kostenfunktion

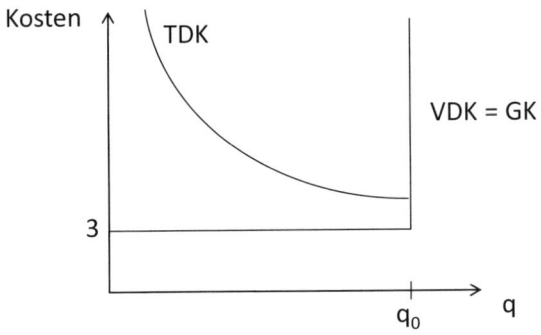

Da kurzfristig eine Ausdehnung der Produktion über die Kapazitätsgrenze des Unternehmens hinaus nicht möglich ist, enden die Kostenfunktionen an dieser Kapazitätsgrenze, die bei q_0 liegt. Auch bei einer beliebigen Erhöhung der Kosten ist keine weitere Produktionssteigerung mehr möglich. Dies wird durch einen senkrechten Kostenverlauf bei q_0 dargestellt.[55] Der senkrechte Verlauf der Kosten an der Kapazitätsgrenze ist die übliche Darstellungsweise. Es ist aber im Hinterkopf zu behalten, dass die Kapazitätsgrenze kurzfristig nicht überschritten werden kann und der senkrechte Verlauf nur bei Überschreiten gilt, daher also fiktiven Charakter hat.

Die TDK sinken stetig auf Grund der Fixkostendegression: Mit zunehmender Produktionsmenge verteilen sich die fixen Kosten auf eine immer größere Menge hergestellter Güter. Die Grenzkosten und die variablen Durchschnittskosten sind gleich groß. Außerdem sind die VDK und die GK konstant. Beide Feststellungen gelten bei linearen Gesamtkostenfunktionen immer.

Übersicht 5.33 zeigt eine noch simplere Kostenfunktion, nämlich eine lineare Kostenfunktion ohne Fixkosten (bspw. $K = 6,5q$). Wegen der nicht vorhandenen

---

[55] Hier wird der Betrachtungszeitraum wichtig: Kapazitätsgrenzen existieren kurzfristig. Die Errichtung zusätzlicher Produktionsanlagen verschiebt natürlich die Kapazitätsgrenze nach rechts. Ein langfristiger Betrachtungszeitraum hat auch zur Konsequenz, dass die fixen Kosten variabel werden.

Fixkosten beginnt sie im Ursprung des Koordinatensystems. Außerdem sind in diesem Fall TDK, VDK und GK identisch.

Übersicht 5.33 Lineare Kostenfunktion ohne Fixkosten

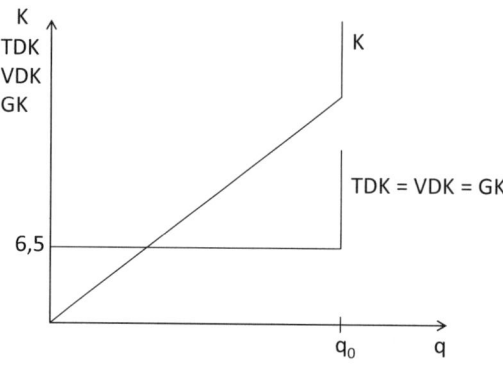

Kompliziertere Kostenfunktionen sind natürlich denkbar und werden im Folgenden behandelt:

Zweiter Fall: Nichtlineare Kostenfunktion

Die Gesamtkostenfunktion lautet:

$$K = q^3 - 2q^2 + 2q + 3$$

Es handelt sich um ein Polynom dritter Ordnung, bzw. eine kubische Kostenfunktion.

$$FK = 3 \text{ und } VK = q^3 - 2q^2 + 2q$$
$$TDK = q^2 - 2q + 2 + 3/q$$
$$VDK = q^2 - 2q + 2$$
$$GK = 3q^2 - 4q + 2$$

Die Abbildung dieser Gesamtkostenfunktion in einem Koordinatensystem hat prinzipiell das folgende Aussehen (siehe Übersicht 5.34):

Übersicht 5.34: Nichtlineare Gesamtkostenfunktion

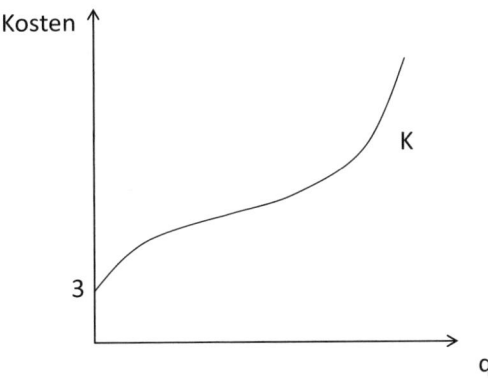

Dieser annähernd umgekehrt S-förmige Verlauf hat die Bezeichnung ertragsgesetzlicher Kostenverlauf. Die Darstellung der TDK, VDK und GK ist in der Übersicht 5.35 zu finden.

Übersicht 5.35: Durchschnitts- und Grenzkosten nichtlineare Kostenfunktion

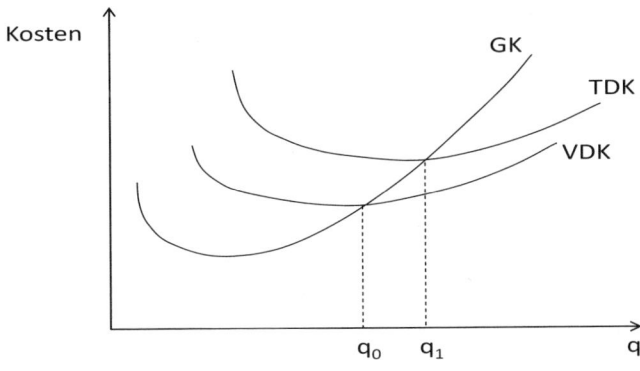

Die Kurvenverläufe lassen sich wie folgt inhaltlich erklären: Das Minimum der **variablen Durchschnittskosten (VDK)** ist niedriger als das Minimum der

totalen Durchschnittskosten (TDK) auf Grund der bei den letzteren hinzukommenden fixen Kosten.

Der vertikale Abstand zwischen den VDK und den TDK verringert sich mit wachsender Menge wegen der Verteilung der fixen Kosten auf einen immer größeren Output. Dieser senkrechte Abstand zwischen den TDK und den VDK sind die durchschnittlichen fixen Kosten.

Die **Grenzkostenfunktion (GK)** schneidet die TDK und die VDK-Funktionen jeweils in deren Minimum. Dies ergibt sich wie folgt: Falls die Kosten einer weiteren Outputeinheit (d.h. die Grenzkosten) geringer sind als die bisherigen Durchschnittskosten, müssen die Durchschnittskosten sinken. Die Durchschnittskosten werden nämlich dadurch „nach unten" gezogen. Liegen die Grenzkosten dagegen über den Durchschnittskosten erhöhen sich dadurch die Durchschnittskosten. Diese Überlegung gilt unabhängig davon, ob es sich um die VDK oder die TDK handelt. Beide Gedankengänge zusammen führen dazu, dass die GK die VDK- und die TDK-Funktion in deren jeweiligem Minimum schneidet.

Beispiel: Kauf von Wassermelonen

Die Argumentation wird hinsichtlich des Unterschieds von VDK und GK am Beispiel des Wassermelonenkaufs in einem Supermarkt noch einmal deutlich. In einer Sonderangebotsaktion werden Wassermelonen das Stück für 2.- € verkauft. Auf dem Sonderangebotstisch liegen ca. 40 Wassermelonen. Wir nehmen an, dass die Wassermelonen sich nur hinsichtlich der Größe und damit des Gewichts unterscheiden. Unser Student Manfred will 5 Melonen kaufen, da er eine größere Erstsemesterparty im Hochsommer feiert. Der Preis den er dafür zu zahlen hat, sind aus seiner Sicht Kosten. Da er nur für jede Melone zahlen muss, sind alle Kosten variabel. Als rationaler und nutzenmaximierender Verbraucher wird er als erstes die größte aller Wassermelonen in seinen Einkaufswagen legen. Als nächste Melone wandert die zweitgrößte auf dem Sonderangebotstisch auffindbare Melone in seinen Einkaufswagen. Das Gewicht der zusätzlich in den Wagen gelegten Melone ist das jeweilige Grenzgewicht, dies nimmt ab. Wie verändert sich aber das Durchschnittsgewicht aller in seinem Wagen befindlichen Melonen? Da die zweite Melone kleiner und damit leichter ist als die erste Melone, sinkt das Durchschnittsgewicht aller Melonen. Es ist aber gleichzeitig größer als das Grenzgewicht der letzten in den Einkaufswagen beförderten Melone. Dies ist bei jeder weiteren Melone der Fall, die kleiner ist als die bisher in den Einkaufswagen gelegten Melonen. Seine Grenzkosten pro 100 Gramm Melone steigen also und sind höher als seine variablen Durchschnittskosten pro 100 Gramm Melone, die sich in seinem Einkaufswagen insgesamt befinden.

5.3.3. Gewinnmaximierung, Grenzerlöse und Grenzkosten

In den vorangehenden beiden Abschnitten wurden zunächst die Produktionsfunktion als Grundlage der Kostenfunktion eingeführt, dann die verschiedenen Bestandteile der Kosten dargestellt und schließlich die Kostenfunktion erläutert. Im nächsten Schritt ist der Übergang zum **Angebot eines Unternehmens** auf einem Markt zu vollziehen.

Ziel der Anbieter, d.h. der Unternehmen auf einem Markt ist es, Gewinne zu machen. Wieso ist es sinnvoll, vom Gewinn als allgemeines Ziel auszugehen? Erstens ist der **Gewinn ein generelles Oberziel**, aus dem sich andere Ziele ableiten lassen. Solche Unter- bzw. Zwischenziele existieren natürlich in großer Vielfalt. Dazu gehören bspw. Qualitätsziele, Innovationsziele, Ziele hinsichtlich der Mitarbeiterschulung usw. Sie alle dienen letztlich aber der Gewinnorientierung des Unternehmens, d.h. leisten einen Beitrag zur Gewinnerzielung.

Zweitens ist die Erzielung eines Gewinns – zumindest langfristig – **Voraussetzung für Verbleib eines Unternehmens im Markt**, d.h. die Existenz des Unternehmens. Unternehmen, die nicht in der Lage sind profitabel zu arbeiten, werden aus dem Markt ausscheiden müssen, so dass die Unternehmen, die wir auf Märkten beobachten, Unternehmen sein müssen, die zumindest bisher ausreichend hohe Gewinne erzielt haben. Im Rahmen einer positiven Analyse ist die Annahme der Gewinnorientierung daher in jedem Fall sinnvoll.

Ausnahmen stellen in dieser Hinsicht Unternehmen dar, die als Non-Profit-Unternehmen andere Ziele verfolgen oder die dauerhaft (i. d. R. vom Staat) subventioniert werden. Probleme der Annahme der Gewinnerzielung können unter dem Aspekt der kurz- versus langfristigen Gewinnerzielung diskutiert werden und ergeben sich, weil auf Grund der Unsicherheiten zukünftiger Entwicklungen häufig erst ex-post feststellbar ist, ob eine ökonomische

Entscheidung tatsächlich zu Gewinnen geführt hat. Beide Aspekte werden hier ausgeklammert.[56]

Plausibel ist außerdem, dass der Gewinn möglichst groß ausfallen soll. Wenn dies der Fall ist, spricht man von Gewinnmaximierung. Der Gewinn (G) ist wie folgt definiert: **Gewinn = Erlös – Kosten**. Statt Erlös (R) wird der auch der Begriff Umsatz verwendet. Als Gleichung formuliert: G = R – K. Da Erlöse und Kosten von der produzierten und verkauften Menge abhängen, gilt dies auch für den Gewinn:

$$G(q) = R\,(q) - K\,(q) \qquad \text{mit: G = Gewinn, R = Erlös, q = produzierte Menge}$$

Der Erlös seinerseits ist definiert als Produkt aus Preis p und Menge: R = p × q. Für ein Unternehmen ist nicht die Absatzmenge, sondern eine wertmäßige Größe nämlich der Erlös, d.h. der Umsatz, relevant. Aus Sicht der Nachfrager handelt es sich um deren Ausgaben, bzw. Kosten.

5.3.4. Das Angebot eines Unternehmens

Auf einem Wettbewerbsmarkt (bzw. im Polypol), hat das einzelne Unternehmen keinen Einfluss auf den Marktpreis. Der Preis, den ein Unternehmen erzielt, ist der Gleichgewichtspreis (unter den Annahmen der vollständigen Konkurrenz). Eine andere Formulierung für diesen Sachverhalt ist, dass der **Preis für das einzelne Unternehmen exogen** gegeben ist. Eine zusätzliche Mengeneinheit eines Gutes ist zum Gleichgewichtspreis verkäuflich. Diesen Gleichgewichtspreis kürzen wir mit p* ab. Übersicht 5.36 gibt die Situation wieder. Auf dem Gesamtmarkt resultiert ein Gleichgewichtspreis (linkes Bild), der für das einzelne Unternehmen feststeht. Damit ist der Marktpreis mit dem Grenzerlös des Unternehmens identisch. Der Grenzerlös ist definiert als der Erlös einer weiteren produzierten und verkauften Einheit eines Gutes, d.h. $\dfrac{dR}{dq} = p*$.

---

[56] Das heißt, im Folgenden wird nur <u>eine</u> Periode betrachtet. Damit sind Probleme wie bspw. Abschreibungen und Rückstellungen bei der Gewinnermittlung irrelevant. Außerdem unterstellen wir vollständige Information, wodurch Risiken und echte Unsicherheit keine Rolle spielen.

Übersicht 5.36: Die Preis-Absatz-Funktion eines Unternehmens

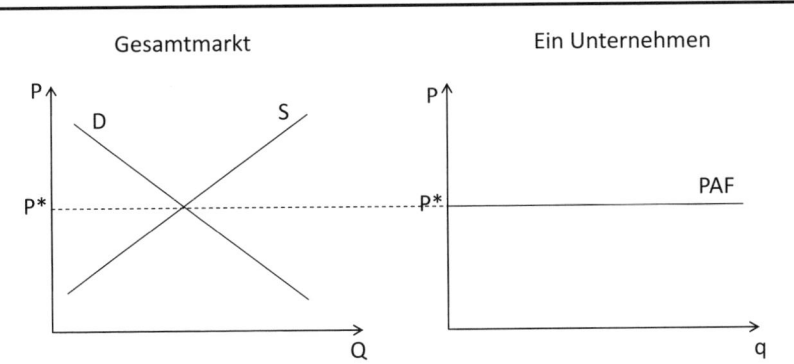

Die Preis-Absatz-Funktion (PAF) stellt den Zusammenhang zwischen Preis und abgesetzter Menge aus der Sicht eines einzelnen Unternehmens dar. Dies ist im Polypol (auf einem Wettbewerbsmarkt) eine Horizontale (rechtes Bild). Inhaltlich ergibt sich dies, weil das Unternehmen jede weitere von ihr produzierte Mengeneinheit q zum Preis p* verkaufen kann.

Die Erlös- und Kostenfunktion eines Polypolisten für den Fall einer linearen Kostenfunktion mit Fixkosten und unter Berücksichtigung einer (kurzfristig) vorhandenen Kapazitätsgrenze wird in der Übersicht 5.37 abgebildet.

Übersicht 5.37: Erlös- und Kostenfunktion eines Unternehmens

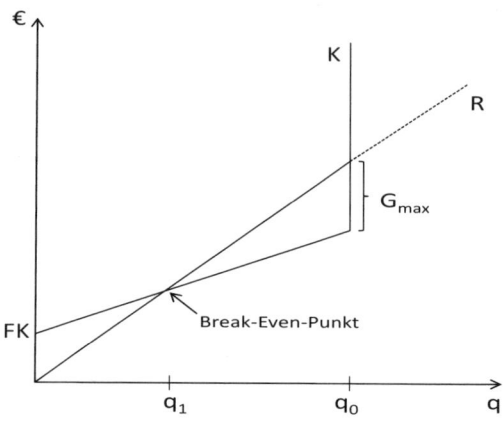

Der Gewinn entspricht dem vertikalen Abstand zwischen der Erlös- und der Kostenfunktion. Der maximal erzielbare Gewinn wird an der Kapazitätsgrenze q_0 erreicht. Er ist als G_{max} eingezeichnet. Ab der Outputmenge q_1 deckt der Erlös (d.h. der Umsatz) die Kosten. Dies ist der Break-Even-Punkt, anders formuliert die Gewinnschwelle.

Die gewinnmaximierende Produktionsmenge kann also durch das Suchen nach dem maximalen Abstand zwischen der Erlös- und der Kostenfunktion ermittelt werden. Bei komplizierteren Kosten- bzw. Erlösfunktionen ist dies aber eine wenig elegante Form der Bestimmung des Gewinnmaximums. Es bietet sich als Alternative an, direkt das Maximum der Gewinnfunktion analytisch zu berechnen.

Im Polypol gilt die Gewinnfunktion:

$$G(q) = p^* \times q - K(q)$$

Mathematisch betrachtet wird ein gewinnorientiertes Unternehmen diese Gewinnfunktion maximieren. Dazu wird die erste Ableitung der Gewinnfunktion gebildet und gleich Null gesetzt.[57]

---

[57] Im Rahmen der Extremwertberechnung von Funktionen spricht man von der Bedingung 1. Ordnung für ein (Gewinn-)Maximum. Um festzustellen, ob es sich um ein Maximum handelt, ist die zweite Ableitung der Gewinnfunktion zu bilden, die kleiner als Null ausfallen muss (Bedingung 2. Ordnung). Darüber hinaus ist zu prüfen, ob bei der so ermittelten gewinnmaximierenden Menge, die Fixkosten

$$\frac{dG}{dq} = p* - \frac{dK}{dq} = 0$$

Eine kleine Umstellung führt dann zu:

$$p* = \frac{dK}{dq}$$

Der Ausdruck $\frac{dK}{dq}$ ist die erste Ableitung der Gesamtkostenfunktion. Dies sind aber einfach die Grenzkosten GK, also:

P* = GK. Diese Gleichung ist die **Grenzkosten-Preis-Regel**.

Wichtig ist die ökonomische Interpretation dieses Ergebnisses. Die Gleichung besagt, dass ein gewinnmaximierendes Unternehmen die Menge q produzieren muss, bei der der Preis und die Grenzkosten genau übereinstimmen. Warum dies so ist, kann anhand von Abweichungen von dieser Übereinstimmung analysiert werden.

1. Fall: p* > GK

In dieser Situation erhält das Unternehmen einen Preis für eine zusätzlich produzierte Einheit, der über den Grenzkosten, also den Kosten der Produktion einer zusätzlichen Einheit, liegt. Es ist für das Unternehmen daher möglich, den Gewinn zu erhöhen, in dem weitere zusätzliche Einheiten hergestellt und verkauft werden.

2. Fall: p* < GK

Jetzt erlöst das Unternehmen für eine zusätzlich hergestellte Einheit weniger als diese zusätzliche Einheit das Unternehmen kostet. Ein gewinnmaximierender Betrieb reagiert darauf, indem er diese verlustbringende Produktion sein lässt. Die produzierte Menge wird verringert.

Graphisch sind diese Überlegungen ebenfalls gut darstell- und nachvollziehbar. Die untenstehende Grafik geht von der Kostenfunktion $K = 3 + q^2$ aus. Die dazugehörige Grenzkostenfunktion lautet GK = 2q. Im Schnittpunkt von Preis p* und Grenzkostenkurve ist die Grenzkosten-Preis-Regel erfüllt. Dies liegt im Punkt A bei der Menge q* vor.

---

gedeckt sind und ob es sich lediglich um ein lokales Maximum handelt. Im Folgenden wird vereinfachend lediglich die Bedingung 1. Ordnung betrachtet.

Übersicht 5.38: Grenzkosten- und Angebotsfunktion

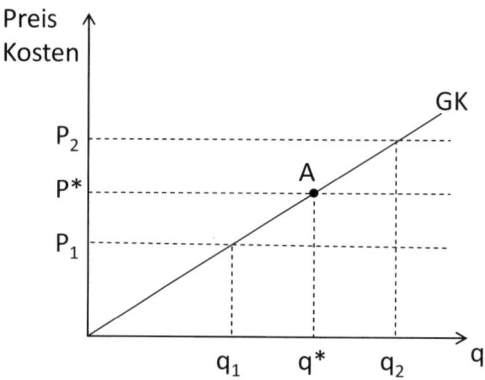

Beträgt der Gleichgewichtspreis auf dem Markt nicht p^* sondern p_1 oder p_2 wird das Unternehmen auf Grund der gleichen Überlegungen seine gewinnmaximierende Angebotsmenge verringern (auf q_1) bzw. erhöhen (auf q_2). Bei variierenden Preisen (p_1, p_2 bzw. jedem anderen gegebenen Gleichgewichtspreis) verändert er seine **gewinnmaximale Angebotsmenge** entlang der Grenzkostenfunktion. Die Angebotsfunktion des Unternehmens entspricht damit seiner Grenzkostenfunktion.

Die beiden oben betrachteten verschiedenen Kostenverläufe im Polypol werden jetzt wieder aufgegriffen, d.h. erstens eine lineare Kostenfunktion und zweitens eine nichtlineare Kostenfunktion betrachtet.

Fall 1. Lineare Kostenfunktion

Welche Mengen bietet das Unternehmen **kurzfristig** bei unterschiedlichen Preisen an? Liegt der Preis unterhalb von p_0 erfolgt kein Angebot, da nur Verluste zu machen sind. Der Preis ist kleiner als die Grenzkosten (die den VDK entsprechen), es kann kein Gewinn erzielt werden. Der Preis p_0 in Höhe der Grenzkosten ist für das Unternehmen eine (kurzfristige) Preisuntergrenze.

Übersicht 5.39: Angebotsmenge bei linearer Kostenfunktion

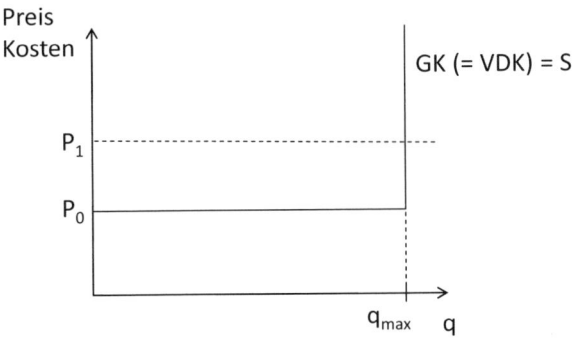

Was passiert, wenn der Preis größer ist als die Grenzkosten, bspw. p_1 beträgt? Wird dann eine unendliche große Menge produziert? Nein, die Angebotsmenge ergibt sich durch die **Kapazitätsgrenze** q_{max}. In der Abbildung werden an der Kapazitätsgrenze die Kosten einer weiteren Einheit unendlich groß, was zu einem senkrechten Verlauf der Grenzkostenfunktion führt. Insofern wird auch in diesem Fall die gewinnmaximale Angebotsmenge durch den Schnittpunkt von Preis und Grenzkostenfunktion bestimmt. Das Ergebnis ist natürlich inhaltlich identisch mit dem Resultat der Übersicht 5.37.

In langfristiger Hinsicht muss darüber hinaus berücksichtigt werden, dass Fixkosten existieren. Die langfristige Preisuntergrenze wird dann höher sein. Langfristig muss jedes Unternehmen seine gesamten Kosten decken, d.h. der Preis muss mindestens die totalen Durchschnittskosten (die TDK) decken. Dies wird in der Übersicht 5.40 abgebildet. Die langfristige Preisuntergrenze beträgt daher P_0.[58]

---

[58] Der aufmerksame Leser stellt hier fest, dass die Begrifflichkeit unscharf ist. „Langfristig" bezeichnet eigentlich eine Situation, in der es keine Fixkosten gibt und auch keine Kapazitätsgrenzen. Die Erläuterungen zu Übersicht 5.40 müssten daher besser von mittelfristig sprechen. Da in der Literatur aber üblicherweise nur kurz- und langfristig unterschieden werden, verzichten wir hier darauf.

Übersicht 5.40: Langfristige Preisuntergrenze bei linearer Kostenfunktion

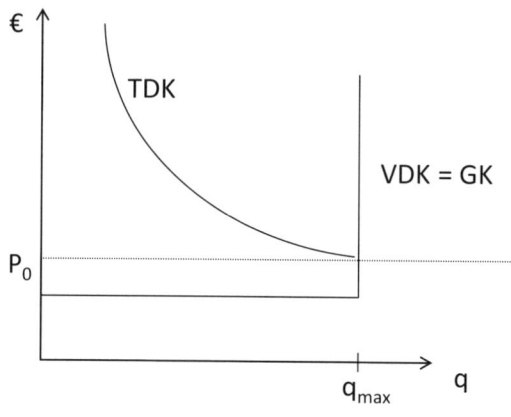

Fall 2. Nichtlineare Kostenfunktion

Wir gehen wieder von dem oben schon erläuterten ertragsgesetzlichen Kostenverlauf aus (siehe Übersicht 5.41):

Übersicht 5.41: Angebotsfunktion bei nichtlinearer Kostenfunktion

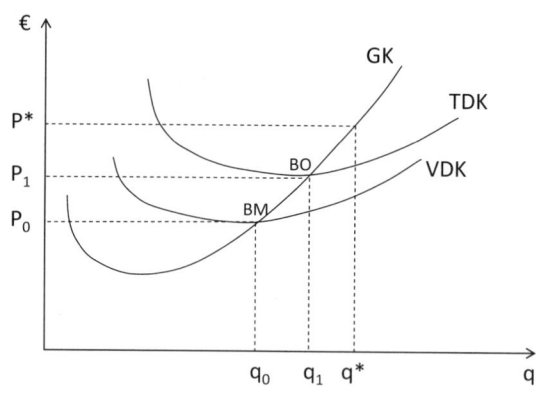

Bei der Ermittlung seiner gewinnmaximalen Angebotsmenge verfährt das Unternehmen ganz wie bekannt. Es legt seine Produktionsmenge mittels der

Grenzkosten-Preis-Regel fest. Wenn p* der exogen gegebene Marktpreis ist, wird die Menge q* hergestellt, denn hier gilt: p* = GK.

Bei anderen gegebenen Marktpreisen variiert das Unternehmen seine angebotene Menge entlang der Grenzkostenfunktion. Die kurzfristige Preisuntergrenze beträgt in diesem Fall p_0. Dieser kurzfristig von Unternehmen noch akzeptierte minimale Preis entspricht dem Minimum der variablen Durchschnittskosten (VDK). Dieser Punkt wird als **Betriebsminimum** bezeichnet, hier abgekürzt als BM. Langfristig müssen, wie wir wissen, alle Unternehmen ihre gesamten Durchschnittskosten wieder einfahren. Die langfristige Preisuntergrenze befindet sich aus diesem Grund bei dem Minimum der totalen Durchschnittskosten (TDK). Die in der Betriebswirtschaftslehre gängige Bezeichnung für diesen Punkt lautet **Betriebsoptimum** (hier BO).[59]

Die Angebotsfunktion dieses Unternehmens entspricht also kurzfristig seiner Grenzkostenfunktion ab dem Betriebsminimum und langfristig ab dem Betriebsoptimum.

Eine alternative Ermittlung der gewinnmaximierenden Produktionsmenge auf der Grundlage der Erlös- und (Gesamt-) Kostenfunktionen enthält Übersicht 5.42.

Übersicht 5.42: Erlös- und Gesamtkostenfunktion

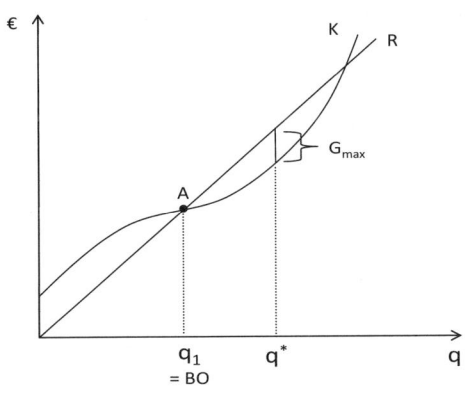

---

[59] Auch hier ist der Begriff „langfristig" problematisch (da ja noch Fixkosten existieren), ebenso wie der Ausdruck „Betriebsoptimum", da dieses (i.d.R.) nicht dem Gewinnmaximum entspricht.

Bei q* ist der Gewinn, d.h. der vertikale Abstand zwischen R und K, maximal. Das Betriebsoptimum BO liegt bei der Menge q_1. Inhalt und Herleitung dieser Aussage sollten keine Probleme mehr bereiten.

Praktisches Beispiel: Betrieb eines Skilifts

Die wichtigsten Erkenntnisse werden noch einmal anhand eines Beispiels verdeutlicht. Es geht um den Betrieb eines Skilifts in Garmisch-Partenkirchen in Oberbayern. Die Kosten werden vereinfachend in die beiden Kategorien fix und variabel aufgeteilt.

Fixe Kosten: Die Liftanlage mit Abfertigungshaus, Seilanlage und Sesseln sowie Kosten für das Grundstück, auf dem die Skipiste sich befindet. Es entstehen somit als fixe Kosten die damit verbundenen Zahlungen an die finanzierende Bank in Form von Tilgungsraten und Zinsen sowie Pacht für das Grundstück, das für 10 Jahre gepachtet werden musste.

Variable Kosten: Die Stromkosten für den Liftbetrieb sowie die Personalkosten für drei Mitarbeiter (einer zum Kartenverkauf, einer unten zur Einstiegshilfe und einer oben für den Ausstieg). Diese Personalkosten sind variabel, da wir unterstellen, dass die drei Mitarbeiter täglich auf Abruf einsetzbar sind und mit Tagessätzen entlohnt werden.

Insgesamt zeichnet sich der Liftbetrieb durch einen sehr hohen Anteil von fixen Kosten aus. Welche Überlegungen stellt der Geschäftsführer des Skilifts an, wenn er vor der Entscheidung steht, in der dritten Januarwoche den Lift am Dienstag zu öffnen oder geschlossen zu halten? Er muss dabei einkalkulieren, dass es sich um eine Zwischensaison handelt und an diesem Dienstag nur mit relativ geringen Besucherzahlen für den Skilift zu rechnen ist. Die Frage „öffnen oder nicht?" ist letztlich das Problem, welche zusätzlichen Erlöse an diesem Dienstag zu erwarten sind im Vergleich mit den zusätzlichen Personal- und Stromkosten für diesen Tag. Sind die (erwarteten) zusätzlichen Erlöse höher als die zusätzlichen Kosten wird er den Lift an diesem Tag in Betrieb nehmen. Im umgekehrten Fall bleibt der Lift geschlossen.

Das Beispiel illustriert einige grundsätzliche ökonomische Ergebnisse dieses Kapitels. Erstens führt ein rational handelnder Geschäftsführer eine **Marginalanalyse** durch.[60] Er vergleicht nämlich die zusätzlichen Kosten (Grenzkosten) mit den zusätzlichen Erlösen (Grenzerlösen). Wobei hier die variablen Kosten und die Grenzkosten übereinstimmen und er sich überlegt, dass

---

[60] Und zwar völlig unabhängig davon, ob er diesen Begriff kennt oder sich dessen bewusst ist.

die Deckung der variablen Kosten eine Untergrenze seines Geschäftsbetriebs darstellt.[61] Zweitens sind für ihn die fixen Kosten bei seiner Entscheidung irrelevant. An diesem Dienstag decken die Erlöse der Lifttickets kaum die totalen Durchschnittskosten, aber es genügt, wenn sie (mindestens) die variablen Durchschnittskosten einbringen. Er wird also einen **Deckungsbeitrag** aus dem Öffnen des Liftes erwirtschaften und dies ist kurzfristig ausreichend. Langfristig muss der Betrieb des Liftes selbstverständlich auch die Zahlungen an die kreditgebende Bank und die Pacht einbringen. D.h. langfristig sind die totalen Durchschnittskosten des Liftbetriebs die relevante Untergrenze seiner Preis- und Erlöskalkulation. Er kann dies erreichen, wenn seine Preise in der Hauptsaison ausreichend hoch sind, so dass er im Verlauf eines Jahres mindestens seine gesamten Durchschnittskosten erlöst.

Dieses Praxisbeispiel macht auch zwei Problempunkte deutlich, die in den Standard-Textbüchern oft nicht angesprochen werden.

Erstens wird stillschweigend unterstellt, dass die unternehmerische Entscheidung, um die es geht, die Frage der Produktion weiterer Gütereinheiten ist (bspw. zusätzlicher Pkw in der Automobilindustrie oder der Menge von 200-Gramm-Tüten Gummibärchen). In der Praxis beziehen sich die unternehmerischen Entscheidungen aber auf sehr unterschiedliche Outputgrößen (nicht nur Gütereinheiten). Ein Skiliftbetreiber steht nicht vor der Entscheidung einen Skifahrer mehr zu befördern. Es geht eher um folgende Entscheidungen: Den Lift eine Stunde zusätzlich zu öffnen, den Lift einen Tag zusätzlich zu betreiben, die Liftkapazitäten durch einen Doppel- oder Vierer-Sessellift zu erhöhen, eine weitere komplette Liftanlage zu errichten oder ein völlig neues Skigebiet mit mehreren Liftanlagen zu erschließen. Jede dieser Entscheidungen ist mit jeweils spezifischen Grenzkosten und Grenzerlösen verbunden. Solche **entscheidungsorientierten Kosten- und Erlösbetrachtungen** können eingesetzt werden, um die jeweils gewinnmaximierende Lösung zu finden. Je nach der vorliegenden Entscheidung existieren unterschiedliche Kosten, die unabhängig davon, welche Entscheidung gefällt wird, auftreten. Solche durch die Entscheidungen nicht mehr zu beeinflussenden Kosten sind entscheidungsirrelevant. Zu ihnen gehören jeweils die Fixkosten aber auch die weiter oben erwähnten versunkenen Kosten und die Gemeinkosten. Welche Kosten jeweils als Fix-, versunken oder Gemeinkosten zu betrachten sind, hängt also von dem jeweiligen unternehmerischen Entscheidungsproblem ab!

---

[61] Im Beispiel handelt es sich um eine Erlösuntergrenze. Bei der Produktion von Mengeneinheiten eines Gutes ist das eine Preisuntergrenze.

Zweitens müssen bei unternehmerischen Entscheidungen mögliche Zusammenhänge berücksichtigt werden, die in den einfachsten Kosten-Erlösmodellen keine Berücksichtigung finden. Dies sind bspw. **Interdependenzen** bei Mehrproduktunternehmen. Ist der Liftbetreiber gleichzeitig auch Hotelier und Restaurantbesitzer am Ort, muss er die Auswirkungen der Liftöffnung oder Liftschließung auf Übernachtungen und Restaurantumsätze einbeziehen. Zeitliche Interdependenzen sind ggf. ebenfalls relevant. Wenn er den Lift an diesem Dienstag schließt, wie werden die potentiellen Liftbenutzer in der Zukunft darauf reagieren? Eventuell werden Erwartungen der Skiläufer (Stammkunden) enttäuscht, die dann auch am Wochenende nicht mehr kommen.

Alle diese Gesichtspunkte erhöhen die Komplexität der betriebswirtschaftlichen Entscheidungen deutlich. Vor dem Hintergrund der einfachen Modelle sind sie aber erheblich besser nachvollziehbar. Unsere einfachen Modelle liefern uns sinnvolle Orientierungshilfen, um im unübersehbaren Wust der praktischen Probleme nicht den Überblick zu verlieren.

5.4. Das Gesamtangebot

Das Angebot eines einzelnen Unternehmens bei unterschiedlichen Marktpreisen basiert auf seinen Grenzkosten. Wie kommt aber das Angebot auf dem gesamten Markt eines Gutes zustande? Das Ergebnis kann hier vorweggenommen werden, da keine überraschenden neuen Überlegungen hinzukommen. Das **Gesamtangebot** ist die **Summe der Teilangebote der einzelnen gewinnmaximierenden Produzenten**. Es ist nur zu klären, wie exakt diese Aufsummierung der Einzelmengen von statten geht. Dies wird anhand des folgenden Modells erläutert.

Für den Markt eines Gutes sollen diese Annahmen gültig sein:
- 5 verschiedene Produzenten (= Anbieter)
- gewinnmaximierendes Verhalten wie im Polypol
- unterschiedliche hohe Grenzkosten der Anbieter
- alle Anbieter haben konstante Grenzkosten (d.h. damit auch GK = VDK)
- kurzfristige Betrachtung (d.h. Fixkosten sind irrelevant, gegebene
  - Produktionskapazitäten)

Die Übersicht 5.43 illustriert das Vorgehen bei der Ermittlung der Angebotsfunktion auf dem Markt.

Die Anbieter werden nach der Höhe ihrer Grenzkosten sortiert. Bei einem sehr niedrigen Preis P_1 wird auch das Unternehmen 1 mit seinem niedrigen Grenzkostenniveau GK_1 nichts produzieren, d.h. anbieten.

Übersicht 5.43: Das Gesamtangebot bei linearen Kostenfunktionen

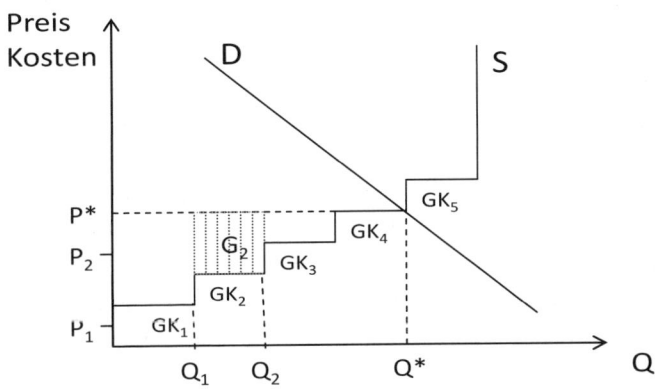

Steigt der Marktpreis auf den Preis P_2 produzieren die Unternehmen 1 und 2, da ihre Grenzkosten gedeckt werden. Dies setzt sich bis p* fort.. Das Niveau der Treppenstufen gibt die Höhe der Grenzkosten des jeweiligen Anbieters wieder. Die Breite der Treppenstufen entspricht der Produktionskapazität des jeweiligen Anbieters. Bspw. hat Anbieter 1 eine Produktionskapazität in Höhe von Q_1 und Anbieter 2 eine Produktionskapazität im Umfang der Strecke von Q_1 bis Q_2. Im Ergebnis ist die Angebotsfunktion auf einem Gesamtmarkt nichts anderes als die horizontal aggregierte Grenzkostenfunktion aller Unternehmen auf diesem Markt.

Dieses Resultat kann um eine Reihe von Aspekten ergänzt werden. Es ist festzuhalten, dass die Nachfrage darüber entscheidet, wie viele Anbieter zum Zuge kommen. Hier scheidet der Anbieter 5 aus dem Markt aus, da $GK_5 > P^*$. Anbieter 4 ist der sogenannte **Grenzanbieter**, bei ihm gilt, dass der Preis genau die Grenzkosten deckt ($P^* = GK_4$). Dieser verbleibt bei kurzfristiger Betrachtung gerade noch im Markt. Für sämtliche anderen Anbieter – die ja alle den Preis P^* erzielen – ergibt sich, dass der Preis P^* über den Grenzkosten liegt. Inwieweit sie dadurch Gewinne machen, hängt von der Höhe der Fixkosten der einzelnen

Unternehmen ab. Nehmen wir an, dass keine Fixkosten existieren (d.h. GK = VDK = TDK), dann erzielt bspw. Anbieter 2 einen Gewinn im Umfang G_2.

Aus dem Schnittpunkt der so gewonnenen Angebotsfunktion und der Nachfragefunktion resultieren der Gleichgewichtspreis P* und die Gleichgewichtsmenge Q*.

Betrachten wir einen Markt mit sehr vielen kleinen Unternehmen, d.h. ein Polypol, dann führt die horizontale **Aggregation der GK über sehr viele Anbieter** zur üblichen Angebotsfunktion.

Diese prinzipielle Vorgehensweise ändert sich bei steigenden Grenzkosten oder nichtlinearen Grenzkosten nicht. Es gilt auch hier: Die Gesamtangebotskurve, d.h. die Angebotsfunktion auf dem Markt, ist die horizontale Summe der individuellen Angebotskurven der einzelnen Produzenten. Bei der Herleitung der Gesamtangebotskurve ist lediglich zu berücksichtigen, dass die Angebotskurve (kurzfristig) mit der Grenzkostenfunktion ab dem Minimum der VDK, d.h. dem Betriebsminimum, übereinstimmt (siehe Übersicht 5.44).[62] Es sind daher nur die Teile der Grenzkostenfunktion eines Produzenten ab dem jeweiligen Minimum der VDK relevant.

Übersicht 5.44: Gesamtangebot bei nichtlinearen Kostenfunktionen

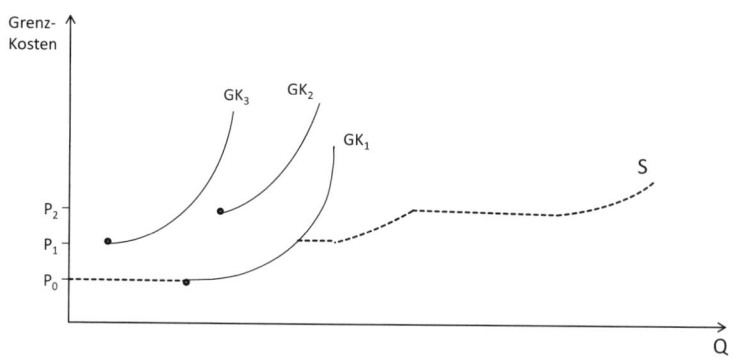

Für die Ermittlung der Gesamtangebotsfunktion werden die angebotenen Mengen der drei Anbieter mit den Grenzkosten GK_1, GK_2 und GK_3 aufsummiert (d.h. horizontal aggregiert). Bei sehr vielen kleinen Unternehmen kommt tendenziell

---

[62] Langfristig entspricht die Angebotsfunktion der Grenzkostenfunktion ab dem Minimum der TDK, d.h. dem Betriebsoptimum.

eine „glatte" kontinuierlich steigende Angebotsfunktion auf dem Gesamtmarkt zustande. Diese kann vereinfacht als Gerade eingezeichnet werden (siehe Übersicht 5.45).

Übersicht 5.45: Der Gesamtmarkt

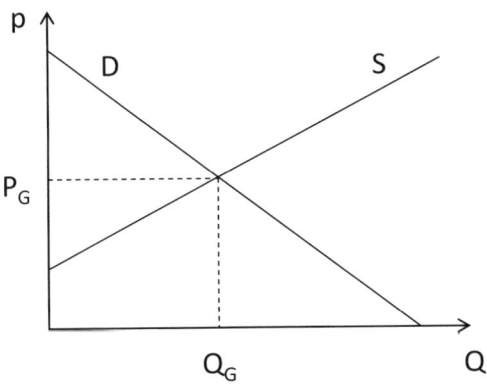

Wie aus diesen Überlegungen ersichtlich, wird mit steigenden Marktpreisen mehr angeboten. Diese Erkenntnis (**höhere Preise → höhere Angebotsmengen**) kann damit begründet werden, dass bei höheren Preisen das Angebot attraktiver wird (da bessere Erlös- und Gewinnaussichten), so dass die bestehenden Anbieter ihre Produktionskapazitäten ausschöpfen und zusätzlich andere Unternehmen auf dem Markt anbieten, die auf Grund ihrer Kostenstruktur bei geringeren Preisen nicht produzieren. Diese Aussage gilt bei kurz- und bei langfristiger Betrachtung. Es wird auch deutlich, dass bei einem geringen Preis eventuell gar kein Angebot existiert, d.h. auch kein Markt zu Stande kommt. Noch einmal zur Wiederholung: Wie kann dies ökonomisch abgeleitet werden?

- Erstens verhindert die Kostenstruktur der Unternehmen ein Angebot bei einem zu niedrigen Preis, weil die (variablen) Kosten durch die Erlöse nicht gedeckt werden können.
- Zweitens lohnt sich die Produktion nur dann, wenn es keine lukrativeren Alternativen gibt. Wie bereits weiter oben zu den Determinanten der Angebotsmenge erwähnt, hat aber auch der Preis anderer Güter Einfluss auf das Angebot. Wenn bspw. ein Unternehmen, das Gummibärchen herstellt, seine Maschinen alternativ auch für die Produktion von Lakritz

verwenden kann, womit sich bei annähernd gleichen Produktionskosten wesentlich höhere Verkaufspreise erzielen lassen, wäre es ein Verstoß gegen das Wirtschaftlichkeitsprinzip, wenn es dennoch Gummibärchen anbietet.

An folgendem Zahlenbeispiel wird die Herleitung der Angebotsfunktion noch einmal illustriert:

Beispiel Thüringer Schwarzbiermarkt

Für den Thüringer Markt für Schwarzbier des Jahres 2012 zeigt sich folgendes Bild. Die produzierten Mengen werden dabei in der Einheit „Tausend Liter" gemessen, d.h. die Apoldo AG stellt bei einem Preis von 2,50 € 160.000 Liter Schwarzbier her. Weiterhin ist das Angebot der drei Brauereien in der hier betrachteten kurzen Frist durch eine Kapazitätsgrenze ihrer Brauanlagen (Apoldo AG und Röstritzer KG: 160.000 Liter, Öffinger GmbH: 180.000 Liter) beschränkt.

Übersicht 5.46: Angebotstabelle für den Schwarzbier-Markt

Anbieter / Preis	Apoldo AG	Öffinger GmbH	Röstritzer KG	Summe
0,25 Euro	0	0	0	0
0,50 Euro	0	100	0	100
1,00 Euro	80	120	0	200
1,50 Euro	160	140	0	300
2,00 Euro	160	160	80	400
2,50 Euro	160	180	160	500

Die Anbieter treten erst dann in den Markt ein, d.h. weisen eine positive Angebotsmenge auf, sofern sich die Produktion für sie „lohnt", d.h. die (variablen) Produktionskosten über den Erlös gedeckt werden. Dies ist bei einem Preis von 0,25 € pro Liter nicht der Fall. Erst ab 50 Cent pro Liter wird die Produktion aufgenommen. Dies geschieht seitens der Öffinger GmbH, die in

Gotha produziert und die geringsten Kosten aller Anbieter aufweist. Ab einem Preis von 1,00 € pro Liter nimmt die Apoldo AG die Produktion auf. Der weitere Ablauf ist aus der Angebotstabelle ablesbar. Das Gesamtangebot auf dem Markt steht in der letzten Spalte und berechnet sich als Summe der Angebote der drei Brauereien. Bei einem Preis von 2,50 € beträgt das Gesamtangebot 500.000 Liter.

Praktisches Beispiel: Grenzkosten der Stromproduktion

Die Grenzkosten der Stromproduktion sind abhängig vom jeweiligen Energieträger (Kernenergie, Braunkohle, Steinkohle usw.) sehr unterschiedlich hoch. Die Übersicht 5.47 gibt den Verlauf der resultierenden Gesamtangebotsfunktion im Jahr 2006 für Deutschland wieder. Diese aufsteigende Sortierung nach der Höhe der Grenzkosten wird in der Elektrizitätsindustrie als „Merit Order" bezeichnet. Es wird deutlich, dass Heizöl- und Gaskraftwerke die Grenzanbieter darstellen. Der Strompreis ergibt sich aus dem Schnittpunkt von Nachfrage und Angebotsfunktion, wobei die TDK (kurzfristig) keine Rolle spielen.

Übersicht 5.47: Die Grenzkosten der Elektrizitätsproduktion in Deutschland

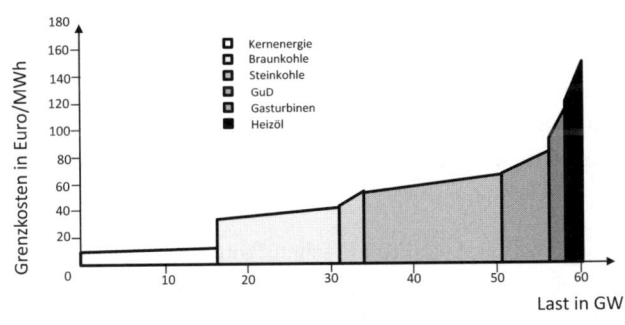

Quelle: Brunekreft/ Meyer (2011)

Beispiel: Empirische Ermittlung einer Kostenfunktion

Einflussfaktoren und Verläufe von Kostenfunktionen können bspw. mit dem statistischen Verfahren der Regressionsanalyse ermittelt werden.[63] Die folgenden Ergebnisse beziehen sich auf die Totalen Durchschnittskosten (TDK) der Linienfluggesellschaften Mitte der 1980er Jahre. Die TDK werden erfasst als Gesamtkosten der jeweiligen Fluggesellschaft dividiert durch die geflogenen Tonnenkilometer. Die geflogenen, d.h. transportierten, Tonnenkilometer sind ein Maßstab um die verschiedenen Outputs der Fluggesellschaften zusammenzufassen. Die Unternehmen sind Mehrproduktunternehmen, da in jedem Fall neben Passagieren zumindest auch Fracht transportiert wird. Darüber hinaus handelt es sich nicht um ein homogenes Gut, da verschiedene Outputcharakteristika Einfluss auf die Kosten haben. Dazu gehören neben der Differenzierung von Fracht und Passagieren u.a. die durchschnittliche Flugzeuggröße, der Unterschied von Charter- und Linienflugverkehr, die eher nationale oder internationale Ausrichtung des Streckennetzes und die Zahl der angeflogenen Destinationen. Die Regressionsanalyse erlaubt es, den isolierten Einfluss aller dieser Faktoren auf die TDK zu ermitteln. Dazu wird eine Kostenfunktion spezifiziert, die wie folgt aussieht:

$$TDK = a + b \cdot Q + c \cdot Q^2 + d \cdot Y + e \cdot Z + \dots\dots \text{u.s.w.}$$

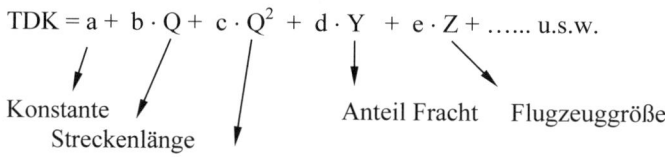

Konstante
  Streckenlänge   Anteil Fracht   Flugzeuggröße
    quadrierte Streckenlänge

Die Frage ist, in welcher Weise die durchschnittliche Streckenlänge des Flugnetzes einer Fluggesellschaft die TDK beeinflusst. Der Output Q ist hier also die Streckenlänge.

Andere Einflussfaktoren sind der Anteil des Frachtaufkommens (Variable Y), die durchschnittliche Flugzeuggröße (Variable Z) usw. Die Parameter a, b, c usw. werden im Rahmen der Regressionsanalyse ermittelt (sogenannte Schätzung der Parameter). Sie geben jeweils an, wie sich die TDK verändern, wenn die jeweilige Variable sich um eine Einheit erhöht, wobei der Einfluss aller anderen Variablen konstant gehalten wird. Die Parameterschätzungen sind daher nichts

---

[63] Die Regressionsanalyse gehört zur Vielzahl der modernen statistischen Verfahren der Datenanalyse. Speziell in der VWL werden diese Methoden unter dem Oberbegriff Ökonometrie zusammengefasst und sind Teil jedes volkswirtschaftlichen Studiums. Dabei ist die Regressionsanalyse ein umfassender Ansatz mit dem die verschiedensten Problemstellungen und Datensätze untersucht werden können. Sie wird daher zunehmend auch in der BWL eingesetzt. Eine Einführung und Übersicht mit praktischen Beispielen aus der BWL geben Backhaus et al. (2015) und Stoetzer (2017).

anderes als der marginale Einfluss der jeweiligen Variable bei einer ceteris-paribus-Betrachtung. Die TDK werden in US-$ pro Tonnenkilometer gemessen und logarithmiert (= lnTDK). Das Ergebnis für den Einfluss der durchschnittlichen Streckenlänge in tausend Kilometern ist:

$$\text{lnTDK} = 2,38 - 0,485q + 0,162\, q^2 + ...$$

Diese Resultate sind in der Übersicht 5.48 abgebildet:

Übersicht 5.48: Totale Durchschnittskosten in Linienflugverkehr

ln TDK in US-$

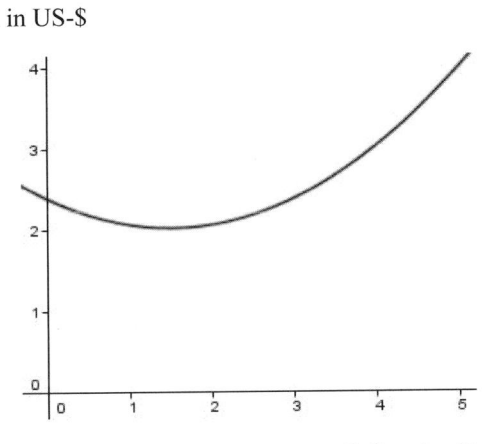

Q Streckenlänge in Tausend km

Die TDK zeigt einen nichtlinearen Verlauf, d.h. die gesamten Durchschnittskosten sinken zunächst und steigen dann wieder. Das Minimum liegt bei einer durchschnittlichen Streckenlänge von 1497 km. Dieser Verlauf ist plausibel, da erstens im Flugverkehr jeder Start eines Flugzeugs mit einer Reihe von fixen Kosten verbunden ist, die unabhängig von der geflogenen Entfernung, d.h. der Streckenlänge, entstehen (Start- und Landegebühren, Abfertigungs- und Handlingkosten am Boden). Zweitens ist der Treibstoffverbrauch beim Start und der Landung eines Flugzeugs sehr hoch und erheblich geringer, wenn die Reiseflughöhe erreicht ist.

Quelle: Stoetzer (1991)

6. Wettbewerbsmärkte

6.1. Soziale Wohlfahrt, Konsumenten- und Produzentenrente

Die ökonomische Vorteilhaftigkeit des Marktprozesses wird mit der Sozialen Wohlfahrt erfasst. Die **Soziale Wohlfahrt** ist in der Mikroökonomie definiert als die Summe aus Konsumenten- und Produzentenrente. Zur Erläuterung zeigt die folgende Übersicht noch einmal einen Markt mit Angebot, Nachfrage und resultierendem Gleichgewicht.

Übersicht 6.1: Die Soziale Wohlfahrt

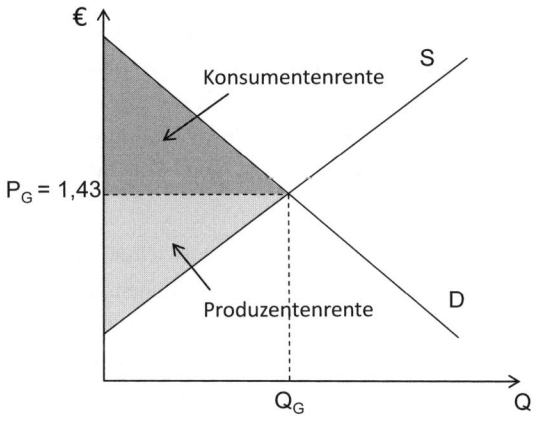

Die Nachfragefunktion D ist die aggregierte maximale Zahlungsbereitschaft der Nachfrager. Die Konsumenten müssen aber auf einem Wettbewerbsmarkt nur den Gleichgewichtspreis p_G (bspw. 1,43 Euro für die 500-Gramm Tüte Gummibärchen) zahlen. Alle Haushalte, die bereit wären auch 2,- oder 3,- Euro usw. auszugeben, aber nur 1,43 pro 500 Gramm Tüte bezahlen müssen, haben einen Vorteil. Sie erzielen eine sogenannte Konsumentenrente. Sie ist die Differenz zwischen dem Preis den sie maximal zu zahlen bereit sind und dem tatsächlich zu zahlenden Preis von 1,43 Euro.

Die **Konsumentenrente** entspricht also den vertikalen Abständen zwischen Nachfragekurve und der horizontale Linie bei 1,43 aufsummiert über alle Haushalte. Die Konsumentenrente ist in der Übersicht 6.1 das dunkelgrau hinterlegte Dreieck oberhalb des Gleichgewichtspreises.

Die Angebotsfunktion S ergibt sich aus den aggregierten Grenzkosten der Produzenten und stellt daher die Preisuntergrenze dar. Auf der Angebotsseite haben alle Unternehmen, die bereit sind bei einem Preis von 1,- oder 1,20 Euro zu produzieren und zu verkaufen, einen Vorteil, da der Gleichgewichtspreis, der am Markt zu erzielen ist, bei 1,43 liegt. Die Differenz ist der Gewinn, den der Produzent für die jeweilige produzierte und verkaufte Mengeneinheit erzielt. Aufsummiert über alle Anbieter resultiert die **Produzentenrente**. Sie ist in der Übersicht 6.1 das hellgrau unterlegte Dreieck. Wenn keine Fixkosten zu berücksichtigen sind (bspw. bei einer langfristigen Betrachtung), ist die Produzentenrente die Summe der Gewinne aller Anbieter.

Zusammenfassend lässt sich feststellen, dass die Soziale Wohlfahrt als Summe von Produzenten- und Konsumentenrente definiert ist. Es handelt sich um einen Indikator, bzw. Maßstab für die Vorteile, die sich für eine Gesellschaft aus den Tauschvorgängen auf Märkten ergeben. Sie lässt sich als Zusammenfassung von Consumer Value und Producer Value verstehen und ist insoweit umfassender und ggf. besser geeignet als die gängige Shareholder- und Stakeholder-Value Betrachtung.

Übersicht 6.2 illustriert, wie sich die Soziale Wohlfahrt entwickelt, wenn mehr als die Gleichgewichtsmenge produziert wird. Da die zusätzlichen Kosten (dies ist die Angebotsfunktion S, die ja den aggregierten Grenzkosten aller Anbieter entspricht), bei Produktionsmengen größer als Q_G höher sind als die zusätzlichen Nutzen (erfasst über die maximalen Zahlungsbereitschaften mittels der Nachfragefunktion D), resultiert ein Wohlfahrtsverlust. Bei Q_1 ist der Wohlfahrtsverlust gleich dem dunkel hinterlegten Dreieck. Er wird auch als **Deadweight Loss** bezeichnet.

Zusammenfassend ergibt sich, dass unter den Annahmen der vollständigen Konkurrenz die Soziale Wohlfahrt maximiert wird (im Gleichgewicht bei P_G und Q_G). Ein gewinn- bzw. nutzenmaximierendes Verhalten der Unternehmen und Konsumenten ist insoweit für alle vorteilhaft. Dies gilt also nicht nur bei einer positiven Betrachtung sondern auch unter normativen Aspekten, wenn wir vom Ziel „Soziale Wohlfahrt maximieren" ausgehen.

Übersicht 6.2: Sozialer Wohlfahrtsverlust bei zu großer Produktion

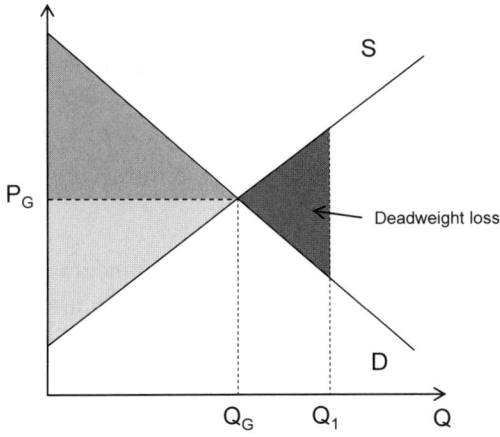

6.2. Funktionen der Preise auf Wettbewerbsmärkten

Die Soziale Wohlfahrt ist ein eher formal-abstrakter Indikator der Vorteilhaftigkeit von Marktprozessen. Dies gilt allgemein für die Analyse von Gleichgewichtspreis und Gleichgewichtsmenge mittels Preis-Mengen-Diagrammen. Die dezentrale Koordination der Wirtschaftsprozesse über Märkte basiert auf der freien Preisbildung. Tatsächlich erfüllt der Preis in einer Marktwirtschaft, die ja darauf beruht, dass auf den Märkten Wettbewerb existiert, eine Vielzahl von Aufgaben, die bei der Fokussierung auf Gleichgewichte und Maximierung der Sozialen Wohlfahrt, leicht übersehen werden. Die Preise der Millionen von Gütern und Produktionsfaktoren steuern eine Marktwirtschaft wie eine unsichtbare Hand. Diese Steuerungsleistung der freien Preisbildung kann mittels der verschiedenen Funktionen des Preises analysiert werden. Genauer sind die folgenden sechs Funktionen zu unterscheiden:

Allokationsfunktion

Preise sorgen dafür, dass sämtliche Ressourcen (Produktionsfaktoren und Güter) dort eingesetzt werden bzw. dorthin gelangen, wo sie am dringendsten benötigt, d.h. nachgefragt werden. Dies resultiert, weil die Ressourcen nur der erhält, der den Marktpreis zu zahlen bereit ist. Es hat bspw. zur Folge, dass die für die Produktion eingesetzten Produktionsfaktoren nicht verschwendet werden.

Ausgleichsfunktion

Angebot und Nachfrage der Güter und Produktionsfaktoren werden durch den Preismechanismus und den Gleichgewichtspreis zum Ausgleich gebracht. Die Unternehmen können bspw. (tendenziell) die geplanten Mengen absetzen und die Haushalte die geplanten Mengen kaufen.

Koordinationsfunktion

Die Preise signalisieren den Unternehmen welche Güter sie produzieren und welche Produktionsfaktoren sie einsetzen sollten (bzw. welche sie nicht bzw. weniger produzieren und einsetzen sollten). Entsprechendes gilt für die privaten Haushalte.

Distributionsfunktion

Preise bewerten die vorhandenen Güter und Produktionsfaktoren. Sie sorgen für die Verteilung der knappen Güter auf die Nachfrager, d.h. die Wirtschaftssubjekte, die ein Gut zum Marktpreis nicht kaufen wollen oder können, werden vom Bezug des Gutes ausgeschlossen. Die Bewertung der Produktionsfaktoren mit ihren Faktorpreisen führt zu entsprechenden Arbeits- und sonstigen Einkommen.

Sanktionsfunktion

Grenzanbieter müssen ggf. ausscheiden; d.h. die Anbieter mit den höchsten Kosten werden vom Markt verdrängt und es verbleiben nur effiziente Unternehmen am Markt. Das Unternehmen aus diesem Grund oder weil sie keine Güter herstellen, die nachgefragt werden, ist notwendiger Bestandteil des Wettbewrebsprozesses.

Signal- und Anreizfunktion

Preise informieren die Wirtschaftssubjekte über Produktions- und Konsummöglichkeiten und geben ggf. Anreize dieses Verhalten zu ändern. Bspw. lösten die steigenden Erdölpreise der ersten und zweiten Erdölkrise 1972/73 und 1979 folgende (langfristigen) Substitutions- und Anpassungsprozesse aus:

- PKW's mit niedrigerem Benzinverbrauch
- Ölheizungen mit neuen Technologien

- Wärmedämmung von Häusern
- Erdölförderung in der Nordsee
- Exploration von Erdölsänden
- Erschließung anderer Energiequellen (Erdgas, erneuerbare Energien usw.)

Solche Produkt- und Prozessinnovationen sowie die Erschließung neuer Märkte sind ebenfalls ein wesentliches Resultat der freien Preisbildung.

Als Fazit ist festzustellen, dass Eingriffe in den Preismechanismus (durch den Staat oder durch Kartelle) alle diese Funktionen berühren und beeinträchtigen. Dies wird im folgenden Abschnitt etwas genauer erläutert.

6.3. Auswirkungen staatlicher Eingriffe in den Markt

Bei den staatlichen Eingriffen, die sich auf Preise und Mengen von Gütern beziehen, sind direkte und indirekte Maßnahmen zu unterscheiden. Direkte Eingriffe in die Preisbildung sind staatliche Höchst- und Mindestpreise. Sie werden im Kapitel 6.3.1 untersucht. Außerdem existieren direkte Mengeneingriffe, bspw. in Form von Importquoten oder Produktionsquoten, auf die aber hier nicht weiter eingegangen wird. Steuern und Subventionen sind indirekte Eingriffe. Ihre Wirkungen sind Inhalt des Kapitels 6.3.2.[64]

6.3.1. Staatliche Höchst- und Mindestpreise

Preise werden oft als politisch oder sozial nicht akzeptabel betrachtet, was zu staatlichen Eingriffen (Interventionen, Regulierungen) in die Marktpreisbildung führt.

Mindestpreise

Wenn ein Marktpreis als zu niedrig empfunden wird oder er zu schnell sinkt, könnte ein Mittel die Fixierung von Mindestpreisen durch den Staat sein. Dahinter stehen oft Gründe, die auf die Sicherung eines Mindesteinkommens abzielen. Beispiele sind Mindestpreise auf Agrarmärkten für landwirtschaftliche Produkte oder Mindestlöhne auf den Arbeitsmärkten. Absprachen zwischen Unternehmen, die die Durchsetzung bestimmter Mindestpreise beabsichtigen,

---

[64] Eine vollständige Betrachtung müsste auch noch die sehr zahlreichen staatlichen Regulierungen in Form von Qualitätsvorschriften (bspw. TÜV, Gewerbeaufsicht), Umweltgesetzen, Publizitätspflichten usw. einbeziehen. Darauf wird an dieser Stelle verzichtet, da sie nur allgemeine Rahmenbedingungen der Preisbildung auf Märkten darstellen.

sind als private Preisabsprachen dagegen in der Regel verboten, da sie den Preiswettbewerb zu Lasten der Verbraucher bzw. Abnehmer beseitigen (Kartelle).

Ein staatlicher Mindestpreis hat nur dann ökonomische Auswirkungen, wenn er über dem Gleichgewichtspreis liegt. Dann aber hat er Konsequenzen, die in Übersicht 6.3 identifizierbar sind:

Übersicht 6.3: Staatliche Mindestpreise

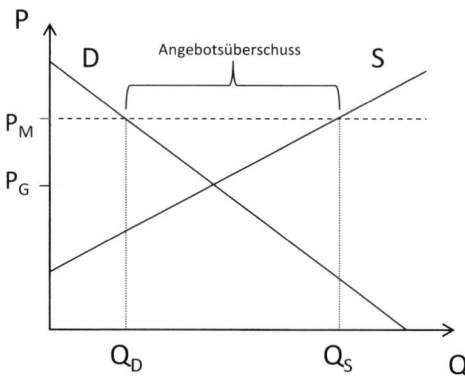

Es kommt zu einem **Angebotsüberschuss** im Umfang Q_s - Q_D. Damit resultieren prinzipiell Güter, die auf Halde produziert werden (Lageraufbau) bzw. Arbeitslosigkeit. Das Überangebot drückt auf den Preis und ist der Auslöser von Ausweichreaktionen auf dem Markt (Schwarzmarkt, Scheinselbständigkeit u. ä.).

Folglich werden weitere staatliche Interventionen notwendig, etwa:

- Aufkauf des Überschussangebotes durch den Staat (bspw. EU-Agrarpolitik),
- Begrenzung des Angebotes durch Produktionskontingente (bspw. Milchquote),
- Zahlung von Arbeitslosengeld bzw. staatliche Weiterbildungs- und Beschäftigungsprogramme (Folgekosten),
- Kaufzwang: Stromkonsumenten mussten über Kohlepfennig den Aufbau und Unterhalt von Kohlehalden mitfinanzieren / Einspeisevergütungen im Rahmen des Erneuerbare-Energien-Gesetzes (EEG),

- Subventionierung der Nachfrage (Rechtsverschiebung der Nachfrage) mit den entsprechenden Folgekosten,
- Wirkungen auf Drittmärkten (bspw. der weiterverarbeitenden Lebensmittelindustrie).

Schließlich ist die Zielwirksamkeit hinsichtlich der angestrebten sozialen Ziele fraglich bzw. nicht gegeben. Zu bedenken sind folgende Aspekte: Die höheren Preise auf den Lebensmittelmärkten müssen von den Konsumenten bezahlt werden und auch höhere Löhne führen über höhere Lohnkosten zu höheren Preisen, die von den Verbrauchern getragen werden müssen. Auch auf dem Arbeitsmarkt profitieren nicht alle Beteiligten. Wenn es zu Arbeitslosigkeit kommt, trifft dies vor allem die niedrigqualifizierten Arbeitskräfte, jedenfalls soweit diese leichter durch Kapital ersetzbar sind ("Wegrationalisierung").

Die Wirkungen von Mindestlöhnen können unter Umständen anders ausfallen, bspw. wenn auf lokalen Arbeitsmärkten ein Monopson existiert. Ob und welche Wirkungen auftreten, ist daher nur anhand der tatsächlichen Entwicklungen zu klären. Dies verdeutlicht noch einmal, dass die VWL eine empirische Wissenschaft auf theoretischer Basis ist.

Schließlich führt der Mindestpreis zu einem Verlust an Sozialer Wohlfahrt. Dies wird in der Übersicht 6.4 deutlich. Der Arbeitseinsatz L_D ist geringer als die Arbeitsmenge im Gleichgewicht ohne Mindestlohn.

Übersicht 6.4: Soziale Wohlfahrt bei staatlichen Mindestlöhnen

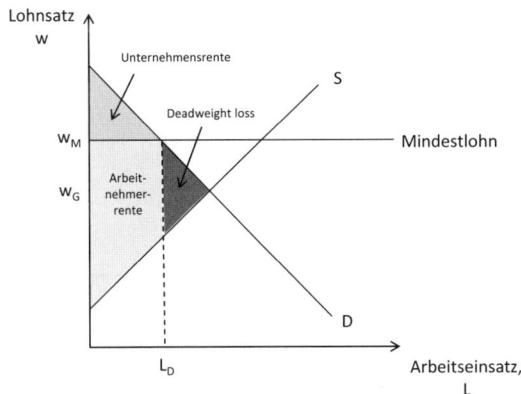

Langfristige Konsequenz von Mindestpreisen auf Gütermärkten ist u.U., dass im Vertrauen auf die hohen Mindestpreise investiert wird (Kapazitätserweiterung), bspw. bei Aufkauf des Überschussangebotes, so dass die Angebotsfunktion sich nach rechts verschiebt und die Angebotsüberschüsse zunehmen, womit sich die Probleme verschärfen.

Zusammenfassend resultiert eine **Interventionsspirale**. Der Eingriff in die freie Preisbildung mittels eines Mindestpreises zieht zwangsläufig weitere Eingriffe nach sich.

Höchstpreise

Aus sozialen Gründen werden Preise als zu hoch oder zu schnell steigend angesehen.[65] Beispiele für solche Eingriffe sind bei (lebenswichtigen) Gütern zu finden, etwa in Entwicklungsländern für Brotpreise. Die Regulierung der Mieten in Deutschland (Mietpreisverordnungen) wirken tendenziell in diese Richtung.

Zunächst ist festzustellen, dass Höchstpreise nur wirksam werden, wenn sie niedriger als der Gleichgewichtspreis sind (siehe Übersicht 6.5).

Übersicht 6.5: Staatliche Höchstpreise

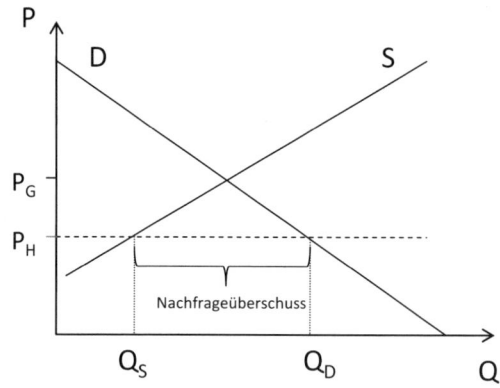

---

[65] Ein ökonomisch anderer Fall sind generelle Höchstpreisverordnungen, d.h. ein Preisstopp für alle Güter (Bsp: Schweden 1970, Frankreich 1982). Dahinter steht die Idee der Inflationsbekämpfung, also ein makroökonomisches Problem! Preisstabilität ist in der Eurozone die Aufgabe der Europäischen Zentralnotenbank, die dieses Ziel nur indirekt, nicht durch direkte Eingriffe in den Preismechanismus verfolgt. Direkte Preisstopps sind mit Wettbewerb unvereinbar, da dann die Preise nicht mehr ihre verschiedenen Funktionen erfüllen können.

Unmittelbare Konsequenz ist eine Verringerung des Angebotes und ein **Nachfrageüberschuss**. Das bedeutet auf der Angebotsseite, dass die Grenzanbieter ggf. aus dem Markt ausscheiden müssen (d.h. in die Insolvenz gehen), mit entsprechenden Wirkungen für die Arbeitsplätze. Außerdem stellt sich das Problem der Verteilung der knappen Güter auf die Nachfrager. Auch hier kommt es zu Ausweichreaktionen auf den Märkten und es werden weitere staatliche Interventionsschritte notwendig, bspw.:

- Problem der Verteilung des Mangels: Bezugsscheine (Wohnberechtigungsschein), Windhundprinzip, soziale Beziehungen; dadurch Verwaltungs- bzw. Bürokratiekosten,
- Schwarzmärkte, da einige/viele Haushalte bereit sein werden, die höheren Marktpreise zu bezahlen; Ausweichreaktionen: Abstandszahlungen,
- Schließung der Angebotslücke, d.h. Ausdehnung des Angebotes durch Produktionsauflagen oder Subventionen: Bei Produktionsauflagen werden Anbieter die verlustbringende Produktion ganz einstellen; letzte Konsequenz: Ersetzung der Marktwirtschaft durch Planwirtschaft. Bei Subventionierung: Anreize zur Kostensenkung werden geschwächt,
- Soziale Zielwirksamkeit ist fraglich bzw. nicht gegeben (willkürliche und zufällige Verteilung des knappen Gutes; auch „Reiche" zahlen nur noch Höchstpreis); Fehlbelegung bei Sozialwohnungen,
- Wirkungen auf Drittmärkten (Höchstpreise bei Vorleistungen?, Höchstpreise für Substitutionsgüter?).

Auch in diesem Fall kommt es zu einem Wohlfahrtsverlust, wie in Übersicht 6.6 dargestellt.

Übersicht 6.6: Soziale Wohlfahrt bei Mietobergrenzen

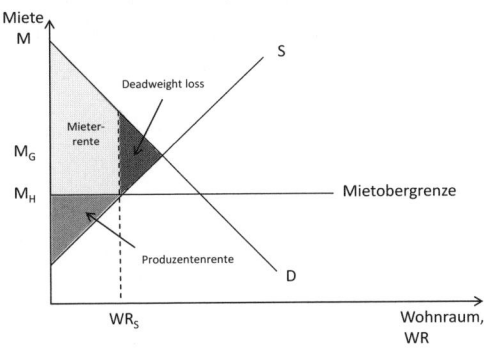

Langfristige Konsequenzen von Höchstpreisen sind: Keine Anreize zur Steigerung des Angebotes; Desinvestitionsprozesse, die zur weiteren Verringerung des Angebotes führen. Ein Beispiel ist der Verfall der Wohngebäude in den sozialistischen Ländern, da die Höchstmieten so niedrig waren, dass davon nicht einmal mehr Ersatzinvestitionen (= Reparaturen) finanziert werden konnten.

Auch hier ist eine Interventionsspirale die Konsequenz des Eingriffs in die freie Preisbildung auf den Märkten, die aus diesem Grund ihre verschiedenen Funktionen aus Kapitel 6.2 nicht mehr oder zumindest nur noch sehr eingeschränkt erfüllen können.

6.3.2. Steuern und Subventionen

Beispiele für Steuern, die auf den Gütermärkten Wirkungen entfalten, sind die Verbrauchsteuern (Benzin, Tabak, Strom, Schaumwein). Sie werden zum Teil in Form von **Mengensteuern** (Stücksteuern) erhoben, d.h. eine Steuer gilt pro Mengeneinheit (Liter, Kilogramm etc.). Ein Beispiel ist der Steuersatz in Höhe von 65,45 Cent pro Liter Benzin in Deutschland. Eine andere Form der Verbrauchsteuer ist eine **Wertsteuer**, die als Prozentsatz des Preises eines Gutes berechnet wird. Die deutsche Umsatzsteuer (Mehrwertsteuer) mit einem Regelsatz von 19 % des Preises eines Gutes ist eine solche Wertsteuer. Es wird anschließend der Fall einer Mengensteuer analysiert. Wertsteuern führen aber zu keinen anderen inhaltlichen Ergebnissen.

Welche Wirkungen ergeben sich bei der Benzinsteuer?
Da jede Outputeinheit (d.h. jeder Liter Benzin) besteuert wird, erhöht die Steuer (abgekürzt als t) die Grenzkostenkurve des Unternehmens genauso wie die Gesamtkostenkurve, bzw. die variablen Durchschnittskosten. Diese Kostenkurven verschieben sich alle um den Betrag t nach oben. Die Wirkung für ein Unternehmen wird in der folgenden Übersicht deutlich.

Übersicht 6.7: Die Wirkung einer Mengensteuer für ein Unternehmen

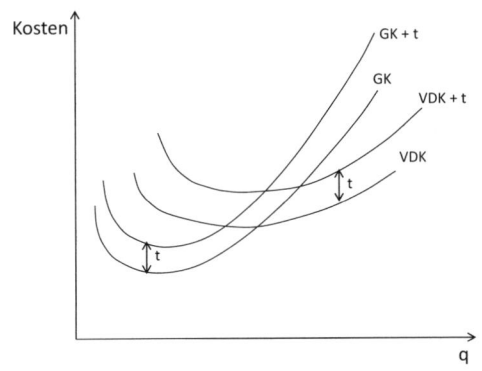

Eine Verbrauchssteuer ist von allen Produzenten zu zahlen, so dass sich auch auf dem Gesamtmarkt die Angebotsfunktion um den Steuerbetrag nach oben verschiebt. Dies folgt, weil die Angebotskurve auf einem Markt die aggregierte Grenzkostenfunktion aller Anbieter darstellt.

Übersicht 6.8: Die Wirkung einer Mengensteuer auf dem Gesamtmarkt

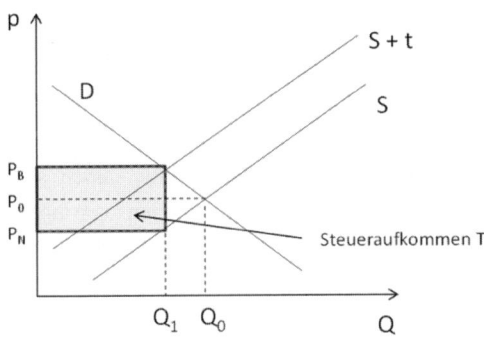

Folgende Resultate sind in der Übersicht 6.8 festzustellen: Der neue Gleichgewichtspreis erhöht sich (aber um weniger als den Steuersatz t) und liegt bei P_B. Die Konsumenten zahlen jetzt diesen neuen Gleichgewichtspreis, nämlich den höheren Preis P_B. Die Konsumenten interessiert der Preis, den sie zu zahlen haben. Dies ist der Bruttopreis P_B, die Aufteilung auf Produzenten und Staat ist ihnen gleichgültig. Es sinken die nachgefragte Menge und damit die

Gleichgewichtsmenge. Die Produzenten erhalten nach Steuerabzug den (Netto-) Preis P_N. Der Staat erhält pro Mengeneinheit den Steuersatz t und sein Steueraufkommen beträgt $t \times Q_1$. Dieses Steueraufkommen (T) ist in der Übersicht 6.8 grau hinterlegt eingezeichnet.

Wer trägt die **Steuerlast**? Produzenten und Konsumenten sind beide betroffen. Dies ergibt sich, da die Verbraucher jetzt einen höheren Preis zahlen (den Bruttopreis P_B) und gleichzeitig die Anbieter einen geringeren Preis erzielen (den Nettopreis P_N).[66] Beides jeweils verglichen mit dem Gleichgewichtspreis vor Einführung der Steuer.

Dieses Ergebnis der Einführung einer Verbrauchssteuer ist unabhängig von der Frage, wer die Steuer zahlt, oder tragen soll! Konsumenten und Produzenten werden beide belastet, obwohl die Verbrauchssteuer ja nur vom Konsumenten getragen werden soll. Für das Problem, wer die Steuerlast trägt, sind die politischen Absichten und die juristischen Formulierungen in den Steuergesetzen irrelevant! Die Frage der Lastverteilung wird auch als **Überwälzungsproblem** bezeichnet. Sie ist abhängig von den relativen Elastizitäten von Angebots- und Nachfragefunktion. Generell gilt, dass die relativ elastischere Marktseite einen geringeren Teil der Steuerlast trägt, während umgekehrt die relativ unelastischere Marktseite einen größeren Teil der Steuerlast übernehmen muss.

Diese Überlegungen basieren auf dem einfachen Preis-Mengen-Diagramm für ein Gut auf einem Wettbewerbsmarkt (Polypol). Es existieren weit komplexere Modelle. Immer gilt aber, dass die Wirkungen einer Steuer letztlich von den **Reaktionen auf den Märkten** abhängen und nicht von den juristischen Formulierungen in den Steuergesetzen.

Die Auswirkungen von **Subventionen** auf den Gütermärkten lassen sich auf genau die gleiche Art und Weise analysieren. Subventionen verringern die Grenz- und Durchschnittskosten der Produzenten und führen daher zu einer Verschiebung der Angebotsfunktion nach unten.

---

[66] Dies kann auch noch genauer hinsichtlich der Veränderungen der Konsumenten- und Produzentenrente analysiert werden.

Teil B II Wiederholungsfragen und Übungsaufgaben

Konsumenten und Produzenten

Wiederholungsfragen

(1) Erläutern Sie, was unter einem abnehmenden Grenznutzen bei dem Konsum eines Gutes zu verstehen ist.

(2) Was ist eine Budgetbeschränkung (Budgetgerade) und welche ökonomischen Konsequenzen hat Sie? Wie kann sie grafisch dargestellt werden?

(3) Zeigen Sie, wie auf der Grundlage der kardinalen Nutzentheorie die Nachfragefunktion eines Individuums abgeleitet werden kann!

(4) Definieren Sie den Begriff Indifferenzkurve. Auf welchen Annahmen basiert die Indifferenzkurvenanalyse?

(5) Stellen Sie das Indifferenzkurvensystem für zwei Komplementärgüter dar!

(6) Erläutern Sie verbal den Einkommenseffekt einer Preissenkung eines Gutes im Rahmen einer Indifferenzkurvenanalyse mit zwei Gütern!

(7) Warum haben Budgetgeraden einen linearen Verlauf? Könnten Budgetgeraden auch einen Knick aufweisen? Was würde dies bedeuten?

(8) Welchen Zusammenhang beschreibt die Einkommens-Konsum-Kurve? (Graphische Darstellung und Erläuterung)

(9) Was ist ein Giffen-Gut?

(10) Erläutern Sie das 1. Gossensche Gesetz.

(11) Wie verändert die Budgetgerade ihre Lage, wenn in einem Modell mit zwei Gütern x und y die Preise beider Güter gleichzeitig (und im gleichen Verhältnis) steigen?

(12) Erläutern Sie den Begriff Grenzrate der Substitution! Welcher Zusammenhang besteht zwischen dem Grenznutzenverlauf zweier Güter und der fallenden Grenzrate der Substitution?

(13) Ist im Polypol, d.h. auf einem Wettbewerbsmarkt, die Nachfrage für den einzelnen Anbieter: Völlig unelastisch? Elastisch? Oder völlig elastisch?

(14) Von welchen Bedingungen hängt es ab, ob Unternehmen Güter anbieten und welche Mengen sie auf dem Markt anbieten wollen?

(15) Charakterisieren Sie mit Hilfe der Begriffe Preisnehmer und Mengenanpasser die polypolistische Verhaltensweise!

(16) Worin liegt der Unterschied zwischen Erlösen und Grenzerlösen?

(17) Stellen Sie die Preis-Absatz-Funktion eines einzelnen Polypolisten dar. Wie ergibt sich diese aus Nachfrage und Angebot auf dem Gesamtmarkt?

(18) Erläutern Sie die Begriffe fixe Kosten und variable Kosten!

(19) Was ist unter versunkenen Kosten (sunk cost) zu verstehen?

(20) Wie unterscheiden sich Grenzkosten und totale Durchschnittskosten?

(21)   Unter welchen Bedingungen sind Grenzkosten und variable Durchschnittskosten gleich groß?

(22)   Stellen Sie die Lage von Betriebsminimum und Betriebsoptimum bei einem ertragsgesetzlichen Gesamtkostenverlauf dar!

(23)   Was unterscheidet eine Produktionsfunktion von einer Kostenfunktion?

(24)   Beschreiben Sie die verschiedenen Arten der Faktorvariation!

(25)   Was ist eine limitationale Produktionsfunktion? Wie verändern sich die Kapitalintensität und die Arbeitsintensität bei einer Verdoppelung des Outputs?

(26)   Was ist unter der Grenzproduktivität zu verstehen?

(27)   Stellen Sie eine Produktionsfunktion mit sinkender Grenzproduktivität graphisch dar!

(28)   Erläutern Sie, welche Beziehung zwischen Produktionsfunktion und Kostenfunktion besteht!

(29)   Leiten Sie die Optimalitätsbedingung Grenzkosten = p mathematisch ab und interpretieren Sie diese ökonomisch!

(30)   Wie ist bei der Darstellung einer Branchenangebotsfunktion vorzugehen, wenn die einzelnen Anbieter mit unterschiedlichen Grenzkosten produzieren?

(31)   Warum ist der Marktpreis bei Betrachtung der gesamten Branche durch den Schnittpunkt von Angebotsfunktion und Nachfragefunktion zu bestimmen, während bei der einzelwirtschaftlichen Analyse GK = p zugrunde gelegt wird?

(32)   Diskutieren Sie die Annahme, dass Unternehmen ihren Gewinn maximieren!

(33)   Inwieweit sind die Unternehmensziele „Outputmaximierung" und „Umsatzmaximierung" ökonomisch sinnvolle Verhaltenshypothesen?

(34)   Was ist unter der Sozialen Wohlfahrt zu verstehen?

(35)   Wie hoch ist die Konsumentenrente bei einer vollständig elastischen Nachfragefunktion?

(36)   Definieren Sie die Preiselastizität und die Einkommenselastizität der Nachfrage.

(37)   Ist die Nachfrage elastisch oder unelastisch, wenn die direkte Preiselastizität absolut größer als 1 ist? Ist die Nachfrage vollkommen unelastisch oder vollkommen elastisch, wenn die direkte Preiselastizität gleich 0 ist?

(38)   Wie verändert eine Preissteigerung bei elastischer Nachfrage den Umsatz?

(39)   Wie nennt man ein Gut, dessen Einkommenselastizität negativ ist?

(40)   Wie groß ist die direkte Preiselastizität des Angebotes von echten Rubens-Gemälden?

(41)   Eine Erhöhung des Preises für Erdnüsse um 4% führt zu einer Senkung der Nachfrage nach Erdnüssen um 8%. Wie groß ist die direkte Preiselastizität der Nachfrage?

(42)   In welcher Beziehung stehen zwei Güter, wenn ihre Kreuzpreiselastizität bei + 4,5 liegt?

(43)   Bis 1993 existierte in Deutschland eine Salzsteuer in Höhe von 12 DM je 100 Kg Salz. Um was für eine Steuer handelte es sich? Wer hat die Steuer getragen, die Konsumenten oder die Salzhersteller?

Übungsaufgaben

Aufgabe 1:

Gegeben ist die Nachfragefunktion $p = 10 - \frac{1}{4}q$. Bei welchem Preis gilt, dass die (direkte) Preiselastizität der Nachfrage gleich – 6 ist?

Aufgabe 2:

Eine Nachfragefunktion hat die folgende Form: $p = 6 - \frac{1}{4}q$ Wie hoch ist die direkte Preiselastizität der Nachfrage (= E), wenn der Preis 4 Einheiten beträgt ($p = 4$)? Interpretieren Sie Ihr Ergebnis und unterstellen Sie dabei eine Preissenkung um 10%.

Aufgabe 3:

Nehmen Sie zu den folgenden Aussagen nur durch ankreuzen einer der Alternativen (Ja / Nein) Stellung. Annahmen: Gewinnmaximierendes Unternehmen, vollständige Konkurrenz, ertragsgesetzliche (s-förmige) Gesamtkostenfunktion.

(a) Liegt der Preis zwischen Betriebsoptimum und Betriebsminimum, wird nur ein Teil der variablen Kosten gedeckt.
Ja / Nein

(b) Im Gewinnmaximum ist auch der Grenzgewinn maximal.   Ja / Nein

(c) Unterhalb des Schnittpunktes mit der Kurve der VDK (variablen Durchschnittskosten) ist die Grenzkostenkurven gleichzeitig Angebotskurve.

Ja / Nein

(d) Der Grenzgewinn ist maximal, wenn die Differenz p - GK maximal ist.
Ja / Nein

(e) Liegt der Preis über dem Betriebsminimum, so werden in jedem Fall die gesamten Kosten gedeckt.   Ja / Nein

(f) Im Minimum der GK-Kurve schneidet die VDK-Kurve die GK-Kurve.
Ja / Nein

(g) Je größer die produzierte Menge ist, um so kleiner ist der vertikale Abstand zwischen der VDK und der TDK-Funktion.   Ja / Nein

(h) Im Betriebsoptimum ist der Gewinn des Unternehmens maximal.
Ja / Nein

(i) Die Gewinnmaximale Produktionsmenge liegt da, wo der Stückgewinn sein Maximum erreicht. Ja / Nein

Aufgabe 4:

Die Kostenfunktion eines Unternehmens lautet $K = 0,1q^3 - 2q^2 + 15q + 10$. Berechnen Sie:

(a) die Grenzkosten, TDK und VDK

(b) das Betriebsminimum (d.h. die kurzfristige Preisuntergrenze).

Aufgabe 5:

Gegeben: Ein Individuum verfügt über ein Einkommen von 7 Geldeinheiten. Es spart nichts und konsumiert 5 Einheiten des Gutes x und 1 Einheit des Gutes y. Der Preis des Gutes x beträgt 1 und der des Gutes y 2. Der Grenznutzen ist kardinal messbar und beläuft sich bei Gut x auf 1 und bei Gut y auf 5, d.h. $U'_x = 1$ und $U'_y = 5$.

(a) Ist die Verbrauchskombination dieses Individuums optimal? Begründen Sie Ihre Antwort.

(b) Bei unveränderten Güterpreisen und Einkommen steigt der Grenznutzen des Gutes x auf 2, wenn 2 Mengeneinheiten weniger konsumiert werden. Gleichzeitig verbraucht das Individuum 1 Einheit mehr von Gut y, wodurch der Grenznutzen dieses Gutes auf 4 Einheiten sinkt.

Ist dieses Konsumniveau für die Güter x und y realisierbar? Ist es optimal?

Aufgabe 6:

Für einen Haushalt gilt die kardinale Nutzenfunktion $U = 5 \ x^{1/2} \cdot y^{1/2}$. Sein Einkommen I beträgt 125, und die Preise belaufen sich auf $p_x = 2,5$, $p_y = 10$. Der Haushalt spart nicht, besitzt kein Vermögen und nimmt keinen Kredit auf.

(a) Welche Mengen x und y fragt ein nutzenmaximierender Haushalt nach?

(b) Berechnen Sie die Indifferenzkurve in der Form $y = f(x)$, wenn das Nutzenniveau $U = 10$ beträgt.

(c) Zeichnen Sie die Indifferenzkurve für das Nutzenniveau $U = 10$ in einem Diagramm der Güter x und y im Wertebereich $x = 1$ bis $x = 5$. Diskutieren Sie die inhaltliche Aussage des Kurvenverlaufs.

(d) Ermitteln Sie die Grenzrate der Substitution $-\dfrac{dy}{dx}$ auf der Indifferenzkurve $U = 10$ an der Stelle $x = 2$.

Aufgabe 7:

Ein Haushalt maximiert seinen Nutzen im Fall mehrerer Güter, wenn das 2.

Gossensche Gesetz erfüllt ist. D.h. $\dfrac{U'_x}{p_x} = \dfrac{U'_y}{p_y}$. Erläutern Sie, inwiefern der

Haushalt seinen Nutzen erhöhen kann, wenn diese Gleichgewichtsbedingung nicht erfüllt ist.

Aufgabe 8:

Der Staat erhöht die Tabaksteuer. Inwiefern erhöht sich hierdurch der Preis für Tabak (Zigarettenpreis)? Unter welchen Voraussetzungen hätte diese Steuererhöhung keinen Einfluss auf den Zigarettenpreis? Erläutern Sie die Zusammenhänge anhand eines Preis-Mengen-Diagramms.

Aufgabe 9:

Die Einführung des Euro am 1. Januar 2002 hatte die Wirkung, dass alle Preise, Einkommen und Vermögen (sowie Schulden usw.) hinsichtlich ihrer DM-Werte durch 1,95583 dividiert wurden, um die entsprechenden €-Werte zu erhalten. Welche Auswirkungen hatte diese Umstellung auf die Budgetgerade und die nutzenmaximierende Nachfrage des Studenten Max Wohlgemut, der sich lediglich von Gummibärchen und Erdnuss-Flips ernährt? Gummibärchen kosteten 4.- DM je Tüte und Erdnuss-Flips 8.- DM je Tüte. Das Einkommen von Max belief sich auf 800.- DM. Zudem konnte Max offensichtlich nichts für größere Anschaffungen zurücklegen. Über Vermögen verfügt er leider auch nicht. Auf Grund dieser miserablen wirtschaftlichen Situation war keine Bank bereit, ihm einen Kredit zu gewähren.

Aufgabe 10:

Die folgenden Angebots- und Nachfragefunktionen sind für den Benzinmarkt gegeben: S: $p = 0{,}25q + 5$ und D: $p = -0{,}5q + 20$

(a) Ermitteln Sie Gleichgewichtspreis und –menge.
(b) Um den Benzinverbrauch zu verringern, wird vom Staat ein Mindestpreis von $p = 15$ festgesetzt. Beschreiben Sie dessen ökonomische Wirkung.
(c) Statt durch einen Mindestpreis kann der Benzinverbrauch auch durch eine Verbrauchsteuer reduziert werden. Wie hoch muss eine solche Mengensteuer (Steuerbetrag pro Mengeneinheit, d.h. € pro Liter Benzin)

sein, um den Benzinverbrauch ebenso stark zu drosseln, wie die in Teilfrage b) beschriebene Mindestpreisfixierung?

(d) In welchem Umfang wird diese Steuer von den Produzenten einerseits und den Konsumenten andererseits getragen?

Aufgabe 11:

Die Sanctus Salvatoris gGmbH betreibt einen großen Kindergarten. Ihre Dienstleistung besteht aus den von ihr angebotenen Kindergartenplätzen. Die Kostenfunktion hat dabei in Abhängigkeit von der Zahl der Kindergartenplätze einen ertragsgesetzlichen Verlauf. Fixkosten sind vorhanden. Der für einen Kindergartenplatz von den Eltern pro Monat verlangte Preis ist für jeden Kindergartenplatz gleich.

(a) Stellen Sie anhand einer Grafik (prinzipielle Darstellung genügt) den Verlauf von variablen Durchschnittskosten und totalen Durchschnittskosten sowie Grenzkosten dar. Zeichnen Sie die Angebotsfunktion ein.

(b) Die Sanctus Salvatoris gGmbH setzt sich als Unternehmensziel eine möglichst große Zahl von Kindergartenplätzen anzubieten. Allerdings muss die Geschäftsführerin dabei verlustfrei wirtschaften. Zeigen Sie grafisch, welche Menge an Kindergartenplätzen angeboten werden kann und vergleichen Sie das Ergebnis mit der Zahl der Kindergartenplätze bei einem gewinnmaximierenden Verhalten.

Aufgabe 12:

Auf dem Markt für handgefertigte Knabberstangen ist eine Vielzahl von Anbietern tätig. Einer der Produzenten, die Fahlsen AG, verhält sich polypolistisch und weist folgende Komponenten der Kostenfunktion auf: Fixkosten für Maschinen und Anlagen: 20, Fixkosten für Gebäude: 13, Fixkosten für Verwaltung etc.: 5. Die variablen Kosten belaufen sich auf 3 pro Kg Knabberstangen. Der am Markt erzielbare Preis beträgt 5 pro Kg. Die maximale Produktionskapazität des Unternehmens sind - wegen der Handfertigung - 80 kg.

(a) Wie lautet die Gewinnfunktion der Fahlsen AG?

(b) Stellen Sie die Gesamtkostenfunktion und die Erlösfunktion der Fahlsen AG graphisch dar. Welche ökonomische Bedeutung hat der Schnittpunkt der beiden Funktionen?

(c) Welche Menge wird das Unternehmen produzieren?

(d) Zeichnen Sie den Gewinn des Unternehmens an der Kapazitätsgrenze in die Grafik ein.

Aufgabe 13:

Auf dem Markt für Fenchel-Waldmeister-Drops liegen die folgenden Bedingungen vor:

Nachfrage: Unendlich elastisch bis zur maximalen Gesamtnachfrage bei einem Preis von 50 Cent pro 100 Gramm-Tüte. Die Gesamtnachfrage auf dem Markt beträgt maximal 150 Tüten a 100 Gramm.

Angebot: Es existieren zwei Produzenten, die sich gewinnmaximierend und wie bei vollständiger Konkurrenz verhalten. Die Kostenfunktion des ersten Produzenten, der Lullibo-AG, lautet wie folgt: $K = 12 + 0{,}4q$. Die Kapazitätsgrenze beträgt 70 Tüten. Die Kostenfunktion des zweiten Anbieters, der Schahlsen GmbH, sieht folgendermaßen aus: $K = 30 + 0{,}25q^2$. Die Kapazitätsgrenze dieses Produzenten beläuft sich auf 50 Tüten. Für beide Anbieter gilt, dass die outputabhängigen Werte in Euro ausgedrückt sind und ein q einer 100 Gramm-Tüte entspricht.

(a) Stellen Sie die Nachfragefunktion auf dem Markt für Fenchel-Waldmeister-Drops graphisch dar.

(b) Wie lauten die (kurzfristigen) Angebotsfunktionen der beiden Produzenten und welche Gesamtangebotsfunktion auf dem Markt ergibt sich daraus?

(c) Welcher Gleichgewichtspreis und welche Gleichgewichtsmenge stellen sich ein?

Aufgabe 14:

Der Glasbläser Willi Werkelmann aus Lauscha steht Anfang Dezember vor folgender Situation: Die Kosten für die Miete und Heizung einer Werkstatt für den Dezember belaufen sich auf 1500,- €. Pro Arbeitsstunde benötigt er Glas als Rohmaterial im Umfang von 80 €. In jeder Arbeitsstunde kann er 40 Glaskugeln herstellen. Dabei entstehen ihm pro Glaskugel Kosten für die benötigte Elektrizität zur Glasverflüssigung von 0,50 €.

(a) Wie lautet die Kostenfunktion des Willi Werkelmann, wenn er sich entschließt im Dezember Glaskugeln herzustellen?

(b) Ermitteln Sie die FK, VDK, GK und TDK.

Nachdem Willi Werkelmann gerade die für Ihn relevante Kostensituation analysiert hat, ruft sein alter Freund Egon Eiermann an und offeriert ihm für Dezember einen Job als Weihnachtsmann, bei dem er 20,- € pro Stunde verdienen kann.

(c) Ändert sich die Kostenfunktion des Willi Werkelmann und wenn ja, wie und warum?

Aufgabe 15:

Von einer linearen Nachfragefunktion der Form: $p = a - bQ$ ist nur die negative Steigung bekannt. Diese beträgt: -1/8. Wie hoch ist die direkte Preiselastizität der Nachfrage (E) bei $p = 4$ und $q = 8$? Die Berechnung soll unter Berücksichtigung des Vorzeichens und somit nicht als Betrag erfolgen.

Aufgabe 16:

Die direkte Preiselastizität der Nachfrage lautet 1,84 (weist also einen positiven Wert auf). Welche Aussage lässt sich bei einer solchen Preiselastizität hinsichtlich der zugrunde liegenden Nachfragefunktion treffen?

Aufgabe 17:

Gegeben ist die folgende nicht-lineare Nachfragefunktion: $p = 2 + 3/q$

Ermitteln Sie den Wert der direkten Preiselastizität der Nachfrage, wenn die nachgefragte Menge 3 Einheiten beträgt (d.h. $q = 3$).

Aufgabe 18:

Gegeben sind auf einem Markt die folgenden Funktionen:

Nachfragefunktion: $q^D = 8p^{-1}$

Angebotsfunktion: $q^S = 2 + p$

(a) Bestimmen Sie Preis, Menge, Gesamtumsatz aller Anbieter, Gesamtausgaben der Konsumenten, Nachfrageelastizität und Angebotselastizität im Gleichgewicht.

(b) Erläutern Sie den ökonomischen Inhalt der ermittelten Elastizitäten.

(c) Wie verändert sich der Gesamtumsatz auf diesem Markt, wenn der Gleichgewichtspreis um 4 % steigt?

(d) Durch eine Preisvorschrift legt der Staat einen Mindestpreis von $\bar{p} = 6$ fest. Welche Auswirkungen hat dies hinsichtlich der von den Anbietern verkauften Menge und ihrem Umsatz?

(e) Welchen Einfluss auf den Umsatz hat eine Preisfixierung bei $\bar{p} = 5, \bar{p} = 7, \bar{p} = 8$?

Aufgabe 19:

Erläutern Sie grafisch und verbal die Auswirkungen einer staatlichen Höchstpreisvorschrift hinsichtlich

(a) möglicher kurz- und langfristiger Wirkungen.

(b) des Aspekts der Erreichung sozialpolitischer Ziele.

Aufgabe 20:

Mohrenköpfe gehören zu den Grundnahrungsmitteln der Studierenden. Die Nachfrage und das Angebot für Mohrenköpfe im Januar 2012 in der Bundesrepublik sind normal verlaufende lineare Funktionen. Mohrenköpfe werden in 12er Packungen ge- und verkauft (wobei die Firma Dünnmanns der wichtigste Anbieter auf diesem polypolistischen Markt ist). Bekannt ist, dass im Januar Angebot und Nachfrage bei einem Preis von 2.- € übereinstimmen und in diesem Monat 6 Mio. 12er Packungen verkauft werden. Die direkte Preiselastizität der Nachfrage bei diesem Preis beträgt - 0,3333, während die Preiselastizität des Angebotes sich auf 0,8333 beläuft.

(a) Ermitteln Sie die Angebots- und Nachfragefunktion für Mohrenköpfe!

(b) Stellen Sie beide Funktionen in einer Grafik dar!

Aufgabe 21:

Folgende Nachfragefunktion ist auf dem polypolistischen Markt mit vollständiger Konkurrenz für fettarme Fruchtgummis gegeben: $p = 4 - 0,25Q^D$. Außerdem ist bekannt, dass die Angebotsfunktion folgendes Aussehen hat: $Q^S = p - 2$. Durch eine erfolgreiche Werbekampagne der Firma Luribo (bekanntlich einer der polypolistischen Produzenten von Fruchtgummis) steigt die Nachfrage auf dem Markt für fettarme Fruchtgummis um 50% für jeden gegebenen Preis.

(a) Ermitteln Sie im Rahmen einer komparativ-statischen Analyse die Auswirkungen der Werbekampagne!

(b) Was unterscheidet Ihre Untersuchung von einer dynamischen Analyse der Resultate dieser Werbekampagne?

(c) Wie hoch ist die direkte Preiselastizität der Nachfrage für das Unternehmen Luribo?

Aufgabe 22:

Auf dem Markt für Marshmallows gelten bei vollständiger Konkurrenz die folgenden Funktionen: Nachfrage: $p = 20 - 2Q^D$ Angebot: $p = 5 + Q^S$

(a) Ermitteln Sie grafisch und rechnerisch die Konsumenten- und Produzentenrente sowie die Soziale Wohlfahrt auf dem Marshmallow-Markt.

(b) Erläutern Sie grafisch und verbal, wie sich die soziale Wohlfahrt ändert, wenn eine größere Menge als die Gleichgewichtsmenge produziert wird. Begründen Sie Ihr Ergebnis.

Aufgabe 23:

Auf dem europäischen Weinmarkt gelten die folgenden Bedingungen:
Angebot: $Q^S = 10p$ Nachfrage: $Q^D = 80 - 10p$

(a) Welche Nachfragemenge und welcher Gleichgewichtspreis ergeben sich bei einem freien Wettbewerbsmarkt?

(b) Auf Grund ihrer erfolgreichen Lobbytätigkeit in Brüssel gelingt es den Weinbauern in der EU, eine Subvention in Höhe von 1 € pro Liter Wein als Maßnahme zur Existenzsicherung der Weinbauern durchzusetzen. Welche Auswirkungen hat eine solche Subvention auf den Gleichgewichtspreis und die Gleichgewichtsmenge? Erläutern Sie das zu erwartende Ergebnis zunächst verbal. Zeigen Sie dann die Folgen in einem Preis-Mengen-Diagramm auf und ermitteln schließlich das Ergebnis rechnerisch.

Hinweis: Gehen Sie bei der grafischen und rechnerischen Analyse von der Idee aus, dass sich die Produktionskosten durch die Subvention senken.

B III Marktstruktur und Wettbewerbsverhalten

Lernziele

Der Studierende soll nach Bearbeitung dieses Kapitels

- erklären können, welche Besonderheiten ein monopolistischer Markt aufweist.
- verstehen, was Deadweight Loss im Monopol und Cournotscher Punkt bedeuten.
- die Unterschiede von Erlösen und Grenzerlösen im Monopol und Polypol überschauen.
- die Rolle von Markteintrittsbarrieren für den Wettbewerb auf einem Markt diskutieren können.
- wissen, was Preisdifferenzierung ist.
- in der Lage sein, die zentralen Kennzeichen eines oligopolistischen Marktes zu nennen.
- die wichtigsten Unterschiede zwischen dem Cournot- und Bertrand-Oligopolmodell kennen.
- erklären können, was eine einfache spieltheoretische Analyse eines Duopols beinhaltet.
- den Begriff der Reaktionsfunktion eines Oligopolisten verstehen.
- verschiedene Dimensionen von Wettbewerbsprozessen erläutern und einordnen können.
- die Eigenschaften eines Gleichgewichts auf einem Markt erklären können, die sich tendenziell bei langfristiger Betrachtung ergeben.

7. Monopole und Oligopole

7.1. Preis und Menge im Monopol

Im Monopol existiert nur ein einziger Anbieter des Produktes im Markt. Welche Folgen hat dies hinsichtlich Nachfrage, Angebot und Marktergebnissen? Zunächst ist festzuhalten, dass sich bezüglich der Nachfragefunktion nichts ändert. Die Nachfragefunktion nach einem Gut ergibt sich völlig unabhängig von der Angebotsseite. Im Hinblick auf das Angebot ist im Monopol festzustellen, dass eine Angebotsfunktion wie im Polypol, die sich aus vielen Grenzkostenfunktionen zusammensetzt, nicht vorhanden ist. Allerdings können wir auch für das Monopol ein gewinnmaximierendes Verhalten unterstellen und der Monopolist hat, basierend auf seiner Produktionsfunktion, einen bestimmten linearen oder nichtlinearen Gesamt- und folglich Grenzkostenverlauf mit den entsprechenden TDK und VDK.

Für die Marktergebnisse legt schon das Alltagsverständnis nahe, dass diese sich von einem Wettbewerbsmarkt unterscheiden. Der Unterschied dürfte darin liegen, dass der Monopolist seine Marktmacht ausnutzt und einen höheren Preis verlangt als der Konsument auf einem Wettbewerbsmarkt, also einem Polypol, zu zahlen hat. Die genauen Zusammenhänge werden zunächst kurz unter mathematischen Gesichtspunkten und dann inhaltlich erläutert.

Der Ausgangspunkt ist auch beim Monopolisten sein Gewinn, dessen Definition selbstverständlich identisch mit der in allen anderen Marktformen ist. Daher lautet die **Gewinnfunktion**: $G(Q) = R(Q) - K(Q)$

Der Erlös ist prinzipiell unverändert definiert als Preis mal Absatzmenge, also $p \times Q$. Allerdings ist der Preis, den der Monopolist auf seinem Markt erzielen kann, davon abhängig, welche Menge er produziert und verkauft. Mathematisch heißt dies: $p = p(Q)$. Auf Grund der normal verlaufenden Nachfragefunktion kann er eine hohe Produktionsmenge nur zu einem niedrigen Preis verkaufen. Will er einen höheren Preis am Markt erzielen, muss er eine geringe Menge herstellen. Nur bei einer kleineren Angebotsmenge ist ein höherer Preis am Markt durchzusetzen. Die Nachfragefunktion auf seinem Absatzmarkt stellt für den Monopolisten den Zusammenhang von Preisen, die er nehmen kann und Mengen, die er dementsprechend verkaufen kann, dar (siehe Übersicht 7.1). Die Nachfragefunktion auf dem Markt ist deshalb gleichzeitig auch seine Preis-Absatz-Funktion (PAF). Zur Wiederholung: P ist jetzt von Q abhängig, d.h. entsprechend der fallenden Nachfragefunktion ist p nicht mehr konstant, sondern sinkt mit steigender Absatzmenge. Für den Erlös des Monopolisten ergibt sich daher: R = p(Q) × Q.

Übersicht 7.1: Die Preis-Absatz-Funktion im Monopol

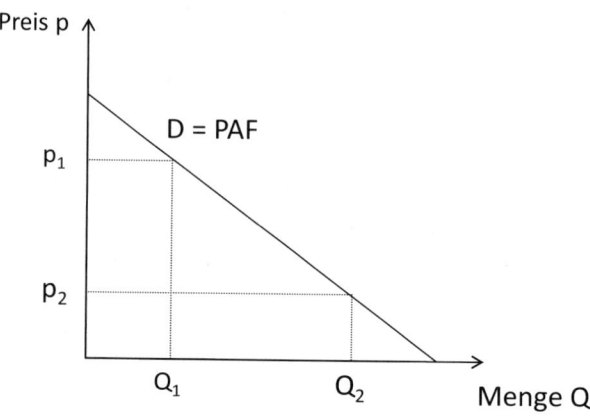

Die Gewinnmaximierungsbedingung 1. Ordnung ist die 1. Ableitung der Gewinnfunktion, die im nächsten Schritt gleich Null gesetzt wird.

Mathematisch wird für die Erlöse die Produktregel der Differenzierung angewandt. Aus R = p(Q) × Q berechnet sich als erste Ableitung, d.h. als Grenzerlös (GR):

$GR = \frac{dP}{dQ} \times Q + p(Q) \times 1$. Dies wird üblicherweise etwas vereinfacht dargestellt als:

$GR = \frac{dP}{dQ} \times Q + p$.

Die erste Ableitung der Kosten sind unverändert die Grenzkosten $\frac{dK}{dQ}$ (= GK bzw. K´)

Daraus resultiert also nach Nullsetzung und umstellen:

GR = GK   GR ist der Grenzerlös und GK sind wie bisher die Grenzkosten.

Dies ist die **Grenzerlös-Grenzkosten-Regel** im Monopol. Die inhaltliche Begründung wird nachvollziehbar, wenn man sich überlegt, wie ein Monopolist handeln wird, wenn die Grenzerlöse höher oder niedriger als die Grenzkosten sind.[67]

Am **Beispiel** einer linearen normal verlaufenden Nachfrage wird dies im Folgenden illustriert. Die Nachfragefunktion lautet:

$$p = 10 - 2Q$$

Daraus ergibt sich als Erlösfunktion:

$$R = p \times Q = (10 - 2Q)Q = 10Q - 2Q^2$$

Also ist der Grenzerlös gleich:

$$GR = 10 - 4q$$

Die anschließende Übersicht 7.2 verdeutlicht die Beziehungen zwischen der Nachfragefunktion D, die zugleich die PAF darstellt, dem Erlös R und dem Grenzerlös GR:

Übersicht 7.2: Nachfrage-, Erlös- und Grenzerlösfunktion im Monopol

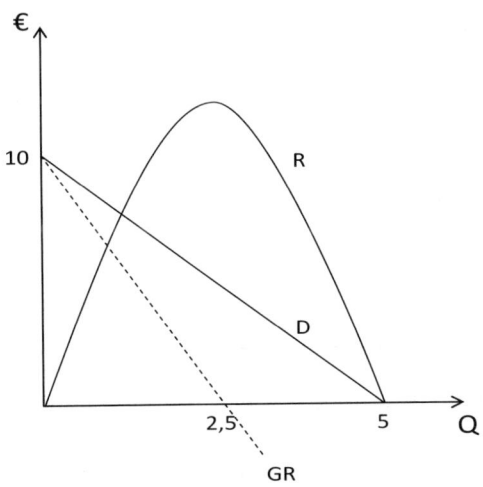

Der Preis liegt (abgesehen vom Prohibitivpreis) immer über dem Grenzerlös. Die inhaltliche Begründung basiert darauf, dass der Monopolist eine zusätzliche

---

[67] Dies war bereits weiter oben anhand der Grenzkosten-Preis-Regel im Polypol erläutert worden. Die Gewinnmaximierungsregeln im Polypol und im Monopol stimmen inhaltlich überein, nur dass der Grenzerlös im Polypol der Preis eines Gutes ist.

produzierte Menge nur zu einem geringeren Preis verkaufen kann. Dieser Zusammenhang beschreibt nichts anderes als den fallenden Verlauf der Nachfragefunktion. Da alle Konsumenten den gleichen Preis bezahlen, sinkt der Preis mit einer weiteren produzierten Einheit eines Gutes unter den Preis, der bis dahin zu zahlen war. Diese Preissenkung bei den „vorherigen" produzierten Mengen drückt den Erlös aus einer zusätzlichen verkauften Mengeneinheit unter den Preis dieser weiteren Einheit. Folge ist, dass der **Grenzerlös unter dem Preis liegt**.

Ziel ist die Bestimmung der gewinnmaximalen Angebotsmenge im Monopol, hierzu wird der Schnittpunkt von Grenzerlös und Grenzkostenfunktion gesucht (GR = GK). In der unten stehenden Übersicht 7.3 wird daher noch die Grenzkostenfunktion eingezeichnet. Als einfaches Beispiel betrachten wir eine lineare Kostenfunktion ohne Fixkosten.

Übersicht 7.3: Gewinnmaximum im Monopol

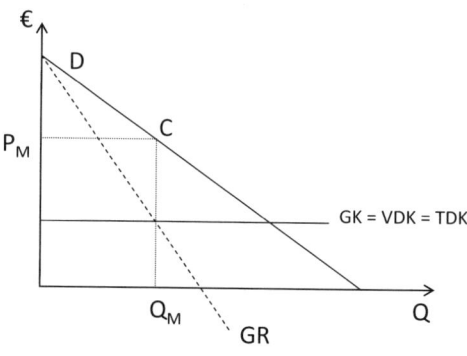

Der **Schnittpunkt von GK und GR** legt die gewinnmaximale Angebotsmenge des Monopolisten fest. Entsprechend der Nachfragefunktion folgt als gewinnmaximale Preis-Mengen-Kombination der Punkt C mit p_M und Q_M. Inhaltlich heißt dies, dass der gewinnmaximierende Monopolist die Menge Q_M zum Preis P_M verkauft. Der Punkt C auf der Nachfragefunktion heißt auch **Cournotscher Punkt**.[68] Die nächste Übersicht 7.4 illustriert denselben

---

[68] Nach dem französischen Mathematiker und Ökonomen Antoine Cournot (1801-1877), der diese Lösung als erster entwickelte.

Zusammenhang für eine nichtlineare Kostenfunktion, d.h. einen steigenden Grenzkostenverlauf.

Übersicht 7.4: Monopolergebnis bei steigenden Grenzkosten

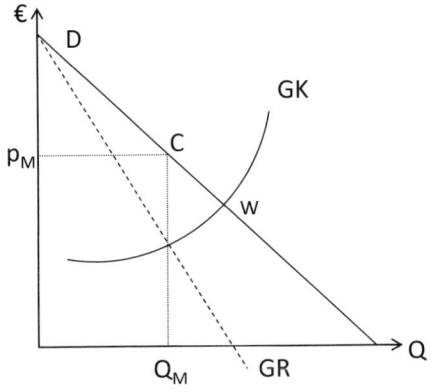

Die Grafik wird außerdem benutzt, um die Marktergebnisse auf einem Wettbewerbsmarkt und einem Monopolmarkt gegenüberzustellen. Bei Wettbewerb, bzw. im Polypol, resultieren Gleichgewichtspreis und Gleichgewichtsmenge aus dem Schnittpunkt von Angebot und Nachfrage. Die Angebotsfunktion ist dabei die (aggregierte) Grenzkostenfunktion. In der Abbildung entspricht das dem Schnittpunkt von D und GK. Dies ist in der Übersicht 7.4 der Punkt W. Vergleicht man diesen Schnittpunkt mit dem Marktergebnis im Monopol, d.h. dem Punkt C, ist zu sehen, dass der Monopolist einen **höheren Preis** als bei Wettbewerb durchsetzt und dies zwingend mit einer **geringeren Menge** im Monopol einhergeht. Ein Blick auf die Übersicht 7.3 zeigt, dass das natürlich auch bei linearen Kostenfunktionen gilt.

Auch im Monopol können die Ergebnisse alternativ anhand einer Betrachtung der Erlös- und Kostenfunktion ermittelt werden. Dies erfolgt in der Übersicht 7.5. Auch hier wird wieder der maximale vertikale Abstand zwischen der Erlös- und der Kostenfunktion gesucht. Dieser liegt bei Q_M. Bei dieser Angebotsmenge ist der Monopolgewinn am höchsten.

Übersicht 7.5: Monopolergebnis bei R- und K-Betrachtung

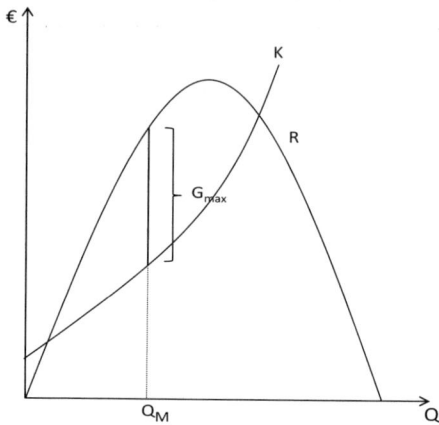

Der Gewinn für den Fall einer nichtlinearen Kostenfunktion ist auch noch einmal in der Übersicht 7.6 grau hinterlegt wiedergegeben. Er resultiert aus dem Stückgewinn (Preis minus TDK bei der Menge Q_M) multipliziert mit der Menge Q_M.

Übersicht 7.6: Der Gewinn im Monopol

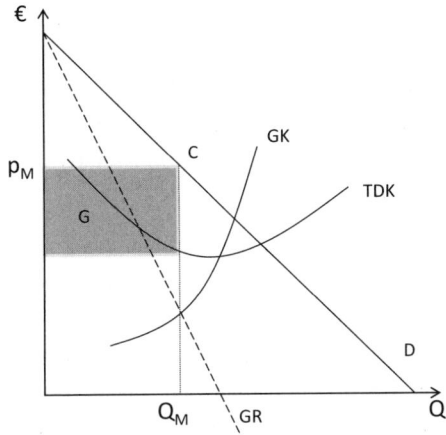

7.2. Ursachen und Auswirkungen von Marktmacht

Eine Reihe von **Ursachen für Monopolmacht** sind identifizierbar, bspw.:

- Patente
- Lizenzen
- Staatlich garantierte Monopole
- Leistungsvorsprünge und technologische Überlegenheit
- Kontrolle einer knappen Ressource bzw. Produktionsfaktors
- Kartellbildung

Aber die Zahl **echter Angebotsmonopole**, d.h. einer Situation, in der es lediglich einen Anbieter gibt, ist relativ selten. Im Grunde genommen trifft dies nur bei staatlichen Monopolen zu. Dies gilt gegenwärtig für die Wasserversorgung und war früher in verschiedenen Branchen und Industrien zu finden, bspw. der Briefbeförderung, der Telekommunikation oder dem Schienenverkehr. Andere Beispiele wie Microsoft auf dem Software-Markt für Betriebssysteme (Marktanteil 2017 über 91 %) und De Beers auf dem internationalen Diamantenmarkt (Marktanteil 1988 fast 90 %) sind (bzw. waren) im strengen Sinn der Definition keine Angebotsmonopole, da auch einige andere Anbieter existier(t)en.

Trotzdem ist die Behandlung des Monopols von Interesse. Das Monopolmodell verdeutlicht nämlich die **Auswirkungen von Marktmacht**, d.h. es zeigt, welche Tendenzen auf Nichtwettbewerbsmärkten herrschen. Das Monopol ist der theoretische Modellfall eines Marktes auf dem ein Marktteilnehmer über vollständige Marktmacht verfügt. Verallgemeinert lässt sich sagen, je größer die Marktmacht eines Anbieters ist, desto mehr ähnelt das Marktergebnis dem Monopolfall. Unzweifelhaft verfüg(t)en Microsoft und De Beers über eine erhebliche Marktmacht auf ihrem jeweiligen Produktmarkt und setz(t)en diese Marktmacht ein, um ihre Gewinne zu erhöhen.

Diese Marktmacht führt im Vergleich zu Wettbewerbsmärkten zu einem höheren Preis und einer geringeren Menge. Ein weiterer Aspekt ist, dass damit die Soziale Wohlfahrt auf einem Monopolmarkt niedriger ist als auf einem Markt mit funktionierendem Wettbewerb. Dies verdeutlicht Übersicht 7.7, basierend auf der Übersicht 7.3. Bei Wettbewerb ergibt sich die Gleichgewichtsmenge (Q_G) und der Gleichgewichtspreis (p_G) aus dem Schnittpunkt von Angebot (S) und Nachfrage (D).

Übersicht 7.7: Wohlfahrtsverlust im Monopol

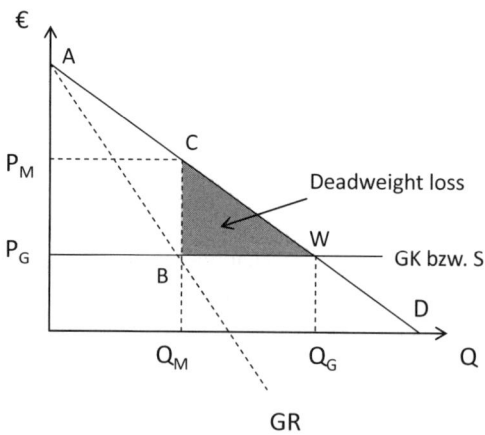

Die Soziale Wohlfahrt (die in diesem Fall nur aus Konsumentenrente besteht) ist gleich dem Dreieck mit den Eckpunkten W, A und p_G. Im Monopol resultieren der Monopolpreis (p_M) und die Monopolmenge (Q_M) aus dem Schnittpunkt von GK und GR. Die Soziale Wohlfahrt vermindert sich um das Dreieck mit den Eckpunkten W, C und B. Dieser Wohlfahrtsverlust im Monopol – grau hinterlegt – wird ebenfalls **„Deadweight Loss"** genannt.

Diese negativen Konsequenzen für den Verbraucher, die bei Marktmacht zu erwarten sind, gelten über die einfachen Analysen des Preis-Mengen-Diagramms hinaus auch im Hinblick auf **andere Dimensionen des Wettbewerbs**, wie bspw. **Qualität** und **Innovationsneigung**. Sie sind zusammengenommen der Grund, weshalb in der Volkswirtschaftslehre Wettbewerb prinzipiell als vorteilhaft betrachtet wird. Die beschriebenen Nachteile sind damit auch die Fundierung für staatliche Eingriffe, um im Rahmen der Wettbewerbspolitik dafür zu sorgen, dass auf Märkten Wettbewerb herrscht (bspw. durch das Bundeskartellamt).

Die Marktmacht eines oder mehrere Anbieter hängt erstens von der **Zahl der Produzenten** und deren **Marktanteilen** ab. Als Regel gilt, je geringer die Zahl der Unternehmen, desto höher ist die Wahrscheinlichkeit des Vorliegens von Marktmacht. Zweitens ist die Existenz oder Abwesenheit von **Markteintrittsbarrieren** von erheblicher Bedeutung. Das Modell wird also um einen weiteren Einflussfaktor erweitert, nämlich die Markteintrittsbarrieren. Wenn andere Unternehmen leicht in den Markt eintreten können, ist folgender Ablauf zu erwarten. Verhält sich der Monopolist gewinnmaximierend und macht dadurch hohe Monopolgewinne, so möchte sich sofort ein anderer Produzent ein Stück von dem Gewinnkuchen abschneiden. Er wird in den Markt eintreten und den Preis des Monopolisten etwas unterbieten, wodurch die Konsumenten bei ihm kaufen. Diese Anreize dem marktmächtigen Unternehmen von seinem hohen Gewinn etwas abzunehmen, bleibt bestehen, solange diese hohen Gewinne existieren. Durch weitere Markteintritte und Wettbewerbsreaktionen werden diese Gewinne komplett wegkonkurriert. Im Abschnitt A hatten wir dies als **potentielle Konkurrenz** schon kennengelernt. Ohne Markteintrittsbarrieren – bspw. durch ein Patent, versunkene Kosten oder staatlich garantierte Marktzutrittsschranken – kann auf Dauer keine große Marktmacht existieren.

Allerdings ist Marktmacht ein graduelles Phänomen und in gewissem Umfang verfügen viele Unternehmen über eine allerdings i.d.R. geringe Marktmacht (bspw. durch Standortvorteile, unvollständige Information der Konsumenten oder Qualitätsunterschiede). Sie ist eine Ursache für das Phänomen der **Preisdifferenzierung** (auch Preisdiskriminierung genannt) auf Märkten. Bei

Preisdifferenzierung verlangt der Anbieter für ein homogenes Gut von unterschiedlichen Kundengruppen unterschiedliche Preise. Ein schönes Beispiel aus der Praxis ist die langjährige Verfahrensweise von Volkswagen ein und dasselbe Produkt – einen Golf Variant einer bestimmten Ausstattungsvariante – in Deutschland deutlich teurer zu verkaufen als in Frankreich oder Dänemark.[69] Auch die uns allen geläufigen extrem unterschiedlichen Preise für einen Sitzplatz in einem Flug der Lufthansa von Frankfurt nach New York gehören in diese Kategorie. Die ökonomische Logik wird deutlich, wenn wir uns die Nachfragefunktion eines Unternehmens mit Marktmacht betrachten. Der fallende Verlauf geht auf **unterschiedlich hohen Zahlungsbereitschaften** unterschiedlicher Kundengruppen zurück. Die Grenzkosten der Produktion jedes Golf Variant und der Beförderung jedes Flugzeugsitzplatzes sind aber gleich hoch. Für den Anbieter erhöht sich sein Gewinn, wenn er das Produkt an die Nachfrager mit der hohen Zahlungsbereitschaft zu einem hohen Preis verkauft. Gleichzeitig kann er aber seinen Gewinn weiter steigern, wenn er den Kunden mit der niedrigen Zahlungsbereitschaft seine Leistung zu einem niedrigeren Preis verkauft. Dies gilt so lange, wie die Zahlungsbereitschaft (d.h. der erzielbare Preis) über den Grenzkosten liegt. Wir wissen aus Kapitel 5, dass kurzfristig die Grenzkosten die Preisuntergrenze darstellen.

Die wichtigsten Formen der Preisdifferenzierung sind:

- **Räumliche Preisdifferenzierung**. Hier sind die Preise (unabhängig von den Transportkosten etc.) für ein Produkt an verschiedenen Orten unterschiedlich hoch (bspw. Tankstellen, In- und Auslandsmärkte),
- **Zeitliche Preisdifferenzierung**: Bei ihr werden unterschiedlich hohe Preise für gleichartige Güter in Abhängigkeit vom Zeitpunkt der Nachfrage verlangt (bspw. Tages- versus Nachttarife, saisonale Rabatte, Happy Hour),
- **Sachliche Preisdifferenzierung**: Die Preise variieren in Abhängigkeit vom Verwendungszweck des Nachfragers (bspw. Diesel oder Heizöl, Kochsalz oder Viehsalz),
- **Persönliche Preisdifferenzierung**: Die Preise unterscheiden sich abhängig von bestimmten soziodemografischen Merkmalen der Kundengruppen (bspw. Kindertarife, Seniorenrabatte, Studentendiscounts)
- **Individuelle Preisdifferenzierung (personalisierte Preise)**: Jeder einzelne Kunde erhält ein individuelles Preisangebot. Diese ultimative

---

[69] Unter Berücksichtigung von unterschiedlichen Mehrwertsteuersätzen und ohne Transportkosten, die ab Werk Wolfsburg ja sowieso in Deutschland geringer sind.

Form der Preisdifferenzierung zielt darauf ab, jedem Kunden einen individuellen Preis exakt in Höhe seiner Zahlungsbereitschaft zu offerieren.[70]

Im Rahmen der Internet-Ökonomie und des Online-Shopping ist die individuelle Preisdifferenzierung auf Grund der Informationen, die Anbieter wie bspw. Google und Amazon über ihre Kunden besitzen, möglich geworden. Ein bekanntes Beispiel ist, dass Kunden, die einen Apple-Computer für ihre Online-Bestellungen verwenden, höhere Preise zahlen. Dies kann mit weiteren kundenindividuellen Informationen verknüpft werden (bspw. Internet-Surfverhalten, Historie der Einkäufe dieses Kunden, exakte Kundenanschrift, Geschlecht, Alter, Beruf, Geburtstag), um auf dieser Basis die wahrscheinliche maximale Zahlungsbereitschaft zu ermitteln.

Unter Wettbewerbsaspekten ist dies problematisch, da so tendenziell die gesamte Konsumentenrente von den Anbietern abgeschöpft wird.

---

[70] In der Literatur werden zum Teil andere Abgrenzungen und Begriffe verwendet. Verbreitet ist bspw. die Bezeichnung perfekte Preisdifferenzierung oder Preisdifferenzierung 1. Art für die individuelle Preisdifferenzierung.

Beispiel Monopolpreise: Telekommunikationsdienste in Deutschland

Der Markt für Telekommunikationsdienste (Festnetztelefon) war in Deutschland traditionell, d.h. seit Einführung des Telefons im Jahr 1877, ein Monopol der Post – zunächst der Reichspost und dann der Deutschen Bundespost. Im Rahmen der Postreformen I-III (einschließlich einer Grundgesetzänderung) ab 1989 wurde die Deutsche Bundespost in drei Unternehmen aufgespalten, darunter die Deutsche Telekom AG. Ziel dieser Liberalisierungen und Privatisierungen war die Etablierung eines funktionsfähigen Wettbewerbs im Bereich der Post- und Telekommunikationsdienste. Mit dem Telekommunikationsgesetz von 1996 endete das Telefondienstmonopol der Deutschen Telekom zum 31. Dezember 1997. Die folgende Übersicht 7.8 zeigt die Preisentwicklung in Deutschland für die Jahre 1997 bis 2016: Die Grafik verdeutlicht ein erhebliches Sinken des Preisniveaus in den Jahren von 1997/1998 bis 2001/2002. Dieser Rückgang ist ursächlich auf die Abschaffung des Telefondienstmonopols zum 1. Januar des Jahres 1998 zurückzuführen. Die Preisentwicklung illustriert daher das Modellergebnis, nachdem auf einem Wettbewerbsmarkt niedrigere Preise zu erwarten sind als auf einem Monopolmarkt.

Übersicht 7.8: Preisentwicklung Telekommunikation

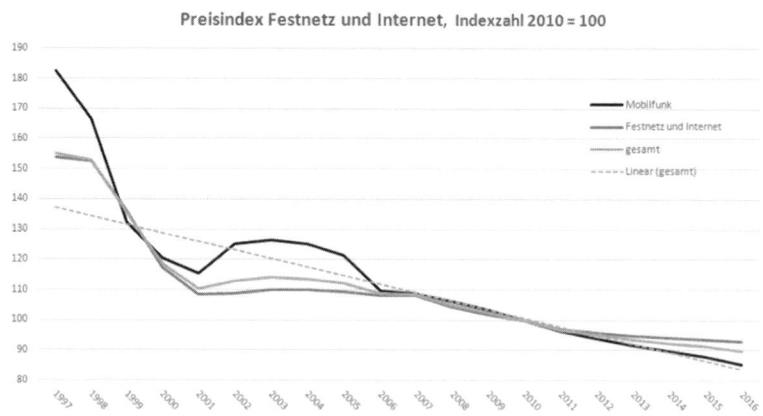

Quelle: Statistisches Bundesamt (2017)

Beispiel Individualisierte Preise

Der in der Übersicht 7.9 widergegebene Artikel beschreibt das Phänomen individualisierter Preise.

Übersicht 7.9: Apple-Besitzer zahlen mehr

„Preise können stark schwanken - je nachdem, wer sich gerade auf welchem Computer wann ein Produkt ansieht. Die Hintergründe.

Preise haben ein besonderes Eigenleben. Wie sonst ist es zu erklären, dass ein Flug nach Barcelona bei der Buchung auf dem Tablet mehr kostet als bei der am Computer? Oder dass das Geschenk für den Freund am Abend teurer ist als noch am Nachmittag?

Klar, Preise schwanken schon immer. Aber gerade im Online-Handel tun sie das mittlerweile nicht mehr von Tag zu Tag, sondern von Stunde zu Stunde - oder sogar noch häufiger. Der Versandhändler Amazon hat das Ganze perfektioniert: 3,4 Millionen Mal hat das Unternehmen im April die Preise der gelisteten Produkte verändert, hat der E-Commerce-Marktforscher Methoda herausgefunden.

Möglich ist Amazon das nur dank des riesigen Datenberges, den das Unternehmen über seine Kunden angesammelt hat. Dieser ermöglicht es dem Online-Händler, so nah in die Lebens- und Gedankenwelt des einzelnen Kunden einzudringen wie kaum ein anderer Händler - der Algorithmus macht's. Er antizipiert, in welcher Situation der Verbraucher sich gerade befindet und wie kauffreudig er dementsprechend ist.

Der Kunde wird gläsern - und das hat drastische Auswirkungen: Der Sachverständigenrat für Verbraucherfragen fand heraus, dass die gleiche Pauschalreise für Apple-Besitzer teurer sein kann als für Windows-Nutzer. Und mancher hat schon festgestellt, dass ein und derselbe Flug unterschiedlich teuer ist, je nachdem, ob man mit dem Tablet, Smartphone oder PC nachschaut.“

Quelle: Süddeutsche Zeitung (2016)

7.3. Oligopole

In der ökonomischen Realität sind **Oligopole eine häufig anzutreffende Marktform**. Der Lebensmitteleinzelhandel in Deutschland, der Benzinmarkt, viele technische Konsumgüter (von Fernsehgeräten bis zu Handys), die Stahlindustrie aber auch Tierfertignahrung und Waschmittel sowie die Fluggesellschaften sind dadurch gekennzeichnet, dass eine kleine und überschaubare Anzahl von Anbietern vorhanden ist.

Wodurch zeichnen sich die Wettbewerbsprozesse auf diesen oligopolistischen Märkten aus? Der zentrale Unterschied besteht darin, dass auf einem Oligopolmarkt jeder Anbieter damit rechnen muss, dass die Konkurrenten auf seine eigenen Entscheidungen reagieren werden. Senkt ein Produzent im Oligopol den Preis, muss er davon ausgehen, dass dies den Konkurrenten nicht verborgen bleibt und diese direkt an ihren zurückgehenden Verkaufsmengen spüren, dass die Nachfrager auf das billigere Angebot ausweichen. Damit ist aber sehr wahrscheinlich, dass die anderen Oligopolisten dies nicht tatenlos hinnehmen, sondern ihrerseits die Preise senken oder andere Gegenmaßnahmen ergreifen. Darüber hinaus muss sich der einzelne Anbieter darüber im klaren sein, dass auch die Konkurrenten sein eigenes Verhalten in ihre Management-Entscheidungen einbeziehen. Bei seinem eigenen Wettbewerbsverhalten muss der einzelne Anbieter diese **möglichen Konkurrentenreaktionen** bereits berücksichtigen. Dies wird als **oligopolistische Interdependenz** bezeichnet. Sie könnte etwa darin bestehen, dass der Oligopolist von vornherein darauf verzichtet, seinen eigenen Preis zu senken. Generell werden die unternehmerischen Entscheidungen im Oligopol damit komplexer und haben eine sehr starke strategische Komponente.

Die folgenden Erläuterungen beschränken sich auf einige grundsätzliche Überlegungen. Dabei wird der einfachste Fall eines Oligopols, das Duopol, zur Illustration herangezogen. Im **Duopol** existieren lediglich zwei Anbieter (und viele Nachfrager). Jedes Oligopolmodell muss eine Annahme treffen, wie die erwähnte oligopolistische Interdependenz das Verhalten der beteiligten Unternehmen beeinflusst. Das erste solcher Modelle ist das sogenannte **Cournot-Modell**.[71] Es unterstellt, dass jedes Unternehmen entscheidet, wie viel es produziert; dass beide Unternehmen diese Entscheidung gleichzeitig treffen und dass jedes Unternehmen die Produktionsmenge seines Konkurrenten als gegeben ansieht und auf dieser Grundlage entscheidet, wie viel es selbst herstellt. Dabei

---

[71] Benannt ebenfalls nach dem uns schon bekannten Herrn Antoine Cournot.

weiß jedes Unternehmen, dass der Marktpreis sich auf Grund der insgesamt von beiden Unternehmen produzierten Menge bildet. Der Wettbewerb findet folglich mittels der Produktionsmengen der beiden Konkurrenten statt, während der Preis auf dem Markt für das betrachtete Gut das Ergebnis der aufsummierten Produktionsmengen der beiden Anbieter darstellt. Andere Annahmen des Modells der vollständigen Konkurrenz – wie Produkthomogenität und vollständige Information der Nachfrager – werden beibehalten, so dass für beide Anbieter ein einheitlicher Preis des von ihnen hergestellten Gutes resultiert.

Übersicht 7.10: Produktionsentscheidungen im Cournot-Modell

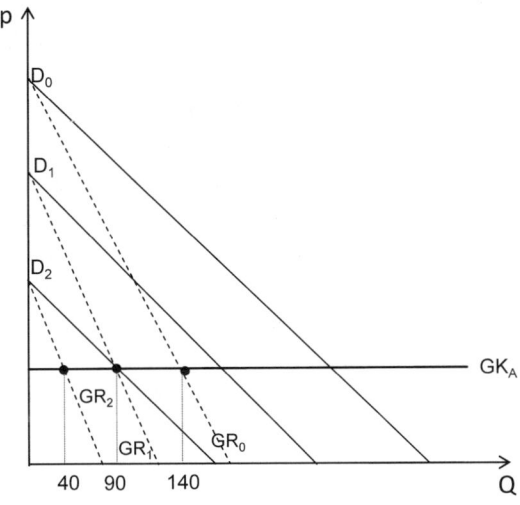

Auf dieser Grundlage lassen sich die in der Übersicht 7.10 widergegebenen Überlegungen ableiten. Die Übersicht enthält die Produktionsentscheidungen des Unternehmens A in einem Preis-Mengen-Diagramm. Die für das Unternehmen A gewinnmaximierende Produktionsmenge hängt davon ab, wie hoch aus dessen Sicht, die Produktionsmenge des Unternehmens B sein wird. Wenn Unternehmen B nichts herstellt, gilt für das Unternehmen A die Nachfragekurve D_0. Diese ist nichts anderes als die Nachfragefunktion auf dem Gesamtmarkt (da ja das andere Unternehmen nichts produziert). Unternehmen A handelt dann gewinnmaximierend, wenn es entsprechend des Schnittpunktes von

Grenzerlösfunktion (GR_0) und seiner Grenzkostenfunktion (GK_A) eine Menge von 140 Einheiten herstellt und verkauft. Bis hierin ist das mit den Überlegungen im Monopol identisch.

Geht Unternehmen A aber davon aus, dass Unternehmen B eine Menge von 50 Einheiten produziert, verringert sich seine Nachfragefunktion um genau diesen Betrag. Die Nachfragefunktion verschiebt sich bei jedem Preis um genau 50 Einheiten nach links – also von D_0 auf D_1. Folglich ergibt sich als jetzt relevante Grenzerlösfunktion die Gerade GR_1 mit der gewinnmaximierenden Menge von 90 Einheiten (bei dieser Menge gilt $GR_1 = GK_A$). Unterstellt Unternehmen A eine noch höhere Produktionsmenge des Unternehmens B verschiebt sich seine Nachfragefunktion entsprechend noch weiter nach links – etwa auf D_2. Sie gewinnmaximale Produktionsmenge sinkt dann auf 40 Einheiten (bei $GR_2 = GK_A$). Bei einer angenommenen noch höheren Produktionsmenge für das Unternehmen B wird Unternehmen A schließlich überhaupt auf die Herstellung des Gutes verzichten. Als Fazit ergibt sich, dass das Unternehmen A umso weniger produzieren wird, je höher die Produktionsmengen des Konkurrenten B sind, von denen A ausgeht. Die von Unternehmen A hergestellten Outputmengen sinken also mit den von ihm erwarteten zunehmenden Produktionsmengen des Unternehmens B. Im Beispiel von 140 über 90 auf 40 und schließlich 0 Einheiten. Diese vier Produktionsmengen sind als Punkte eingezeichnet. Der allgemeine Zusammenhang wird als **Reaktionskurve** des Unternehmens A bezeichnet, abgekürzt als $q_A = f(q_B)$. Sie ist in der Übersicht 7.11 ebenfalls zu finden. In dieser Abbildung sind die beiden Achsen die Produktionsmengen des Unternehmens A (q_A) und die Produktionsmengen des Unternehmens B (q_B).

Übersicht 7.11: Cournot-Gleichgewicht im Duopol

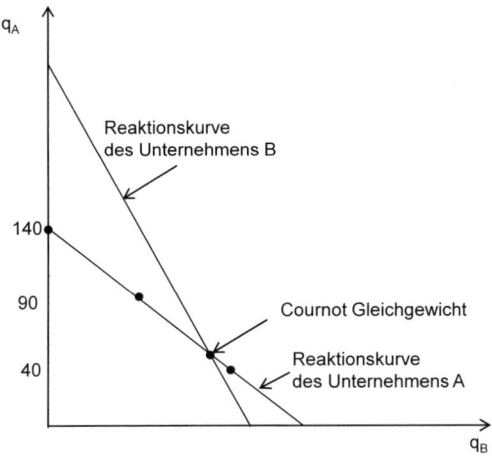

Was aber macht Unternehmen B? Gleiche Überlegungen können wir für Unternehmen B anstellen. Das Unternehmen B wird viel produzieren, wenn es davon ausgeht, dass Unternehmen A nichts herstellt. Seine produzierten Mengen sinken mit den von ihm unterstellten Produktionsmengen des Konkurrenten A. Der Zusammenhang ist als Reaktionskurve des Unternehmens B eingezeichnet. Es gilt für B: $q_B = g(q_A)$. Die Reaktionskurven der Hersteller A und B werden sich unterscheiden, insoweit ihre Grenzerlös- und Grenzkostenfunktionen voneinander abweichen.

In der Übersicht 7.11 ist der Schnittpunkte der beiden Reaktionskurven als Cournot-Gleichgewicht bezeichnet. In diesem Schnittpunkt schätzt jedes der beiden Unternehmen A und B die vom Konkurrenten produzierte Menge richtig ein und stellt genau die Menge her, die seinen eigenen Gewinn maximiert. In diesem Gleichgewicht hat also keiner der beiden Duopolisten einen Anreiz seine Produktionsmenge zu ändern.[72] Das Cournot-Modell sagt allerdings nichts

---

[72] Es handelt sich außerdem um ein Nash-Gleichgewicht. Ein Nash-Gleichgewicht ist gegeben, wenn die Unternehmen (hier die Unternehmen A und B) optimal (hier gewinnmaximierend) handeln und dies unter Berücksichtigung des Verhaltens der Konkurrenten: „If each player has chosen a strategy and no player can benefit by changing strategies while the other players keep theirs unchanged, then the current set of strategy choices and the corresponding payoffs constitute a Nash equilibrium" (Princeton 2013). Die Bezeichnung folgt dem Namen des US-amerikanischen Mathematiker und Ökonomen John Nash (*1928). Seine Dissertation aus dem Jahr 1950 umfasst 28 Seiten und ist eines der grundlegenden

darüber aus, ob und inwieweit es zu Anpassungsprozessen kommt, wenn die Unternehmen in der Ausgangssituation nicht die „richtige" Produktionsmenge beim Konkurrenten unterstellen und daher die hergestellten Mengen der beiden Unternehmen vom Cournot-Gleichgewicht abweichen. In diesem Fall müsste ein Anpassungsprozess einsetzen, der aber durch die Modellannahme der unterstellten fixierten Produktionsmengen des jeweils anderen Unternehmens ausgeschlossen wurde. Anders ausgedrückt: Die Herleitung der Reaktionskurve setzt voraus, dass die Produktionsmengen des Konkurrenten als fix gegeben unterstellt werden.

Alternative Ansätze bzw. Weiterentwicklungen sind u.a. das Bertrand- und das Stackelberg-Modell. Im **Bertrand-Oligopol** findet der Wettbewerb über den Preis statt. Beide Unternehmen stehen jetzt vor der Entscheidung, gleichzeitig über den Preis des von ihnen hergestellten homogenen Gutes zu entscheiden.[73] Welchen Preis wird Unternehmen A in diesem Fall wählen? Wenn es einen Preis verlangt, der etwas über dem Preis des Unternehmens B liegt, werden alle Nachfrager beim Konkurrenten B kaufen und Unternehmen A wird nichts absetzen können. Dieselbe Überlegung wird Unternehmen B anstellen. Ein gewinnmaximierendes Unternehmen darf daher keinesfalls einen Preis höher als der Konkurrent verlangen. Eine mögliche Lösung scheint zu sein, dass beide Unternehmen den gleichen Preis ansetzen. Aus Sicht der Konsumenten existiert dann ein einheitlicher Preis für ein homogenes Gut, so dass beide Unternehmen (wahrscheinlich) die Hälfte der gesamten Marktnachfrage produzieren und verkaufen können. Allerdings kann das Unternehmen A in diesem Fall durch eine kleine Preisreduzierung (bei konstantem Preis des Unternehmens B) die gesamte Nachfrage auf sich ziehen und dadurch seinen Gewinn deutlich erhöhen. Exakt die gleiche Überlegung wird auch Unternehmen B anstellen. Wo liegt unter diesen Umständen das Gleichgewichtsresultat? Unser Unternehmen A wird bei gewinnmaximierendem Verhalten einen Preis verlangen, der seinen Grenzkosten entspricht. Analog verhält sich Unternehmen B, so dass bspw. bei identischen Grenzkosten der Marktpreis mit den Grenzkosten der beiden Duopolisten übereinstimmt: $p = GK_A = GK_B$. Dieses Resultat entspricht aber genau dem bei vollständigem Wettbewerb. Das Bertrand-Modell zeigt, dass auch im Oligopol bei Einsatz des Preises als strategische Unternehmensentscheidung die uns bereits bekannten Gleichgewichtsergebnisse bei Wettbewerb zustande kommen.

Werke der Gleichgewichts- und Spieltheorie. Das Cournot-Gleichgewicht wird aus diesem Grund auch Cournot-Nash-Gleichgewicht genannt.

[73] Der Name geht auf den französischen Mathematiker Joseph Bertrand (1822-1900) zurück. Auch in diesem Fall spricht die Literatur zum Teil vom Bertrand-Nash-Gleichgewicht.

Zwei Folgerungen ergeben sich aus dem Bertrand-Modell. Erstens verdeutlicht es, dass eine scheinbar kleine Änderung der Modellannahmen (statt Mengenwettbewerb im Cournot-Modell jetzt Preiswettbewerb) zu völlig anderen Marktergebnissen führt. Zweitens sind die aus Sicht der beiden Unternehmen A und B negativen Konsequenzen des Bertrand-Modells für ihre Gewinne praktisch relevant. Sie sind die Grundlage der Empfehlungen vieler Lehrbücher des strategischen Managements auf jeden Fall eine Konkurrenz mit Preisunterbietungen zu vermeiden. Die Konsequenz ist aus Unternehmenssicht ein „Red Ocean", bei der beide Konkurrenten nur verlieren. Empfohlen wird daher eine **„Blue Ocean Strategy"**, deren zentrales Element die Schaffung neuer Märkte ist.[74]

Das Bertrand-Modell wird aufgrund seiner Ergebnisse zum Teil als wenig realistisch angesehen. Wenn die Folgen des Preiswettbewerbs bei homogenen Gütern den Oligopolisten bekannt sind, liegt es für sie nahe, eher die Produktionsmenge als strategische Entscheidungsvariable einzusetzen oder auf andere Dimensionen des Wettbewerbs (bspw. Qualität, Service, Innovation) auszuweichen.

Das **Stackelberg-Modell** knüpft an den Mengenwettbewerb des Cournot-Modells an.[75] In letzterem wird angenommen, dass die Duopolisten gleichzeitig ihre Entscheidungen über ihre Produktionsmengen treffen. Das Stackelberg-Modell geht davon aus, dass eines der beiden Unternehmen seine Mengenentscheidung <u>vor</u> dem anderen Unternehmen treffen kann. Es liegt also eine Asymmetrie in den Entscheidungsmöglichkeiten vor. Annahmegemäß soll Unternehmen A als erstes seine Produktionsmengenentscheidung treffen können (sogenannte Unabhängigkeitsposition). Unternehmen B entscheidet dann anschließend über seine Produktionsmenge (sogenannte Abhängigkeitsposition). Da für Unternehmen B die Produktionsmenge von A gegeben ist, gilt für ihn die bereits bekannte Reaktionsfunktion des Cournot-Modells. Der Duopolist A muss folglich die zu erwartenden Reaktionen des Unternehmens B berücksichtigen. Es lässt sich zeigen, dass dies für das Unternehmen A vorteilhaft ist. Es kann nämlich einen höheren Gewinn erzielen sowohl im Vergleich zu Unternehmen B sowie im Vergleich zu seinem Gewinn im Cournot-Modell. Inhaltlich erklärt sich dies durch die Annahme, dass Unternehmen B die Mengenentscheidung von Unternehmen A als gegebene Tatsache akzeptiert. Wenn es mehr produzieren

---

[74] Die Begriffe gehen auf das einflussreiche Managementbuch von W. Chan Kim und Renée Mauborgne, Blue Ocean Strategy, Harvard, 2005 zurück.

[75] Auch hier ist die Bezeichnung auf den Namen des „Erfinders" zurückzuführen. Heinrich von Stackelberg (1905-1946) war ein deutscher Ökonom.

würde als seiner Reaktionsfunktion entspricht, wäre dies für B nicht gewinnmaximierend.

Es handelt sich um ein Beispiel für einen **First-Mover-Advantage**, der in der strategischen Managementliteratur häufig diskutiert wird. Ein wichtiger kritischer Einwand gegen das Stackelberg-Modell ist aber, dass alle Unternehmen den Vorteil der Unabhängigkeitsposition kennen und danach bestrebt sein werden diese Position einzunehmen. Das Stackelberg-Modell setzt voraus, dass ein Unternehmen diese Position besitzt, erklärt aber nicht, welches der beiden Unternehmen (im Duopol) bzw. welches der mehreren Unternehmen (im Oligopol) dies ist.

Ein anderer Ansatz zur Analyse des Wettbewerbsverhaltens in Oligopolen bei dem auf die Annahme der Maximierung einer stetigen Gewinnfunktion verzichtet wird, ist die Verwendung der **Spieltheorie**. Sie ist eine mathematische Methode, die das rationale Entscheidungsverhalten in sozialen Konfliktsituationen analysiert. Dabei hängt der Erfolg des einzelnen Akteurs (hier Unternehmen) nicht nur vom eigenen Handeln, sondern auch von den Aktionen anderer Unternehmen ab. Die möglichen Ergebnisse werden in einer sogenannten **Auszahlungsmatrix** abgebildet. Diese besteht in unserem Fall eines Duopols und wenn von lediglich zwei Alternativen für jedes Unternehmen ausgegangen wird aus einer Vier-Felder-Matrix. Übersicht 7.12 illustriert dies für die Unternehmen A und B. Beide haben die Option für das von ihnen produzierte homogene Gut einen Preis von entweder 1,20 € oder 1,80 € zu verlangen.

Die Auszahlungen bestehen in unserem Modell aus den Gewinnen, die die beiden Unternehmen zu erwarten haben. Die Gewinne sind dabei natürlich abhängig von der eigenen und der Preisentscheidung des Konkurrenten. In den vier Feldern der Übersicht 7.12 ist der Gewinn des Unternehmens A jeweils im unteren gepunkteten Dreieck und der Gewinn des Unternehmens B im oberen schraffierten Dreieck eingezeichnet.

Übersicht 7.12: Spieltheoretische Analyse des Duopols

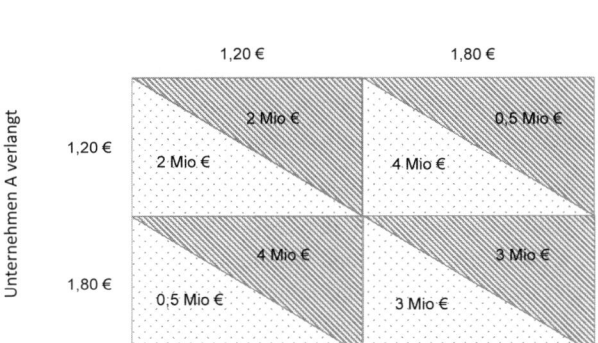

Das linke obere Feld der Auszahlungsmatrix zeigt, dass, wenn beide Unternehmen einen Preis von 1,20 € ansetzen, der Gewinn für Unternehmen A 2 Mio. € beträgt und Unternehmen B ebenfalls einen Gewinn von 2 Mio. € macht. Aus Unternehmenssicht wäre es vorteilhaft, wenn die Unternehmen beide einen höheren Preis von 1,80 € für ihr homogenes Gut festlegen. Unternehmen A und Unternehmen B realisieren dann beide einen Gewinn von jeweils 3 Mio. €. Wird diese Lösung zustande kommen?

Ausgehend vom rechten unteren Feld ergibt sich, dass es für Unternehmen A gewinnmaximierend ist, einen niedrigeren Preis von 1,20 € zu verlangen, wenn Unternehmen B 1,80 € fordert. Wir befinden uns dann im rechten oberen Feld: Hier erzielt A einen Gewinn von 4 Mio. € und dies ist mehr als die 3 Mio., die das Unternehmen A realisiert, wenn es bei seinem Preis von 1,80 € bleibt. Was ist, wenn Unternehmen A feststellt, dass B einen Preis von lediglich 1,20 € verlangt? Unternehmen A erzielt bei einem eigenen Preis von 1,80 € dann einen Gewinn von lediglich 0,5 Mio. €. Dies ist die Situation im linken unteren Feld. Auch in diesem Fall ist es für Unternehmen A gewinnerhöhend, wenn es seinen Preis senkt und lediglich 1,20 € ansetzt. Sein Gewinn steigt dann auf 2 Mio. € (linkes oberes Feld). Insgesamt ist festzustellen, dass es für das Unternehmen A immer gewinnerhöhend ist, wenn es seinen Preis auf 1,20 € festlegt. Dies gilt unabhängig davon, ob Unternehmen B seinerseits 1,20 oder 1,80 € verlangt. Den Preis auf 1,20 € zu senken ist für Unternehmen A eine **dominante Strategie**. Eine Strategie (d.h. hier die Entscheidungsalternative 1,20 €) ist dominant, wenn sie immer besser ist als die vorhandene Alternative (hier 1,80 € zu verlangen).

Diese Überlegungen gelten aber ganz genauso für das Unternehmen B. Wir können jetzt die Ausgangsfrage beantworten. Das Marktergebnis wird im oberen linken Feld liegen. Aus Unternehmenssicht ist dies zwar eine ungünstige Situation, aber wenn die Unternehmen A und B nicht kooperieren und sich gewinnmaximierend rational Verhalten, kommt dieses aus Sicht der Nachfrager vorzuziehende Resultat zustande.[76] Diese Schlussfolgerung stimmt mit dem Resultat des Bertrand-Oligopols überein: Auch im Duopol kommt ein Marktergebnis zustande, das dem bei vollständigem Wettbewerb entspricht.

Allerdings ist bei einer solchen spieltheoretischen Analyse das Ergebnis ebenfalls in verschiedener Hinsicht stark von den Modellprämissen abhängig. Diese beziehen sich u.a. auf die Höhe und Struktur der Auszahlungen (bspw. Nullsummenspiele und Nicht-Nullsummenspiele), die vorhandenen Informationen, die Kooperation, d.h. die Möglichkeit der Akteure bindende Verträge abzuschließen (kooperative und nicht-kooperative Spiele), Verhaltens- und Rationalitätsannahmen sowie die Zahl der Spielrunden (d.h. die Dauer der Interaktionen zwischen den Akteuren: endliche und unendliche Zahl an Spielwiederholungen).

Der letzte dieser Aspekte ist wichtig, weil er nahelegt, dass doch Kooperation zwischen den Unternehmen (zu Lasten der Nachfrager, d.h. bspw. der Verbraucher) stattfindet. Die Geschäftsführung eines Unternehmens wird häufig davon ausgehen, dass es eine Vielzahl von Spielrunden gibt, d.h. eine Vielzahl von Perioden, in der das Unternehmen ebenso wie seine Konkurrenten im Oligopol jedes Mal neu seinen Preis fixieren kann. Dies ist naheliegend, da viele Unternehmen jahre- oder sogar jahrzehntelang in bestimmten Branchen Konkurrenten sein werden. Wie lange dieses Konkurrenzverhältnis andauern wird, ist dabei den beteiligten Unternehmen in der Regel unbekannt. Unter diesen Umständen und der bei wechselseitigen Preissenkungen voraussehbaren Gewinnreduktion aller Oligopolisten, liegt es nahe zu kooperieren, um gemeinsam die hohen Gewinne aus dem rechten unteren Feld der Übersicht 7.12 abzuschöpfen.

Die experimentelle Wirtschaftsforschung zeigt bspw., dass „**Tit-for-Tat**", d.h. „Wie du mir, so ich dir" eine langfristig oft vorteilhafte Verhaltensweise ist. In unserem Beispiel führt dies für Unternehmen A zu folgender Entscheidung: Unternehmen A startet mit einem hohen Preis in der ersten Spielrunde und registriert, welchen Preis Unternehmen B als Antwort darauf setzt. Ist

---

[76] Es handelt sich allgemein um das Gefangenendilemmas, das in der Spieltheorie auf verschiedene soziale Situationen angewendet wird.

Unternehmen B „unfreundlich", d.h. maximiert den eigenen Gewinn in der ersten Spielrunde durch einen niedrigeren Preis, reagiert Unternehmen A in der zweiten Runde mit einem ebenfalls niedrigen Preis. Falls Unternehmen B aber in der ersten Runde „freundlich" antwortet, indem es ebenfalls einen hohen Preis verlangt, setzt A in der zweiten Runde gleichfalls einen hohen Preis. Anbieter A signalisiert auf diese Weise mittels seiner Preissetzung seine Kooperationsbereitschaft, bestraft unkooperatives Verhalten und belohnt kooperatives Verhalten. Im Resultat eine plausibles und empirisch unter bestimmten Umständen gut fundiertes, d.h. praktisch relevantes Managementverhalten. Ein weiterer interessanter Gesichtspunkt ist, dass diese Kooperation auch ohne ausdrückliche (eventuell sogar vertragsmäßig fixierte) Vereinbarung funktioniert. Ein solches bewusstes **Parallelverhalten** ist naturgemäß auch schwer vom Kollusionsverbot des Wettbewerbsrechtes zu erfassen bzw. nachzuweisen.

Dies führt zum Fazit, dass in Oligopolen – zumindest unter bestimmten Umständen – die Gefahr groß ist, dass die wenigen Anbieter zusammenarbeiten, um gemeinsam wie ein Monopolist zu handeln oder zumindest gemeinsam Marktmacht etablieren und einen höheren Preis als den Wettbewerbspreis durchsetzen.[77] Die Wirksamkeit von Absprachen hängt von den Sanktionsmöglichkeiten ab, die existieren, wenn sich die Kartellmitglieder nicht an die vereinbarten Produktionsmengen halten. Darüber hinaus ist die Zahl der Oligopolisten entscheidend. Bei fünf oder mehr Mitgliedern werden Kartelle oft instabil.

Die ökonomische Analyse im einfachsten Fall zweier Unternehmen mit identischen Grenzkosten, die gemeinsam wie ein Monopolist agieren, enthält Übersicht 7.13. Die beiden Unternehmen A und B produzieren jeweils die Mengen q_A und q_B und verlangen jeweils den Preis p (= p_A = p_B).

Auch dies ist aber ein praktisch seltenes Modellergebnis, das bspw. darauf beruht, dass die Unternehmen A und B sich auf eine völlig identische Mengen- und damit Gewinnaufteilung einigen. Schon bei vorliegen unterschiedlich hoher Grenzkosten ist es fraglich, ob sich die Unternehmen auf eine von beiden akzeptierte und eingehaltene Gewinn- und Mengenteilung verständigen können.

---

[77] Solche Verhaltensweisen, die Wettbewerb verhindern, sind auf Grund der Wettbewerbsgesetzgebung untersagt (bspw. in Deutschland im Kartellverbot des Gesetzes gegen Wettbewerbsbeschränkungen - GWB), aber in der Praxis natürlich anzutreffen.

Übersicht 7.13: Gemeinsame Gewinnmaximierung im Duopol

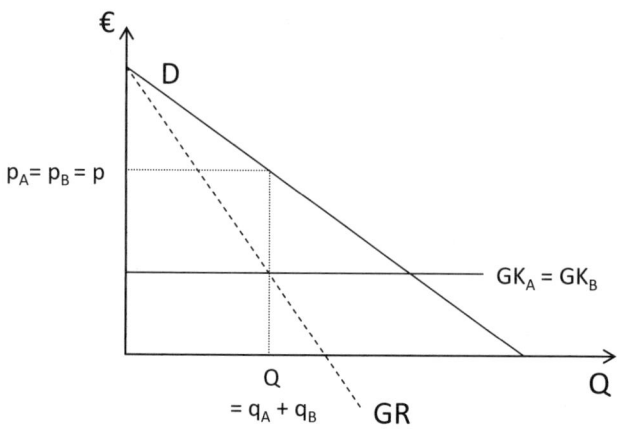

Die Analysen dieses Kapitels lassen sich wie folgt zusammenfassen: Wie sich auf einem konkreten Oligopolmarkt die Marktprozesse entwickeln, hängt von einer ganzen **Reihe von Einflussfaktoren** ab. Unterschiedliche Verhaltensannahmen spielen dabei eine zentrale Rolle. Abhängig von ihnen kann gezeigt werden, dass das **Marktergebnis zwischen dem im Polypol und im Monopol** liegt. Tendenziell wird mit der Zahl der Anbieter die Wettbewerbsintensität zunehmen. Außerdem ist deutlich geworden, dass weitere Aspekte als die Anbieterzahl von erheblicher Bedeutung sind. Die wichtigsten sind die Existenz oder Abwesenheit von Markteintrittsbarrieren, die Bedeutung und Möglichkeit von Qualitätsunterschieden (Produktdifferenzierung) und – bisher nicht angesprochen – die Entwicklungsstufe in der sich der Markt befindet.[78]

Bei dieser Vielfalt der theoretisch möglichen Ergebnisse überrascht nicht, dass auf manchen Oligopolmärkten ein intensiver Wettbewerb angetroffen werden kann, so wird bspw. häufig der Lebensmitteleinzelhandel in Deutschland charakterisiert. Andere Oligopolmärkte stehen in dem Verdacht, dass durch Preisabsprachen (Kartelle) und abgestimmte Verhaltensweisen die Anbieter gemeinsam tendenziell wie ein Monopolist agieren. Diese Behauptung bezieht sich bspw. auf den Benzinmarkt und die Zementindustrie.

---

[78] Die Entwicklungsstufe wird auch Marktphase genannt. Dabei sind Einführungs-, Wachstums-, Reife- und Rückbildungsphase im Produktlebenszyklus gemeint.

Beispiel Wettbewerb im Oligopol: Der deutsche Biermarkt

Ein Artikel in der Süddeutschen Zeitung vom 22. August 2013 berichtet von Ermittlungen des Bundeskartellamtes gegen 12 große Bierproduzenten. Seit dem Jahr 2011 verfolgt das Bundeskartellamt die Entwicklungen auf dem Biermarkt wegen vermuteter illegaler Preisabsprachen. Angeblich wurden diese Vereinbarungen im Jahr 2007 oder 2008 auf der Lebensmittelmesse ANUGA getroffen. Der Biermarkt in Deutschland schrumpft bereits seit 1999, wobei der jährliche Pro-Kopf-Verbrauch im Schnitt um 2% sinkt. Dieser langfristige Markttrend hält in den letzen Jahren an (siehe Übersicht 7.14). Die großen Brauereigruppen sind bestrebt ihre Absatzmengen zu halten. Die ökonomische Fundierung dieses strategischen Verhaltens sind die stark sinkenden Durchschnittskosten. Ein solcher Kostenverlauf führt bei sinkenden Absatz- und daher Produktionsmengen zu einem schnellen Anstieg der Stückkosten. Um dieser Kostenfalle zu entgehen, haben die Anbieter ab dem Jahr 2000 zunächst mit Preisnachlässen reagiert. Diese Preissenkungen in der Branche führten zu deutlich verringerten Gewinnspannen. Als Gegenreaktion erfolgte dann die beschriebene angenommene Preisabsprache.

Übersicht 7.14: Pro-Kopf-Verbrauch Bier in Deutschland

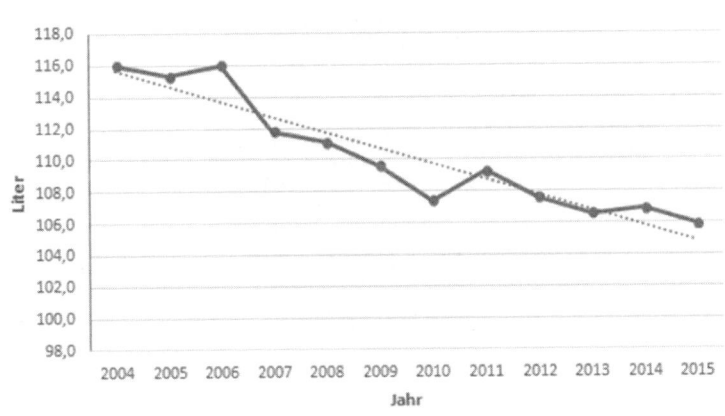

Quelle: Brauer Bund (2016)

Die Vermutung oligopolistischer Absprachen durch das Bundeskartellamt verwundert auf den ersten Blick, da in Deutschland immer noch mehr als 1300

Brauereien existieren. Dies entspricht zunächst anscheinend eher einem Polypol. Neben einer großen Zahl sehr kleiner Brauereien existieren aber dominierende Unternehmen, die einen großen Teil des Biermarktes unter sich aufteilen. Dazu gehören besonders finanzstarke internationale Konzerne, die eine Vielzahl von Biermarken unter ihrem Dach vereinigen. Hinter der Vielfalt der Biermarken verbirgt sich insoweit eine starke Konzentration des Umsatzes auf wenige große Brauerei-Gruppen.

Diese elf größten Bierproduzenten kommen zusammen auf einen Marktanteil von ca. 70 %. Dem stehen sehr viele kleine Brauereien gegenüber, deren Jahresproduktion 20 bis 80 Tausend Hektoliter beträgt und lediglich ein regionales Absatzgebiet bedienen.

Übersicht 7.15: Marktanteile Biermarkt Deutschland

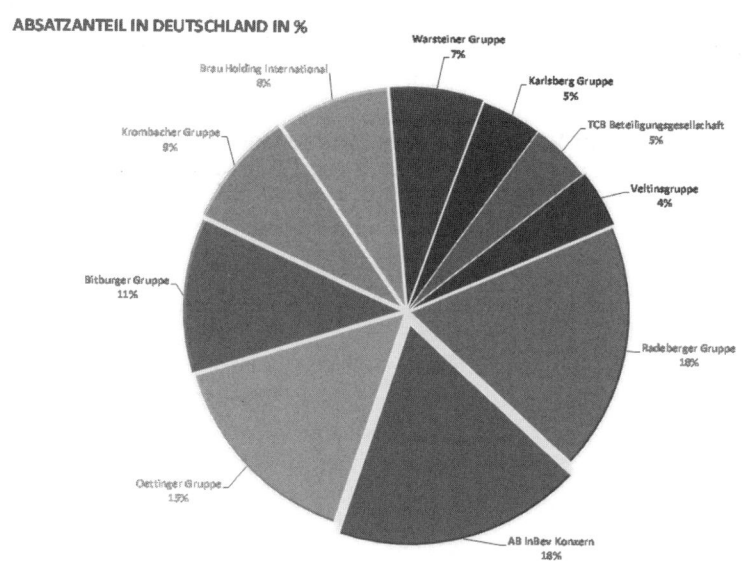

Quelle: Brauer Bund (2016)

Die sehr ungleiche Größenverteilung der Hersteller ist eine der Gründe, weshalb trotz großer Zahl von unabhängigen Bierproduzenten eher von einem Oligopol auszugehen ist. Diese Einschätzung ergibt sich, wenn man davon ausgeht, dass die zahlreichen kleinen Unternehmen nur einen Randwettbewerb (auch als

Competitive Fringe bezeichnet) auslösen, ohne wirksamen Wettbewerbsdruck auf die genannten großen Biergruppen ausüben zu können. Als dominante Anbieter können diese evtl. den Marktpreis bestimmen, bspw. weil die kleinen Bierproduzenten diese Preise als gegeben betrachten und ihre eigenen Preise daran orientieren.

Eine damit zusammenhängende Frage ist das Problem der Abgrenzung des relevanten Marktes. Die kleineren Brauereien sind fast ausschließlich auf regional eng begrenzte Märkte ausgerichtet. Definiert man den relevanten Markt als Pils-Marken, die auf nationaler Ebene überall im Einzelhandel vertrieben werden, schrumpft die Anbieterzahl im Wesentlichen auf die oben aufgeführten Brauereikonzerne zusammen. In dieser Abgrenzung handelt es sich sehr wohl um ein Oligopol mit einer überschaubaren Zahl von Unternehmen.

Die Preisentwicklung seit 2003 legt aber nahe, dass eventuelle Preisabsprachen nur geringe Wirksamkeit hatten. In den Jahren 2007 und 2008 stiegen die Preise zwar, gingen aber in den Jahren danach deutlich zurück. Viele Hersteller haben einen erheblichen Teil ihrer Bierproduktion als Sonderangebote deutlich unter dem Listenpreis verkauft. Schätzungen gehen davon aus, dass im Jahr 2013 ca. 70 % der über den Einzelhandel abgesetzten Biermenge mit Rabatten gegenüber dem erheblich höheren Listenpreis verkauft wurde. Der durchschnittlich für Pils zu zahlende Preis (je Kasten 20×0,5 Liter Mehrwegflasche) hat daher 2009 bis 2011 deutlich abgenommen:

Übersicht 7.16: Preisentwicklung Premium-Pils in Euro

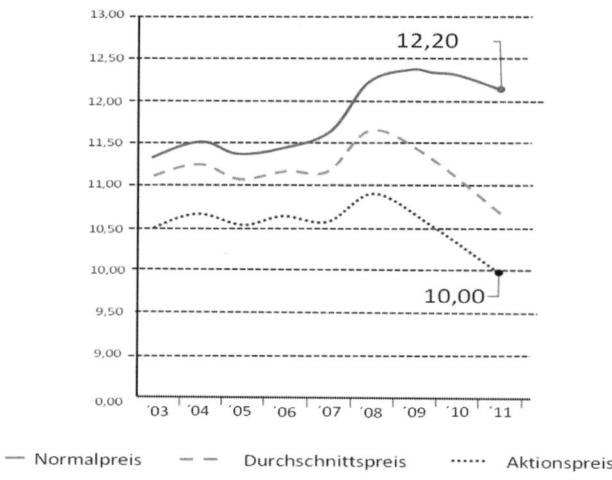

Quelle: Süddeutsche Zeitung (2013): 19

Die Preisabsprachen im Oligopol auf dem deutschen Biermarkt sind daher nicht zum Tragen gekommen. Der Grund dürfte in den starken Anreizen für den einzelnen Anbieter liegen im schrumpfenden Markt keine Marktanteile zu verlieren. Während der offizielle Listenpreis beibehalten wurde, bemühten sich die Anbieter durch Rabatte und Sonderaktionen ihre Absatzmengen zumindest zu halten. Auf dem Gesamtmarkt waren durchschnittliche Preissenkungen die ökonomisch unvermeidliche Konsequenz. Außerdem ist offensichtlich, dass in einem schrumpfenden Markt die Grenzanbieter aus dem Markt ausscheiden müssen.

Beispiel: Parallelverhalten im Benzin-Oligopol

Die Preisbildung auf dem deutschen Benzinmarkt steht immer wieder im Fokus der öffentlichen Wahrnehmung. Da es sich um einen (engen) Oligopolmarkt mit einem (weitgehend) homogenen Gut, hoher Markttransparenz, hohen Markteintrittsschranken, häufigen Interaktionen der Unternehmen und geringer Nachfragemacht der vielen Benzinkäufer handelt, sind wesentliche Voraussetzungen gegeben, die (verbotene) Kartellabsprachen wahrscheinlich machen. Das Bundeskartellamt hat daher mehrfach den Benzinmarkt untersucht. Übersicht 7.17 verdeutlicht beispielhaft das Parallelverhalten der vier großen Anbieter. Aral erhöht um 16:00 Uhr den Benzinpreis, um 19:00 Uhr ziehen Shell und Total nach und um 21:00 Uhr Jet und Esso.

Das Bundeskartellamt stellte generell fest, dass die Preiserhöhungen mit der flächendeckenden Erhöhung durch ein Mineralölunternehmen beginnen. Dabei starten annähernd 50 % der Preiserhöhungsrunden von Montag bis Donnerstag um genau 18:00 Uhr. Außerdem sind öfter gewählte Anfangszeitpunkte Montag und Freitag um 11:00 Uhr sowie Montag und Donnerstag um 16:00 Uhr.

Übersicht 7.17: Preisentwicklungen auf dem Benzinmarkt

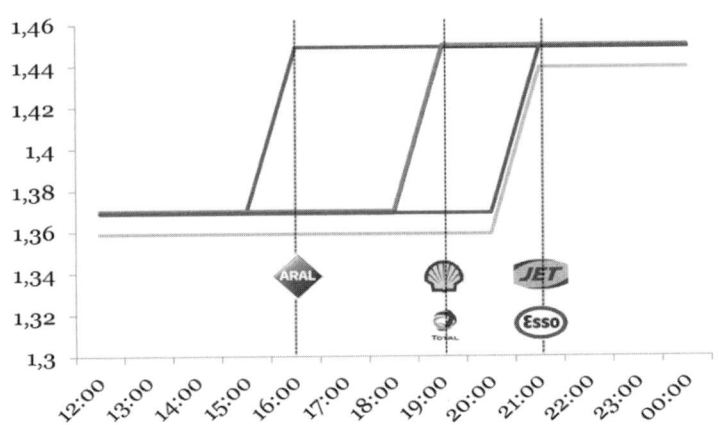

Quelle: Gleave (2011)

8. Wettbewerb und Marktgleichgewicht

8.1. Wettbewerbsformen

Die Ausführungen zu den Ergebnissen von Wettbewerb und Monopol sind stark vereinfachte Darstellungen der realen Wettbewerbsprozesse. Sie müssen unter verschiedenen Aspekten ergänzt und erweitert werden. Dazu dient in einem ersten Schritt die Analyse des Oligopols mit mehreren Anbietern. Sie ist bezüglich der Modellergebnisse nicht eindeutig, veranschaulicht aber die Relevanz der Grenzfälle Wettbewerb (vereinfacht Polypol, mit sehr vielen Anbietern) und Monopol (ein einziger Anbieter). Der einzige dabei untersuchte Einflussfaktor der Wettbewerbsprozesse ist die Zahl der Anbieter.[79]

Die Darstellungen der vorhergehenden Kapitel haben damit einige wichtige Wettbewerbselemente nur am Rande behandelt. Dazu gehört bspw. der **Aspekt der Qualität** von Gütern. Tatsächlich ist neben dem Preis und der Menge die Qualität eines Gutes eine entscheidende Wettbewerbsdimension. Der Begriff „Qualität" schließt dabei ein weites Spektrum von Eigenschaften eines Gutes ein. Er beinhaltet die Frage nach Haltbarkeit und Funktionalität ebenso wie Design, Service, Lieferschnelligkeit und Garantiebedingungen, um nur einige zu nennen. Unternehmen bemühen sich im Wettbewerb darum, die eigenen Produkte von den Produkten der Konkurrenten hinsichtlich der Qualität abzuheben.[80] Die Unternehmen betreiben dann **Produktdifferenzierung,** d.h. **Qualitätsdifferenzierung** ihrer Güter gegenüber dem Angebot der Wettbewerber. Die ökonomische Logik dieser Verhaltensweise können wir auf Grund der vorhergehenden Kapitel nachvollziehen. Wenn die Güter eines Unternehmens sich für die Kunden überhaupt nicht vom Angebot der Konkurrenten unterscheiden, ist der Marktpreis für diesen Anbieter eine gegebene und fixierte Größe. Er kann keinen höheren Preis verlangen, d.h. er agiert auf einem Wettbewerbsmarkt und steht einer unendlich elastischen, horizontalen Nachfragefunktion gegenüber. Durch Produktdifferenzierung erreicht er, dass das eigene Angebot aus Sicht der Nachfrager nicht perfekt durch die Konkurrenzprodukte substituiert werden kann. Das Resultat ist dass er (mehr oder weniger) Marktmacht gewinnt, d.h. die Nachfragefunktion für sein Produkt nicht mehr horizontal, sondern (mehr oder weniger) unelastisch wird. Konkret

---

[79] Die Ergebnisse lassen sich entsprechend abgewandelt auf die Nachfrageseite übertragen – etwa den Fall des Monopsons mit einem Nachfrager und vielen Anbietern.

[80] Dabei ist es egal, ob dieser Qualitätsunterschied objektiv als Produkteigenschaft existiert oder nur subjektiv vom Konsumenten als solcher empfunden wird. Bspw. ist es für viele Konsumenten entscheidend wichtig, dass auf ihren Sportschuhen drei weiße Streifen zu sehen sind und nicht etwa 4 oder fünf Streifen und zwar selbst dann, wenn die Schuhe ansonsten völlig identisch sind.

bedeutet das für diesen Anbieter, dass er einen Preis am Markt durchsetzen kann, der (mehr oder weniger) über dem Gleichgewichtspreis bei vollständiger Konkurrenz liegt.

Dieser Zusammenhang wird in der Übersicht 8.1 dargestellt und als Modell der **monopolistischen Konkurrenz** bezeichnet. Das zugrundeliegende Modell basiert auf der Prämisse, dass die Unternehmen Produktdifferenzierung betreiben und dadurch aus Sicht der Konsumenten bzw. zumindest für eine Gruppe von Konsumenten nicht perfekt substituierbar sind. Eine elastische aber nicht unendlich elastische Preis-Absatzfunktion für den einzelnen Anbieter ist die Folge. Außerdem wird unterstellt, dass keine Marktzutrittsschranken existieren. Andere Unternehmen also in den Markt eintreten können, wenn sich dies für sie lohnt.

Übersicht 8.1: Monopolistische Konkurrenz bei kurzfristiger Betrachtung

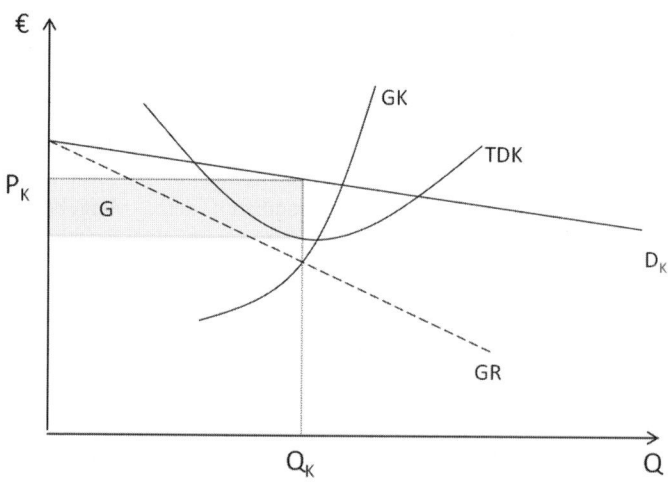

Für das einzelne betrachtete Unternehmen, bzw. dessen Produkt, gilt die eingezeichnete Nachfragefunktion D_K. Das Produkt ist auf Grund der Qualitätsdifferenzierung aus Sicht der Kunden nicht vollständig durch die Konkurrenzprodukte substituierbar, weshalb die Nachfragefunktion nicht vollständig horizontal verläuft. Gleichzeitig sind die Nachfrager aber nur begrenzt bereit bei Preiserhöhungen weiterhin dieses Qualitätsprodukt zu kaufen, mit der Konsequenz, dass die Nachfragefunktion verhältnismäßig flach ausfällt. Eine solche Situation ist bei vielen Markenprodukten, wie bspw. Tempo-Taschentüchern, Lind-Schokolade, Coca-Cola oder Miele-Waschmaschinen plausibel. Das Unternehmen wird (wie bekannt) die gewinnmaximierende Angebotsmenge im Schnittpunkt von Grenzerlös und Grenzkosten finden. Diese liegt bei der Menge Q_K, die zum Preis P_K verkauft wird. Das Unternehmen erzielt einen Gewinn. Er ergibt sich aus der Differenz von P_K und den totalen Durchschnittskosten (TDK) bei der Menge Q_K der Stückgewinn. Wenn dieser mit der Menge Q_K multipliziert wird, erhält man den gesamten Gewinn, der als grau hinterlegtes Rechteck eingezeichnet ist.

Die Analyse ist bis hierhin aber eine kurzfristige Betrachtungsweise. Bspw. bezeichnet D_K die kurzfristig für das Unternehmen relevante Nachfragefunktion. Langfristig ist zu berücksichtigen, dass der vom Unternehmen erzielte Gewinn andere Unternehmen motivieren wird, ebenfalls eine Markenprodukt-Strategie zu wählen und auf diesem Markt durch Werbung u.ä. zu etablieren. Dies hat zu Folge, dass die Nachfragefunktion sich langfristig nach unten verschiebt, da ein Teil der Konsumenten jetzt lieber die Markenprodukte der Konkurrenzanbieter kauft. Der Marktanteil des ersten Unternehmens sinkt. Dieser Prozess ist erst dann beendet, wenn unser Unternehmen keinen Gewinn mehr macht. Das resultierende langfristige Gleichgewicht wird in der Übersicht 8.2 abgebildet.

Das Unternehmen maximiert seinen Gewinn im Schnittpunkt von Grenzerlös und Grenzkosten. Allerdings beträgt der Gewinn null, da gleichzeitig die langfristige Nachfrage D_L die TDK dort tangiert, wo der gewinnmaximierende Preis P_L liegt. Nur bei dieser Konstellation existiert ein Gleichgewicht: Das Unternehmen maximiert seinen Gewinn, da dieser aber null beträgt, wird kein weiterer Marktzutritt erfolgen und die Nachfragefunktion D_L verschiebt sich nicht weiter nach unten.

Übersicht 8.2: Monopolistische Konkurrenz bei langfristiger Betrachtung

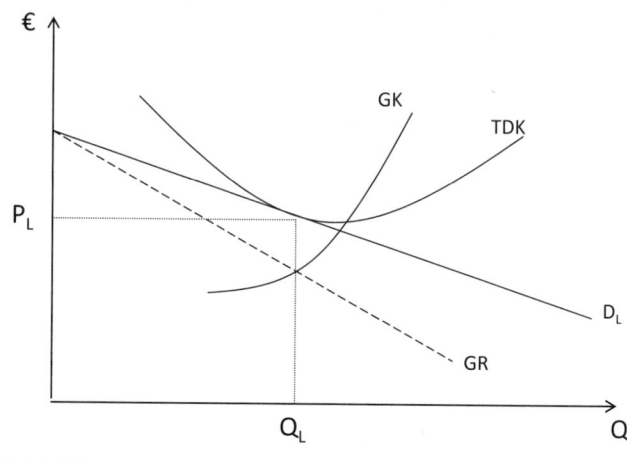

Der Einbezug der Qualität in die Analyse führt insoweit nicht dazu, dass wir das Modell der vollständigen Konkurrenz in den Mülleimer werfen müssen. Erstens wird aus dem eben gesagten deutlich, dass wir die Logik des Qualitätswettbewerbs vor dem Hintergrund der Modelle des Polypols und Monopols besser verstehen. Als Referenzmodelle sind daher beide trotz ihrer Vereinfachungen wichtig. Zweitens bedeutet die Berücksichtigung von Qualitätsunterschieden nicht, dass der Preiswettbewerb irrelevant ist. Auch Unternehmen wie Jaguar, Daimler, BMW und Audi stehen in ihrer Qualitätsklasse im Preiswettbewerb miteinander. Drittens ist der Preiswettbewerb die wichtigste Form des Wettbewerbs. Das Modell der monopolistischen Konkurrenz hat außerdem noch einmal verdeutlicht, dass die Existenz und Höhe von Markteintrittsbarrieren von großer Relevanz für den Wettbewerb auf einem Markt sind.

Die Analyse von Gleichgewichtspreis und Gleichgewichtsmenge auf einem Markt im Preis-Mengen-Diagramm ist ein wertvoller Ausgangspunkt, um Grundprinzipien der Wettbewerbsprozesse zu erfassen. Die bisherigen Ausführungen und Beispiele verdeutlichen aber auch, dass das konkrete Wettbewerbsgeschehen auf einem Markt deutlich komplexer ist. Um die **Komplexität des Wettbewerbs auf konkreten Märkten** abzubilden, ist es notwendig, eine erheblich größere Zahl von Einflussfaktoren zu berücksichtigen.

Dazu werden in der Praxis vor allem der SCP- und der Five-Forces-Ansatz verwendet.

Der **SCP-Ansatz** ist in der Industrieökonomie und Wettbewerbsökonomie – beides Teilgebieten der VWL – entwickelt worden. Er bringt verschiedene Aspekte des Marktgeschehens in eine logische Reihenfolge, um die Zusammenhänge darzustellen. Ausgangpunkt ist, dass die Unternehmen auf einem Markt (d.h. in einer Branche oder auch Industriezweig) gemeinsam bestimmten wirtschaftlichen, rechtlichen und sozialen Rahmenbedingungen unterliegen. Innerhalb dieser Rahmenbedingungen wird dann zwischen Marktstruktur (**S**tructure), Marktverhalten (**C**onduct) und Marktergebnis (**P**erformance) unterschieden (siehe die Übersicht 8.3).

Wirtschaftliche, rechtliche und soziale Rahmenbedingungen sind im Wesentlichen von staatlicher Seite durch eine Vielzahl von Gesetzen und Verordnungen vorgegeben. Sie sind vom einzelnen Unternehmen in der Regel überhaupt nicht beeinflussbar, haben aber große Bedeutung für die Frage, welche unternehmerischen Entscheidungen einer Geschäftsführung überhaupt offenstehen. Hierzu sind bspw. die folgenden wirtschaftspolitischen Maßnahmen und rechtlichen Regelungen zu zählen:

- Staatliche Geldpolitik: Welche Zinspolitik betreibt die Zentralnotenbank? Wie hoch ist die Inflationsrate?
- Organisation des Arbeitsmarktes: Welche Stärke habe juristisch und faktisch die Gewerkschaften? In welchem Umfang sind Mitbestimmungsregelungen zu berücksichtigen? Inwieweit existiert eine Tarifautonomie?
- Bildungspolitik: Welche Qualifikationen besitzen Schulabgänger?
- Unternehmensformen: Welche Regelungen sind für Kapitalgesellschaften und Personengesellschaften vorhanden und wie sind die Haftungsfragen normiert?
- Sonstige Rahmenbedingungen: Wie werden die Unternehmen besteuert? Welche Relevanz und Ausgestaltung besitzen gewerberechtliche Vorschriften und Umweltschutzbestimmungen?

Übersicht 8.3: Der Structure-Conduct-Performance-Ansatz (SCP-Ansatz)

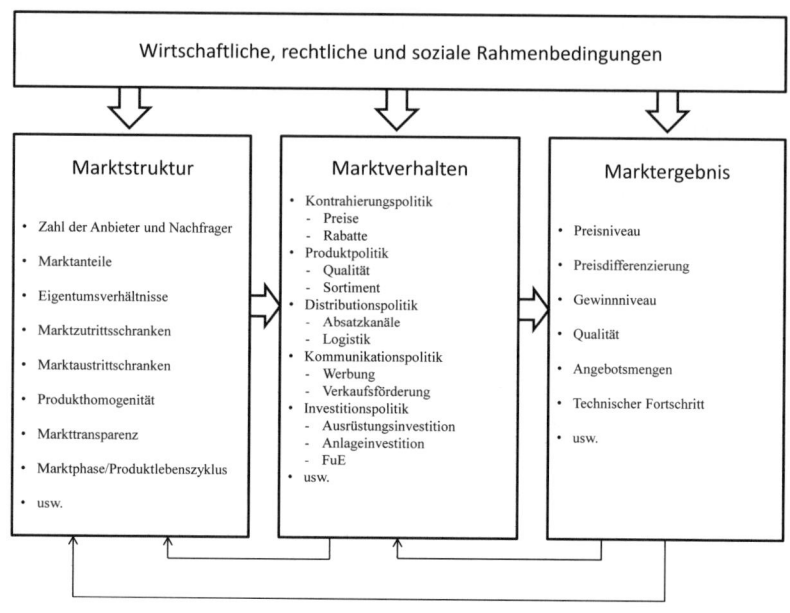

Welche dieser Rahmenbedingungen inwieweit für die Marktprozesse wichtig sind, ist jeweils von Branche zu Branche unterschiedlich. Bspw. hat die Geldpolitik der EZB für den Bankensektor eine zentrale Relevanz, während die Bierbrauereien davon weniger betroffen sind.

Bei der **Marktstruktur** handelt es sich um zentrale Strukturmerkmale des Wettbewerbs auf einem Markt, die langfristig konstant sind, bzw. sich nur langsam ändern: Sie sind exogen bezüglich des einzelnen Unternehmens. Von der Rahmenbedingungen unterscheiden sie sich, da sich nicht von der Politik determiniert werden, sondern häufig bspw. auf technologische Gegebenheiten der Branche zurückzuführen sind. Im **Marktverhalten** werden alle Aspekte der zusammengefasst, die Ergebnis unternehmerischer Entscheidungen, also vom Management (kurzfristig) veränderbar sind: Diese Merkmale der Wettbewerbsprozesse auf einem Markt sind endogen hinsichtlich des einzelnen Unternehmens. Sie umfassen u.a. die bekannten Instrumente des Marketing-Mix. Beim **Marktergebnis** handelt es sich um die Resultate des

Wettbewerbsprozesses auf einem Markt. Dazu gehören Preise, Mengen, Qualitäten und Gewinne ebenso wie Innovationsaspekte.

Bei der Betrachtung ist zu berücksichtigen, dass die Abgrenzungen zum Teil nicht absolut trennscharf sind. Außerdem handelt es sich nicht um abschließende Aufzählungen sämtlicher Gesichtspunkte. Je nach dem analysierten Markt (bzw. der analysierten Branche) können weitere Elemente aufgenommen oder eventuell auch weggelassen werden. Dies hängt davon ab, ob sie für die Marktprozesse wichtig sind oder nicht. Das Preis-Mengen-Diagramm unter den Annahmen der vollständigen Konkurrenz reduziert im Unterschied dazu die Zusammenhänge radikal: Die Marktstruktur besteht aus einem Polypol, das Marktverhalten aus der Gewinnmaximierungsannahme und das daraus kausal ableitbare Marktergebnis aus einem Gleichgewichtspreis und einer Gleichgewichtsmenge.

Diese logische Abfolge wird durch die Pfeile zwischen den drei Kästchen angedeutet. In der Grundidee resultiert aus einer bestimmten Marktstruktur ein bestimmtes Marktverhalten der Unternehmen und aus den zusammengefassten Verhaltensweisen aller Unternehmen leiten sich die Marktergebnisse ab. Umstritten ist aber, ob und inwieweit zwischen diesen Elementen Kausalbeziehungen existieren, die so stabil und eindeutig in ihrer Wirkungsrichtung sind, dass sie allgemein gültig sind. Das Problem wird durch die einfachen Pfeile von rechts nach links illustriert: Es existieren unter Umständen Rückkoppelungsprozesse, die einfachen linearen Ursache-Wirkungsbeziehungen widersprechen.

Wozu kann der SCP-Ansatz verwendet werden? Die Elemente des Wettbewerbs nach der Übersicht dienen als Systematik zur Beschreibung des Wettbewerbsprozesses. Im Rahmen des strategischen Managements sind solche Markt- und Wettbewerbsanalysen unverzichtbar. In dieser Hinsicht findet diese strukturierte Vorgehensweise vielfältig in Branchen-, Markt- und Unternehmensstudien Verwendung. Anwendung hat in der BWL insbesondere die Umsetzung des SCP-Ansatzes durch Michael Porter im Rahmen seines **Five-Forces-Modells** gefunden.[81] Dieser Ansatz systematisiert die Wettbewerbsprozesse in fünf zentrale Faktoren und dient zur Analyse der Konkurrenzbeziehungen in Branchen aus der Sicht eines Unternehmens. Es ist in der BWL und hier insbesondere im strategischen Management das Standardverfahren bei der Analyse von Wettbewerbsprozessen.

---

[81] Michael Porter (*1947) ist einer der bekanntesten Managementprofessoren der Gegenwart. Eines seiner wichtigsten Bücher ist „Competitive Strategy. Techniques for Analyzing Industries and Competitors, New York, 1980".

Beispiel Backwaren in Jena

Am Beispiel von Backwaren in Jena wird die Bedeutung von Qualitäts- und Preiswettbewerb noch einmal kurz beschrieben. In der City befinden sich am Teichgraben auf einer Strecke von 200 Metern drei verschiedene Anbieter von Backwaren. Direkt vor der Goethegalerie ist der Verkaufsstand einer Patisserie und Boulangerie zu finden. Hier werden insbesondere italienische und französische Brot- und Backwarenspezialitäten angeboten. Die Wettbewerbsstrategie ist die der Qualitätsdifferenzierung im Sinne einer Qualitätsführerschaft mit dementsprechenden höheren Preisen. Am anderen Ende kurz vor dem Holzmarkt liegt die Filiale der Kette Backwerk. Dieser Anbieter konkurriert nur über den niedrigen Preis. Dies setzt eine Strategie der Kostenführerschaft im Sinne niedrigerer Kosten als die Konkurrenten voraus. Der Anbieter erreicht dies u.a. mittels Selbstbedienung der Kunden, wodurch Personal eingespart wird. Zwischen diesen beiden Anbietern befindet sich eine Bäckereifiliale der Feinbäckerei Heberer. Dieser Anbieter offeriert eine klassische Mischung von mittlerem Preis- und mittlerem Qualitätsniveau. Es ist eine interessante ökonomische Frage, ob mit solch einer Wettbewerbsstrategie ein Überleben an diesem Standort möglich ist. In jedem Fall befinden sich aber alle drei Unternehmen auch im Preiswettbewerb miteinander. Dieser Konkurrenzdruck ist aber zwischen der Patisserie und der Filiale von Backwerk erheblich niedriger als zwischen Backwerk und der Feinbäckerei Heberer. Die Ursache sind die Substitutionsbeziehungen zwischen den angebotenen Backwaren aus Sicht der Kunden.

Die bis hierin geschilderte Situation bestand ab Mitte 2010. Der Wettbewerbsdruck führte dann dazu, dass die Feinbäckerei Heberer ihre Filiale Ende 2011 schließen musste. Ein paar Monate später eröffnete an dieser Stelle Coffee's Shop, ein neuer Anbieter mit Stehkaffee, bevor seit 2014 eine Filiale von Schäfers mit einer komplett anderen Unternehmensstrategie präsent ist: Schäfers verkauft auch Backwaren und Kuchenteile, aber betreibt ein normales Kaffee mit über 30 Sitzplätzen und stilvoller Einrichtung auch im ersten Obergeschoss. Diese Strategie basiert auf einer Sortimentsdifferenzierung, die den Kaffeebetrieb fokussiert und daneben den Backwarenverkauf umfasst. Sie hebt sich auf diese Weise sowohl von der Patisserie als auch von dem Niedrigpreisanbieter ab.

8.2. Simultanes und langfristiges Marktgleichgewicht

Die Erläuterungen bis hierher beschränkten sich das Gleichgewicht auf dem Markt jeweils eines Gutes. Dabei wird lediglich ein isolierter Markt betrachtet, es handelt sich anders formuliert um eine Partialanalyse. Der Markt jedes einzelnen Gutes ist aber zum Bsp. über Vorprodukte und Komplementär- bzw. Substitutionsbeziehungen mit anderen Märkten verknüpft. Diese Interdependenzen werden in der Übersicht 8.4 am Beispiel des Marktes für gedruckte Bücher einerseits und elektronische Bücher (eBooks) andererseits dargestellt.

Ausgangspunkt ist eine Verschiebung der Angebotsfunktion auf dem Markt für eBooks von S_0 auf S_1; bspw. durch eine technologische Innovation, die die Hardware deutlich verbilligt. Daher haben mehrere wichtige Verlage die Entscheidung getroffen, ab sofort ebenfalls auf diesem Markt zu publizieren. Resultat ist eine Senkung des Preises für eBooks von P_E^0 auf P_E^1.

Übersicht 8.4: Simultanes Gleichgewicht

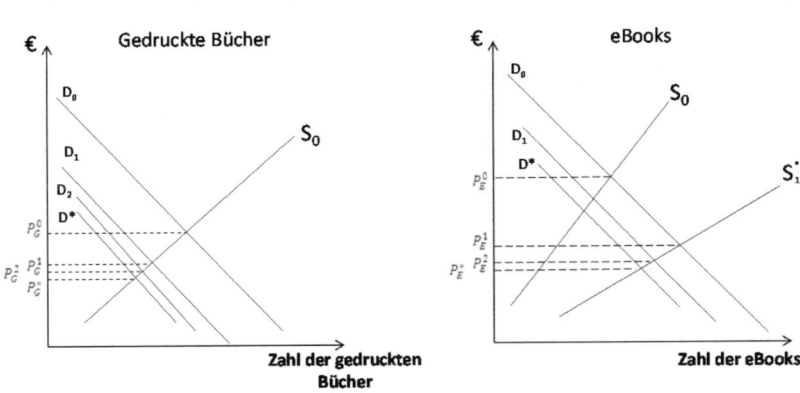

Dies hat aber auf Grund der Substitutionsbeziehungen zwischen Ebooks und gedruckten Büchern Auswirkungen auf den Markt für gedruckte Bücher. Die Nachfrage dort geht von D_0 auf D_1 zurück. Daraus resultiert eine Preissenkung bei gedruckten Büchern von P_G^0 auf P_G^1. Diese Preissenkung bei gedruckten Büchern hat ihrerseits Rückwirkungen auf den Markt für ebooks in Form einer

Verlagerung der Nachfragefunktion bei eBooks von D_0 auf D_1. Diese Rückkoppelungseffekte nehmen in der Wirkung tendenziell ab und sind bei Erreichen des neuen **simultanen Gleichgewichts** auf den beiden Märkten bei P_G^* und P_E^* beendet.

Solche Interdependenzen existieren nicht nur auf Grund von Substitutions- und Komplementärbeziehungen zwischen Gütern sondern auch im Hinblick auf die vor- und nachgelagerten Märkte (bspw. die Faktormärkte). In einer Marktwirtschaft mit ihren Millionen von Einzelmärkten ist offensichtlich, dass ständig solche Anpassungsprozesse ablaufen. Die grafische Analyse solcher simultanen Gleichgewichte ist schon bei mehreren Märkten wenig sinnvoll. Wichtig ist aber die Erkenntnis, dass bei allen Veränderungen und staatlichen wirtschaftspolitischen Eingriffen in die Märkte diese Interdependenzen unbedingt zu berücksichtigen sind, wenn wir die Auswirkungen einschätzen wollen.[82]

Darüber hinaus sind **langfristige Betrachtungen** von Bedeutung. In vielen Lehrbüchern ist zu lesen, dass der Gewinn langfristig auf einem Polypolmarkt gleich Null ist. Die Ursache ist, dass Gewinne, die über den "normalen" Unternehmerlohn hinausgehen, weitere Anbieter in den Markt locken. D.h., wenn keine Markteintrittsbarrieren existieren, werden neue Anbieter auf den Markt kommen, was eine Rechtsverschiebung der Angebotskurve zur Folge hat. Dies passiert solange, bis die "Extraprofite" verschwinden. Wettbewerbsmärkte zeichnen sich also dadurch aus, dass Gewinne, die ein normales Maß überschreiten, wegkonkurriert werden. Dies haben wir bereits weiter oben für Monopolmärkte und im Rahmen des Modells der monopolistischen Konkurrenz ohne Markteintrittsbarrieren festgestellt. Die entsprechende Untersuchung für Wettbewerbsmärkte findet sich in Übersicht 8.5.

---

[82] Die Bedingungen unter denen solche allgemeinen Gleichgewichte erreicht werden können und die Eigenschaften solcher Gleichgewichte sind als erstes von den französischen Ökonomen Léon Walras (1834 - 1910) und Gérard Debreu (1921 - 2004) analysiert worden.

Übersicht 8.5: Langfristiges Marktgleichgewicht

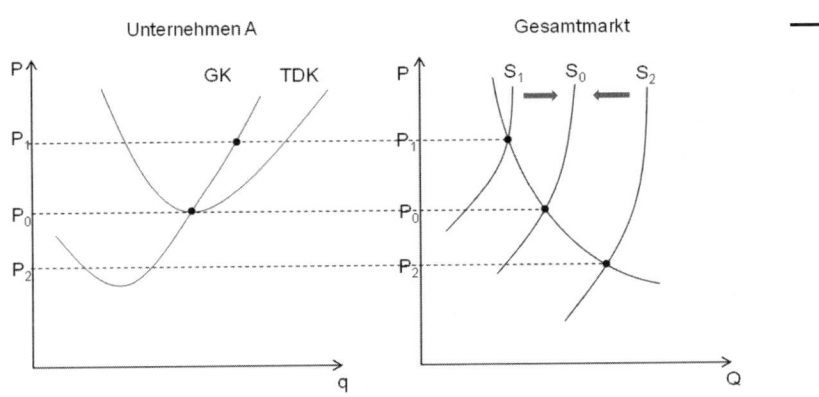

Wir betrachten einerseits ein einzelnes Unternehmen A und andererseits den Gesamtmarkt auf dem es als einer der sehr vielen Anbieter tätig ist. Weiterhin wird unterstellt, dass alle Unternehmen die gleichen Kostenfunktionen aufweisen (d.h. identische Kostenverläufe besitzen). Ausgangspunkt ist die Angebotsfunktion S_1 auf dem Gesamtmarkt, die mit dem Preis P_1 verbunden ist. Das Unternehmen A erzielt bei diesem Preis einen Gewinn, da der Schnittpunkt von P_1 und seinen Grenzkosten GK über den totalen Durchschnittskosten TDK liegt. Die realisierbaren Gewinne führen dazu, dass zusätzliche andere Unternehmen in die Produktion dieses Gutes einsteigen. Diese Markteintritte verschieben die Angebotsfunktion nach rechts (bzw. unten) in Richtung S_0.

Gilt in der Ausgangssituation die Angebotsfunktion S_2 führt dies zu einem Preis von P_2 und damit für das Unternehmen A zu Verlusten. Solche Verluste sind (zumindest langfristig) vom Unternehmen A nicht tragbar und haben eine Beendigung der Produktion zur Folge (Schließung von Betriebsstätten bzw. Insolvenz des Unternehmens). Bei Verlusten geht daher die Angebotsmenge durch Marktaustritte zurück und die Angebotsfunktion verschiebt sind nach links (bzw. oben) in Richtung S_0. Die beschriebenen Anpassungen durch Markteintritte und –austritte halten so lange an, wie Gewinne oder Verluste zu verzeichnen sind. Ein langfristiges Gleichgewicht ist erst bei der Angebotsfunktion S_0 gegeben. Der damit verbundene Marktpreis P_0 führt für unser Unternehmen A dazu, dass es im Betriebsoptimum produziert. Der Preis P_0 stimmt mit den totalen Durchschnittskosten überein und es entsteht ein Gewinn in Höhe von Null. Außerdem produziert Unternehmen A im Minimum der TDK.

Diese Darstellung ist zwar nachvollziehbar, scheint aber kaum mit der Realität übereinzustimmen, da ohne Gewinne doch die Unternehmen schließen müssten bzw. viele Unternehmen doch über lange Zeiträume hinweg Gewinne erzielen. Dieser Widerspruch löst sich aber auf, wenn wir uns verschiedene Randbedingungen klar machen, von denen die Modellergebnisse abhängen. Erstens geht es hier um den **ökonomischen Gewinn**, d.h. den Gewinn nach Berücksichtigung aller Opportunitätskosten. D.h. bspw. dass die Kosten auch eine normale Verzinsung des eingesetzten Eigenkapitals enthalten. Der langfristige Nullgewinn ist daher mit einer normalen Rendite für die Investoren bzw. Dividenden der Aktionäre der Unternehmen verbunden. Der ökonomische Gewinn unterscheidet sich daher bspw. vom **Jahresüberschuss** der Gewinn- und Verlustrechnung nach HGB: Ein langfristiger ökonomischer Nullgewinn kann mit einem langfristigen positiven Jahresüberschuss einhergehen. Zweitens werden bei der Analyse Effizienzunterschiede zwischen den Unternehmen nicht berücksichtigt. Längerfristig effizienter als die Konkurrenten produzierende Unternehmen können auch längerfristig positive ökonomische Gewinne erzielen.

Abschließend werden die wichtigsten Aussagen noch einmal kurz zusammengefasst: Der kurz- und langfristig herrschende **Wettbewerbsdruck** und die Gewinnorientierung der Unternehmen führen dazu, dass die Anbieter kosteneffizient produzieren müssen. Es existiert also durch den Wettbewerb eine stetige Notwendigkeit für die Produzenten die Wirtschaftlichkeits-prinzipien, nämlich das Minimum- und Maximumprinzip des Abschnitts A zu realisieren. Es lässt sich zeigen, dass unter den Modellannahmen auf allen Gütermärkten ein Paretooptimum erreicht wird.[83] Die wichtigsten Eigenschaften eines solchen Paretooptimums bestehen darin, dass die Produktion nach den Wünschen der Konsumenten erfolgt und kostenminimal produziert wird. Dies können wir auch als **statische Effizienz** bezeichnen. Der Ausdruck „statisch" bezieht sich insbesondere darauf, dass es keine technologischen Veränderungen, also keine Innovationen, gibt.

Demgegenüber ist festzustellen, dass gerade bei langfristiger Betrachtung auch ständige Änderungen und Anpassungen wichtig werden. Es gibt bspw. eine andauernde Dynamik bzgl. **neuer Technologien, neuer Organisationsformen** und **neuer Produktideen**. Im Ergebnis kommen neue Anbieter bspw. mit kostengünstigen Produktionsverfahren auf den Markt usw. Gleichzeitig Scheiden

---

[83] Der Ausdruck „Paretooptimum" wurde im Teil A behandelt.

aber auch Anbieter aus und es treten Verschiebungen und Verlagerungen bei der Nachfragekurve auf.

In der Übersicht 8.6 wird dies noch einmal durch die Veränderungen der Nachfrage- und Angebotsfunktionen auf dem Weltmarkt für Kupfer in den letzten 10 Jahren illustriert. Ausgehend von D_0 und S_0 führt vor allem die wirtschaftliche Expansion Chinas auf dem Kupfermarkt zu einer starken Zunahme der Nachfrage von 2000 bis 2008 (auf D_1). Dies induziert über einen stark gestiegen Weltmarkpreis die Erschließung einer Reihe von neuen Kupferminen und damit Rechtsverschiebung der Angebotsfunktion auf S_2 im Zeitraum 2002 – 2008. In den Jahren 2008-2009 kommt es mit der Weltfinanzkrise dann abrupt zu einem Rückgang der Nachfrage (D_3).

Übersicht 8.6: Marktdynamik

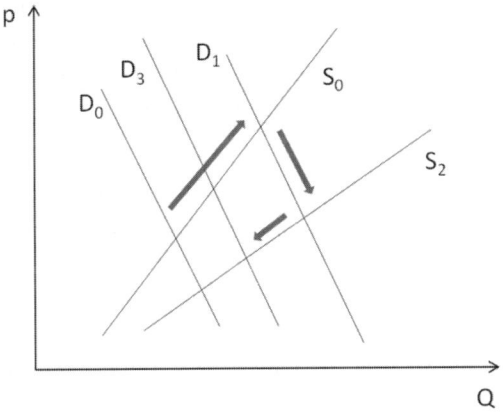

Auf Grund dieser ständigen Dynamik sind die Aussagen zu langfristigen Gleichgewichten (auf allen Märkten) nur als Aussagen über die Tendenzen und Bewegungsrichtungen zu verstehen.

Wettbewerbsmärkte sind aber auch im Hinblick auf diese langfristigen und dynamischen Gesichtspunkte vorteilhaft. Wettbewerb zwingt Unternehmen nicht nur kostenminimierend zu arbeiten, sondern auch Produkt- und

Prozessinnovationen selber voranzutreiben oder zumindest zu übernehmen, um nicht Grenzanbieter zu werden oder sogar in die Insolvenz zu gehen. Wettbewerb ist daher auch im Hinblick auf die **dynamische Effizienz** vorteilhaft. Dynamische Effizienz meint die Fähigkeit eines Wirtschaftssystems Innovationen hervorzubringen und sich an wechselnde Angebots- und Nachfragesituationen anpassen zu können.

Abschließend ist – im Unterschied zu den im Teil A behandelten Gemeinsamkeiten von BWL und VWL – auf eine fundamentale Differenz hinzuweisen: Die Volkswirtschaft sieht Wettbewerb als vorteilhaft an und bemüht sich darum, den Wettbewerb zu sichern und zu fördern. Die betriebswirtschaftliche Sichtweise ist eine komplett andere. Für Unternehmen ist Konkurrenz in der Regel höchst unangenehm. Die BWL ist gerade in der Praxis häufig darauf angelegt, den Wettbewerbsdruck zu verringern.

Praktisches Beispiel Bioethanol – E10

Im Jahr 2012 wurde die Abschaffung des gerade eingeführten Biosprits E10 von verschiedener Seite, darunter Greenpeace, Entwicklungsminister Niebel und der Verbraucherzentrale Bundesverband gefordert. Die Gründe für diese Forderung liegen in den Auswirkungen auf anderen Märkten, die bei einer isolierten Betrachtung nicht berücksichtigt werden. Im Wesentlichen sind vier Zusammenhänge zu beachten.

Erstens unterstellen alle Klimabilanzen, dass die Verbrennung von Biomasse CO_2-neutral ist. Diese Einschätzung drängt sich auf, da beim Verbrennen von Biomasse die gleiche Menge Kohlenstoff freigesetzt wird, die der Atmosphäre durch das Wachstum der Pflanze entzogen wurde. Darüber hinaus ist aber zu berücksichtigen, dass ein Acker (für den Anbau der Biospritpflanzen) der Atmosphäre deutlich weniger CO_2 entzieht als eine gleich große Wald- oder Moorfläche. Werden für den Energiepflanzenanbau Moor- und Waldflächen aufgegeben, wird insgesamt weniger CO_2 gespeichert.

Zweitens verursacht die Landwirtschaft global ungefähr 14 Prozent der klimaschädlichen Emissionen. Davon resultieren circa drei Viertel durch Stickstoffdüngung und Humusverlust. Stickstoffdünger ist klimaschädlich weil seine Herstellung besonders energieintensiv ist und diese Energie ja ebenfalls wieder hohe CO_2-Emissionen verursacht. Außerdem entweicht auf dem Feld überschüssiger Stickstoff in Form von Lachgas in die Atmosphäre. Dies ist aber ein besonders klimaschädliches Gas. Verringert sich die Humusschicht des Bodens, entweicht aus dem Boden Kohlenstoff, was den Klimawandel ebenfalls beschleunigt. Im Rahmen einer industriellen Landwirtschaft für den Biospritpflanzenanbau nimmt der Humusanteil im Boden aber ab.

Drittens werden indirekte Landnutzungsänderungen nicht berücksichtigt. Für den Anbau von Energiepflanzen werden Agrarflächen benötigt. In vielen Ländern sind indirekte Landnutzungsänderungen zu beobachten. Biospritkulturen werden zwar auf existierenden Ackerflächen angelegt (verdrängen also nicht direkt Waldflächen). Dies führt aber dazu, dass neue Flächen für den Anbau von Lebensmitteln erschlossen werden müssen. Wälder, Savannen oder Weiden werden daher in Äcker für Lebensmittel umgewandelt. In der Klimabilanz des Biosprits wird dies nicht berücksichtigt.

Hinsichtlich der Klimabilanz ist daher Biosprit nur dann sinnvoll, wenn er aus pflanzlichen Reststoffen gewonnen wird, die sowieso anfallen. Biosprit aus Palmöl, Sonnenblumen, Soja und Raps sowie Ethanol aus Mais und Zuckerrüben sind klimaschädlicher als fossile Kraftstoffe. Lediglich Zuckerrohr erfüllt teilweise die in der Erneuerbare Energien Richtlinie der EU vorgeschriebenen Treibhausgasreduktion von 35 Prozent.

Viertens müssen die Auswirkungen auf den Lebensmittelmärkten in Rechnung gestellt werden. In einer Reihe von Schwellenländern bspw. in Südamerika wird immer mehr Zuckerrohr für den Ethanol-Export produziert, was zu steigenden Preisen für wichtige Grundnahrungsmittel führt und dies in Staaten, die Probleme haben, ihre Bevölkerung zu ernähren. Solche Rückwirkungen entstehen aber auch über Exporte und Importe. Die USA sind mit Abstand der größte Maisproduzent der Welt. Dort wird bereits ungefähr ein Drittel der Maisernte zu Biosprit weiterverarbeitet. Der Maisanbau für Biospritzwecke wächst dort seit 2001 jährlich um 20 %. Dies hat zu stark steigenden Maispreisen geführt, was wiederum erhebliche Konsequenzen für Mexiko bedeutete, da dieses Land auf den Import des billigen Mais als Nahrungsmittel aus den USA angewiesen ist.

Zusammenfassend ist es also bei Umwelt- genauso wie bei ökonomischen Analysen notwendig, die Auswirkungen auf vor- und nachgelagerten Märkten (Lieferanten, Abnehmer) zu berücksichtigen. Außerdem sind die Folgen auf Märkten für Substitutions- und Komplementärprodukte einzubeziehen. Nur so lassen sich Zielwirksamkeit und Effizienz (Kosten) abschätzen.

Quelle: Umweltinstitut München (2013)

Teil B III Wiederholungsfragen und Übungsaufgaben

Marktstruktur und Wettbewerbsverhalten

Wiederholungsfragen

(1)   Erläutern Sie die Gewinnmaximierungsbedingung 1. Ordnung für einen Monopolisten.

(2)   Was versteht man unter der Preis-Absatz-Funktion eines Anbieters?

(3)   Diskutieren Sie die folgenden Behauptungen:

a) „Der einzelne Anbieter im Polypol muss die Konsumentenreaktionen berücksichtigen, für den Monopolisten ist dies nicht erforderlich."

b) „Die Preiselastizität der Nachfrage der für die Anbieter geltenden individuellen Nachfragekurve ist bei vollständiger Konkurrenz unendlich groß, während sie beim Monopolisten einen endlichen Wert annimmt."

c) „Die Preiselastizität der Nachfrage für einen gewinnmaximierenden Monopolisten ist größer als 1."

(4)   Wie unterscheiden sich Preis und Menge, wenn sich ein Anbieter einmal als Monopolist und zum anderen als Polypolist verhält?

(5)   Wie beeinflusst das Auftreten von Substitutionsgütern die Marktmacht eines Monopolisten?

(6)   Inwiefern unterscheiden sich der Marktpreis und der Grenzerlös, den ein Monopolist erzielt?

(7)   Skizzieren Sie den Zusammenhang zwischen der Preis-Absatz-Funktion eines Monopolisten und seinem Erlös!

(8)   Erklären Sie anhand einer Grafik den sozialen Wohlfahrtsverlust (Deadweight Loss) im Monopol.

(9)   Entspricht der Wohlfahrtsverlust im Monopol dem Monopolgewinn? Erläutern Sie Ihre Antwort.

(10)   Was ist der Cournotsche Punkt?

(11)   Wieso produziert ein gewinnmaximierender Monopolist keine Menge, bei der die Nachfrage unelastisch ist?

(12)   Definieren Sie den Begriff „Monopson".

(13)   Wie unterscheidet sich Marktpreis und Menge im Polypol und im Monopson?

(14)   Wie hoch ist der Monopolgewinn bei einer unendlich elastischen Nachfragefunktion? Warum?

(15)   Welche Auswirkungen auf den Monopolgewinn hat eine vollständig unelastische Nachfragefunktion?

(16)   Was kennzeichnet ein Oligopol?

(17) Welche Produktionsmenge wählt ein Monopolist, bei dem der Vorstandsvorsitzende Umsatzmaximierung als Unternehmensziel anstrebt (Grafik und verbale Erläuterung)?

(18) Erläutern Sie, was unter Preisdifferenzierung (d.h. Preisdiskriminierung) zu verstehen ist.

(19) Nennen Sie drei Arten der Preisdifferenzierung und erläutern Sie diese jeweils an einem Beispiel.

(20) Was kennzeichnet die Monopolistische Konkurrenz?

(21) Erklären Sie die Aussage, dass ein langfristiges Gleichgewicht auf einem Markt erst dann vorliegt, wenn keine Gewinne erzielt werden können.

(22) Stellen Sie den Structure-Conduct-Performance-Ansatz zur Analyse von Wettbewerbsprozessen dar.

(23) Wann liegt ein simultanes Gleichgewicht auf den Märkten zweier Güter vor, bei denen es sich um Komplementärgüter handelt?

Übungsaufgaben

Aufgabe 1:

Gegeben sind folgende Informationen über einen gewinnmaximierenden Monopolisten: Die Preis-Absatz-Funktion lautet: $p = 15 - q$, die Kostenfunktion ist: $K = 7\,q$.

(a) Definieren Sie die Begriffe Erlöse und Grenzerlöse!

(b) Ermitteln Sie die vom Monopolisten unter der Bedingung Gewinnmaximierung angebotene Menge und den Monopolpreis durch rechnerische und grafische Lösung!

(c) Warum bietet der Monopolist im Vergleich zum Polypol eine geringere Menge zu einem höheren Preis an? Warum kann er das?

(d) Stellen Sie Monopolgewinn und Wohlfahrtsverlust in der Grafik dar!

(e) Berechnen Sie die Preiselastizität der Nachfrage für den unter b) ermittelten Preis! Was sagt der Wert ökonomisch aus?

Aufgabe 2:

Für ein Monopolunternehmen gilt folgende Preis-Absatzfunktion: $p = -\dfrac{4}{1000}q + 12$. Die Kostenfunktion dieses Unternehmens lautet: $K = \dfrac{1}{1000}q^2 + 4q$.

Das Unternehmen produziert und verkauft bisher eine Menge von 900. Wie ändert sich die produzierte Menge, wenn das Unternehmen folgende Ziele verfolgt:

(a) Gewinnmaximierung.

(b) Erlösmaximierung.

(c) Absatzmaximierung.

(d) einen Stückgewinn von 1.

Aufgabe 3:

Die Nachfragefunktion lautet: $p = 100 - 0,01q$
Für die Kostenfunktion gilt: $K = 30.000 + 50q$
Unterstellen Sie ein gewinnmaximierendes Monopolunternehmen.

(a) Berechnen Sie die direkte Preiselastizität der Nachfrage im Cournotschen Punkt und interpretieren Sie Ihr Ergebnis!

(b) Der neue Vorstandvorsitzende verfolgt das Ziel Umsatzmaximierung (bei gleichzeitiger Kostendeckung). Welche Angebotsmenge ergibt sich?

Aufgabe 4:

Die Lullibo AG ist der einzige Anbieter von Gummibärchen im Schlaraffenland (in dem ein absoluter Export- und Importverbot für Gummibärchen existiert. Die AG weist die folgende Kostenfunktion auf: $K = 8q$, die Preis-Absatz-Funktion für 1 Kg-Beutel Gummibärchen beträgt: $Q = 18 - p$.

(a) Wieviel Kilogramm produziert die Lullibo AG und welchen Preis erzielt sie?

(b) Stellen Sie den Gewinn der Lullibo AG und den monopolistischen Deadweight Loss grafisch dar.

Lösungen

Zu Abschnitt A: Grundlagen der Volkswirtschaftslehre

Wiederholungsfragen

(1)   Die BWL beschäftigt sich mit den ökonomischen Fragen des einzelnen Unternehmens. Alle Probleme werden aus der Sicht des Unternehmens betrachtet und behandelt. Die VWL beschäftigt sich dagegen mit den ökonomischen Ergebnissen des Zusammenwirkens vieler Unternehmen und Haushalte auf Märkten und im internationalen Kontext.

(2)   Die Mikroökonomie analysiert die Prozesse und Ergebnisse auf einzelnen Gütermärkten. Sie konzentriert sich dabei auf die Ergebnisse hinsichtlich des Preises, der Mengen und der Qualität eines Gutes. Themen der Makroökonomie sind immer gesamtwirtschaftliche Probleme, d.h. bspw. Inflation und Deflation, Höhe, Struktur und Dauer der Arbeitslosigkeit, das Wirtschaftswachstum und die Außenhandelsbeziehungen

(3)   Eine normative Betrachtung enthält Aussagen zu einem gewünschten Zustand oder einer gewünschten Veränderung. Sie betrachtet also den Aspekt, dass etwas so oder so sein soll (Soll-Aussagen). Positive Untersuchungen beziehen sich auf Aussagen hinsichtlich eines Ist-Zustandes. Positive Analysen sind also auf empirische Fakten, Tatsachen usw. bezogen.

(4)   Ein Pareto-Optimum liegt vor, wenn es nicht möglich ist, von einem der beiden Güter mehr zu produzieren, ohne sich notwendigerweise bei der Produktionsmenge des anderen Gutes einschränken zu müssen.

(5)   Das Minimumprinzip besagt, dass eine gegebene Produktionsmenge mit einer möglichst kleinen Einsatzmenge an Produktionsfaktoren hergestellt wird. Das Maximumprinzip verlangt, dass mit einer gegebenen (d.h. vorhandenen) Menge an Produktionsfaktoren ein möglichst großer Output erzielt wird.

(6)   Opportunitätskosten sind die sogenannten Kosten des Verzichts bzw. Kosten der entgangenen Alternative. Sie entstehen, wenn bei der Verwendung knapper Ressourcen (wie bspw. Zeit, Vermögen,

Investitionsmitteln) der Einsatz in der einen Alternative zwingend mit sich bringt, dass auf den Einsatz in einer   anderen Alternative verzichtet wird.

(7)   Gerechtigkeit ist die Frage nach der gerechten Verteilung von Einkommen und Vermögen in einer Gesellschaft. Mit der Verteilung von Einkommen und Vermögen wird in einer Marktwirtschaft festgelegt, wer welchen Anteil von der Gesamtheit aller produzierten Güter – dem Bruttoinlandsprodukt – erhält. Effizienz ist das Problem, wie dafür gesorgt wird, dass die Gesamtheit aller produzierten Güter möglichst groß ausfällt. Zwischen beiden Aspekten besteht ein zum Teil konkurrierendes zum Teil aber auch komplementäres Verhältnis. Konkurrierendes Verhältnis: Eine vollständig gleiche Einkommens- und Vermögensverteilung würde jegliche Leistungsanreize beseitigen und damit ein sehr geringes Produktionsvolumen (geringe Effizienz und damit BIP) nach sich ziehen, so dass als Konsequenz auch weniger verteilt werden kann, es also allen Gesellschaftsmitgliedern schlechter geht. Komplementäres Verhältnis: Eine zu große Einkommens- und Vermögensungleichheit führt eventuell zu sozialen Unruhen, ständigen Streiks und politischen Auseinandersetzungen. Die resultierende politische und soziale Instabilität wirkt sich negativ auf die Investitionen aus und hat daher ebenfalls negative Konsequenzen für die Effizienz (die Produktion bzw. das BIP). Eine Umverteilung aus Gerechtigkeitsüberlegungen heraus kann insoweit auch effizienzfördernd sein.

(8)   Das ökonomische Verhaltensmodell unterstellt ein eigennutzorientiertes und rationales Handeln der Wirtschaftssubjekte. Unter positiven Gesichtspunkten ergibt sich die Frage, ob Individuen und Unternehmen tatsächlich immer danach trachten, ihren eigenen Vorteil zu erhöhen und ob sie faktisch dazu immer die geeigneten Mittel einsetzen. Unter normativem Aspekt ist zu diskutieren, ob dies wirklich so sein sollte oder ob es nicht vorzuziehen wäre, wenn die Wirtschaftssubjekte primär das Wohl anderer Menschen oder der Allgemeinheit bei ihren ökonomischen Aktivitäten im Auge hätten.

(9)   Die Realität in der Wirtschaftswissenschaft ist dadurch gekennzeichnet, dass zunächst eine sehr große Zahl von Einflussfaktoren existiert. Diese sind voneinander abhängig und beeinflussen die ökonomischen

Handlungen der Wirtschaftssubjekte wechselseitig, was die Zusammenhänge zum Teil verstärkt, zum Teil aber auch neutralisiert. Resultat ist, dass die ökonomischen Prozesse auf Märkten nichtlineare Verläufe aufweisen und damit insgesamt extrem komplex sind. Diese Komplexität muss, um sie überhaupt analysieren zu können, stark vereinfacht werden. Nur mittels dieser Vereinfachungen ist es möglich, einen Einblick in die grundlegenden Funktionszusammenhänge zu gewinnen. Ökonomische Modelle können daher unmöglich die gesamte Realität abbilden.

(10) Die VWL differenziert zwischen den folgenden drei Produktionsfaktoren: Arbeit, Boden (bzw. Umwelt oder auch Natur) und Kapital. Manchmal wird als vierter Produktionsfaktor auch noch das technische und organisatorische Wissen hinzugefügt.

(11) Die Transformationskurve gibt (in einem Modell mit zwei Arten von Output) an, welche Produktionsmengen (Outputmengen) mit den gegebenen Ressourcen in Form von Produktionsfaktoren maximal hergestellt werden können.

(12) Siehe die Antwort zu Frage 9.

(13) Der Begriff „Trade-off" bezeichnet das Problem, dass bei einer höheren Zielerreichung hinsichtlich des einen Ziels notwendigerweise die Zielerreichung eines anderen verfolgten Ziels geringer ausfällt.

(14) Spezialisierung und Arbeitsteilung sind zwei Seiten derselben Medaille: Die zunehmende Spezialisierung in der Produktion von Gütern führt dazu, dass auch immer speziellere Tätigkeiten von den Arbeitskräften in den Unternehmen ausgeführt werden. Diese Spezialisierung ist die Grundlage für eine erhöhte Produktivität und damit Effizienz in der Produktion. Sie erfordert im nächsten Schritt einen zunehmenden Tausch der Güter, da niemand mehr nur für den Eigenverbrauch produziert.

(15) Die ceteris-paribus-Annahme besagt, dass alle anderen Einflussfaktoren konstant gehalten werden. D.h. sie werden aus der Betrachtung ausgeklammert. Wenn diese Einflussfaktoren sich nicht ändern, können sie auch keine Variation in den Wirkungen auslösen, sind also nicht

ursächlich für Veränderungen. Siehe darüber hinaus die Antwort auf Frage 9.

(16) Die VWL versucht als Wissenschaft zu erklären, warum etwas so und so ist oder sich auf diese oder jene Art verändert. Diese Frage nach dem Warum ist nichts anderes als das Problem, Ursache-Wirkungs-Zusammenhänge zu ermitteln. Die volkswirtschaftliche Theorie zielt darauf ab, solche allgemein gültigen Kausalbeziehungen auf Grund von prinzipiellen Überlegungen, bspw. basierend auf dem ökonomischen Verhaltensmodell, abzuleiten. Als empirische Wissenschaft überprüft die VWL diese theoretischen Aussagen anhand von Daten, Tatsachen bzw. Fakten auf ihre Richtigkeit.

(17) Die Allokation von Produktionsfaktoren meint die Kombination verschiedener Produktionsfaktoren in unterschiedlichen Mengen, um Güter zu fertigen. Jedes Unternehmen ist eine solche konkrete Kombination von Arbeitskräften, Maschinen, Anlagen usw., in bestimmten Gebäuden (Produktionshallen) und an bestimmten Standorten. Die Distribution von Gütern ist der Ausdruck dafür, dass die hergestellten Güter unter den Einwohnern einer Volkswirtschaft verteilt werden müssen. Dazu existieren verschiedene Verteilungsmechanismen wie Preise, Warteschlangen, Verlosungen, soziale Beziehungen usw.

(18) Empirische Wissenschaft heißt, dass die VWL Aussagen über die Realität macht.

(19) Superiore Güter sind Güter, die mit steigendem Einkommen verstärkt nachgefragt werden. Substitutionsgüter sind Güter, die aus Sicht der Konsumenten beliebig austauschbar sind, ihm also hinsichtlich Funktionalität und Nutzen völlig gleichwertig sind

(20) Falsifizierbar ist eine Aussage, wenn sie an Hand von Fakten (Daten) prinzipiell widerlegt werden kann.

Übungsaufgaben

Aufgabe 1:
Normativen Charakter hat auf jeden Fall die Aussage a.

Für die Aussage b) ist der Charakter offen, da das Wort „müsste" in der deutschen Sprache sowohl die Bedeutung „sollte" als auch die Bedeutung „vermutlich wird es so sein" besitzt. In der ersten Bedeutung handelt es sich um eine normative Aussage. In der zweiten Bedeutung um eine positive Aussage (in Form einer Hypothese).

Alle anderen Aussagen haben einen positiven Charakter.

Aufgabe 2:
Oma Meyer trägt Opportunitätskosten in Form und in Höhe des Verzichts auf Zinseinnahmen, da sie ihre Ersparnisse ja auch verzinst bei einer Bank anlegen könnte. Opa Schmidt trägt Opportunitätskosten in Form eines Nutzenverlustes, da er kurzfristig nicht an sein Festgeld herankommt und mit diesem also kurzfristig keine Käufe tätigen kann.

Aufgabe 3:
Die gesamtwirtschaftliche Transformationskurve eines Landes der Dritten Welt verlagert sich nach innen, d.h. es findet eine Verschiebung hin zum Ursprung des Koordinatensystems statt. Der Grund liegt in dem Verlust am Produktionsfaktor „qualifizierte Arbeit" (Dies wird auch als Verringerung des Humankapitals einer Volkswirtschaft bezeichnet). Unterstellt man, dass diese hochqualifizierten Arbeitskräfte vor allem in der Industriegüterbranche benötigt werden, ergibt sich eine entsprechend stärkere Verlagerung der Transformationskurve nach innen bei der Achse für die Industriegüterproduktion.

Aufgabe 4:
Die Opportunitätskosten steigen. Grund: Um eine Einheit zusätzlich von der einen Güterart zu erhalten, muss auf immer mehr Einheiten der anderen Güterart verzichtet werden. Dies gilt bei einer Bewegung in die andere Richtung ganz genauso.

Aufgabe 5:
Alfred betrachtet die Grenzkosten der beiden Alternativen „Busfahren" oder „eigenen PKW benutzen". Durch das Semesterticket (das er zwangsweise besitzt), verringern sich die Grenzkosten für das Busfahren auf Null. Die

Grenzkosten der Benutzung des eigenen PKW sind (mindestens) die Benzinkosten. Da die Grenzkosten des PKW positiv sind und damit in jedem Fall höher als die Grenzkosten der Busbenutzung, wird Alfred mit dem Bus fahren. Zusätzliche Erläuterung: Diese Überlegung gilt natürlich nur, wenn die beiden Transportalternativen hinsichtlich Zeitaufwand, Komfort, Pünktlichkeit usw. identisch sind. Realitätsnäher kann argumentiert werden, dass die Grenzkosten von Null auf Grund des Semestertickets zumindest tendenziell die Busbenutzung attraktiver werden lässt. Auf Grund von ungünstigen Fahrplänen und Verbindungen, mangelndem Komfort etc. wird trotzdem eine Reihe von Studierenden lieber das eigene Auto benutzen. Hinsichtlich der Gesamtheit aller Studierenden werden die Grenzkosten von Null für die Busbenutzung aber die durchschnittliche Busbenutzung erhöhen

Aufgabe 6:.

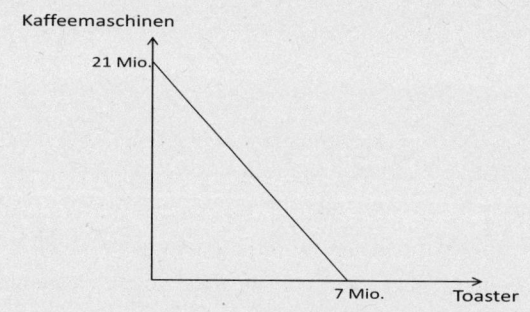

Maximal sind 7 Mio. Toaster produzierbar.

Aufgabe 7:

Der neue Höchstsatz von 25% ist eine deutliche Verringerung der Einkommensteuerbelastung von Besserverdienenden einerseits und eine Steuererhöhung für geringe Einkommen andererseits. Unterstellt man, dass höhere Einkommen auch überproportional mehr zur Staatsfinanzierung herangezogen werden sollten (d.h., dass man Verfechter einer progressiven Einkommensteuer ist), so wird dies als (sozial) ungerecht angesehen. Es ist unter Gerechtigkeitsgesichtspunkten dabei aber zu bedenken, dass 25% von 200.000 € erheblich mehr ist als 25% von 20.000 €, so dass auch ein einheitlicher Einkommensteuersatz eine stärkere Belastung der hohen Einkommen darstellt.

Unter Effizienzgesichtspunkten könnte die Steuerminderung für höhere Einkommen aber positiv zu beurteilen sein. Niedrigere Steuerbelastungen der höheren Einkommen (bspw. dann auch bei Selbständigen) könnten die Arbeitsmotivation, die Bereitschaft zu Existenzgründungen und die Investitionsbereitschaft erhöhen. Wenn dadurch das Wirtschaftswachstum zunimmt (also der Kuchen größer wird), haben eventuell alle Bürger etwas davon. Ob dies wirklich der Fall ist, ist eine positive Fragestellung, die (prinzipiell) durch empirische Untersuchungen geklärt werden kann.

Aufgabe 8:
Ständiges Freibier für alle Bürger heißt, dass Bier einen Preis von Null hat. Mit Gerechtigkeit hat dies wenig zu tun. Unabhängig vom Einkommen können jetzt alle Bürger Bier konsumieren, das ist für Bezieher niedriger Einkommen zwar vorteilhaft (Bier ist jetzt sozial erschwinglich), aber die Bezieher hoher Einkommen bezahlen auch nichts, obwohl sie sich dies ja problemlos leisten könnten. Außerdem ist zu berücksichtigen, dass das Freibier vom Staat zur Verfügung gestellt werden muss. Der Staat übernimmt also die Produktionskosten. Er muss diese aber durch entsprechende Steuereinnahmen finanzieren. Damit stellt sich die Frage, wer durch diese Steuern belastet wird. Unter Umständen bezahlen die Bürger mit niedrigen Einkommen das Freibier, das (auch) den „Reichen" zu Gute kommt. Die Verteilungswirkungen des Freibiers sind also höchst problematisch.

Aufgabe 9:
Die Erläuterungen zu Aufgabe 8 gelten auch in diesem Fall.

Aufgabe 10:
Das schöne Wetter während der Klausurvorbereitung wird die Opportunitätskosten des Lernens erhöhen, da der Nutzenverlust aus dem Verzicht auf Freizeit größer wird.
Die Nachricht einer besonders schwierigen Klausur steigert die Opportunitätskosten der Entscheidung, doch lieber mehr von den kommenden drei Wochen als Freizeit zu verleben, da die Wahrscheinlichkeit die Klausur nicht zu bestehen, zunimmt.

Aufgabe 11:

Diese Information allein hat keine Aussagekraft. Gründe: a) Die absolute Höhe der Studiengebühren ist irrelevant. Es handelt sich vielleicht nur um eine allgemeine Inflation, bei der auch die Einkommen entsprechend gestiegen sind. b) Aussagekräftig ist die absolute Höhe der Studiengebühren nur im Verhältnis zu den (durchschnittlichen) Einkommen im Staat Baluba, wenn dies bei 2 Mio. Krowolez liegt, sind auch 1245.- Krowolez völlig unbedeutend.

Aufgabe 12:

Besucher des Spaßbades zahlen einen Eintrittspreis, der nicht die Kosten deckt. Diese Besucher haben dadurch einen Vorteil. Es kann sich um Familien mit niedrigem Einkommen handeln, aber auch um ein wohlhabendes Paar pensionierter Lehrer ohne Kinder. Über den Wasserpreis werden alle Einwohner der Stadt, völlig unabhängig von ihrem Einkommen und Vermögen belastet. Beim öffentlichen Nahverkehr ist es sogar möglich, dass dieser eher von Einwohnern mit geringem Einkommen und Vermögen genutzt wird, die also durch die höheren Fahrkartenpreise mehr belastet werden. Insgesamt sind die Verteilungswirkungen unter Gerechtigkeitsgesichtspunkten fragwürdig.

Aufgabe 13:

Französischer Rotwein und Champagner: Superiore Güter.
Sake (d.h. Reiswein): Inferiores Gut.

Aufgabe 14:

Die Steigung der Transformationskurve beträgt -1, d.h. wenn der Bäcker ein Brötchen mehr herstellen möchte, muss er auf die Produktion eines Croissants verzichten. Die Opportunitätskosten für ein zusätzliches Brötchen betragen also genau ein Croissant und bei 400 Brötchen entsprechend 400 Croissant. Da die Transformationskurve eine Gerade ist, ändern sich die Opportunitätskosten nicht (sie betragen immer genau ein Croissant (bzw. umgekehrt ein Brötchen, falls der Bäcker zusätzlich einen Croissant mehr backen möchte).

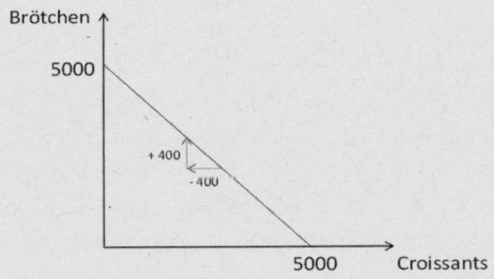

Zu Abschnitt B Teil I: Märkte und Marktprozesse

Wiederholungsfragen

(1) Der Begriff Markt wird durch folgende wichtige Eigenschaften gekennzeichnet: Zusammentreffen von Angebot und Nachfrage; es findet ein Tausch statt (als Naturaltausch oder mittels Geld); Ergebnisse der Marktprozesse sind hinsichtlich des jeweiligen Gutes dessen Preis, Menge und Qualität; es existieren auch virtuelle Märkte.

(2) Die Aussage ist korrekt. Der Begriff Markt kann in einem weiteren Sinne eine große Zahl verschiedener Güter beinhalten (bspw. der Getränkemarkt oder der Lebensmittelmarkt) in einem engeren Sinne geht es darum, welche Güter in einem Wettbewerbsverhältnis zueinander stehen (bspw. die Weingüter der Region um Bordeaux auf dem Markt für erstklassigen Rotwein).

(3) Die drei Kriterien sind die räumliche, zeitliche und sachliche Abgrenzung eines Marktes.

(4) Das zentrale Problem der sachlichen Abgrenzung ist die Frage, welche Güter einzelner Anbieter aus Sicht der Konsumenten (perfekt) substituierbar sind. Dies ist auch bei verschiedenen Konsumenten durchaus unterschiedlich: während es einem Individuum egal ist, ob es sich Butter oder Margarine auf das Frühstücksbrötchen schmiert, wird ein anderer Käufer niemals Margarine als ein Substitut für Butter ansehen. Sind Güter substituierbar, stehen deren Anbieter in Konkurrenz zueinander und gehören deswegen zu **einem** Markt.

(5) Ein Wettbewerbsmarkt liegt vor, wenn der einzelne Käufer oder Verkäufer keinen Einfluss auf den Preis besitzt. Der Marktpreis ist also für alle Marktteilnehmer eine exogen gegeben Größe.

(6) Die Annahmen der vollständigen Konkurrenz sind vor allem: homogene Güter, vollkommene Markttransparenz, Polypol, Gewinn- bzw. Nutzenmaximierung, rationales Verhalten, räumlicher und zeitlicher Punktmarkt.

(7) Ein räumlicher Punktmarkt unterstellt, dass alle wirtschaftlichen Prozesse (Produktion, Verkauf, Konsum etc.) an einem geografischen Punkt stattfinden. Dies heißt nichts anderes, als dass bei der Analyse keinerlei Transportkosten oder Raumüberwindungskosten zu berücksichtigen sind.

(8) Der Verlauf der Nachfragefunktion wird als normal bezeichnet, wenn bei einem niedrigen Preis die nachgefragte Menge groß ist und umgekehrt bei einem hohen Preis wenig von einem Gut nachgefragt wird.

(9) Eine Preisänderung eines Gutes ist eine Variation einer endogenen Variablen des Preis-Mengen-Diagramms dieses Gutes. Die Nachfragefunktion bleibt daher unverändert und man bewegt sich auf dieser gegebenen Funktion.

(10) Die Präferenzen (also Vorlieben und Abneigungen) eines Individuums sind ein exogener Einflussfaktor der Nachfrage. Die Nachfragefunktion wird sich also verschieben. In welche Richtung bleibt offen, wenn keine genaueren Informationen zur Präferenzveränderung vorliegen. Generell gilt: Eine Bewegung auf einer gegebenen Nachfragekurve wird durch Preisänderungen auf Grund einer Verschiebung der Angebotsfunktion des betrachteten Gutes ausgelöst und beschreibt die dadurch verursachten Änderungen der nachgefragten Menge dieses Gutes. Alle anderen möglichen Einflussfaktoren – zusammengefasst in der ceteris-paribus-Klausel – ändern sich nicht. Verschiebungen der Nachfragefunktion werden durch Änderungen eines (oder mehrerer) der sonstigen Einflussfaktoren neben dem Preis bewirkt. Bspw. eine Senkung oder Erhöhung des Einkommens, eine Veränderung in den Präferenzen usw.

(11) Der Anstieg der Angebotsfunktion resultiert aus folgenden Überlegungen: Erhöhung der Produktionsmengen der existierenden Anbieter, da sich die Herstellung und der Verkauf jetzt noch mehr lohnen. Weitere, d.h. zusätzliche Anbieter kommen auf den Markt, da es mit steigendem Preis attraktiver wird dieses Gut herzustellen.

(12) Die Veränderung der Produktionstechnologie hat eine Verschiebung der Angebotsfunktion zur Folge, da es sich um eine exogene Variable handelt. Eine kostensenkende Prozessinnovation führt zu einer Verschiebung der Angebotsfunktion nach unten. Die Auswirkungen werden eine Senkung des Gleichgewichtspreises und eine Erhöhung der Gleichgewichtsmenge sein.

(13) Ein Marktgleichgewicht ist gegeben, wenn die angebotene Menge und die nachgefragte Menge genau gleich groß sind. Es liegt Markträumung vor. Diese Menge wird als Gleichgewichtsmenge bezeichnet, der dazu gehörige Preis ist der Gleichgewichtspreis.

(14) Oligopolistische Marktstrukturen können sowohl zu einem intensiven Wettbewerb führen (Bsp. in Deutschland: Lebensmitteleinzelhandel) als auch zu nicht-wettbewerblichen Verhaltensweisen (Bsp. in Deutschland: ggf. Benzinmarkt).

(15) Liegt der Preis über dem Gleichgewichtspreis existiert ein Angebotsüberschuss. Die Produzenten werden bemüht sein, durch Preissenkungen ihre Güter zu verkaufen. Außerdem werden die Unternehmen ihre produzierten Mengen verringern, um nicht weiter auf unverkäuflichen Gütern sitzenzubleiben. Gleichzeitig reagieren die Verbraucher auf den sinkenden Preis mit einer höheren Nachfrage. Alle diese Prozesse führen zurück zu einem Marktgleichgewicht. Bei einem Preis unter dem Gleichgewichtspreis ist ein Nachfrageüberschuss zu beobachten. Die dadurch bewirkten Veränderungen von Angebot und Nachfrage entsprechen spiegelbildlich denen des ersten Falls.

(16) Ein Gleichgewicht auf einem Markt wird als stabil bezeichnet, wenn es bei Abweichungen vom Gleichgewicht (hinsichtlich Preis bzw. Menge) Marktprozesse gibt, die zurück zum Gleichgewicht führen.

(17) Die Elastizität des Angebots ist auf lange Sicht tendenziell größer. Es ist für die Unternehmen möglich, kurzfristige Kapazitätsbeschränkungen zu beseitigen und sich so an Preisveränderungen anzupassen. Die Anpassung erfolgt durch Einstellung und Entlassung von Mitarbeitern, Kauf und Installation von Maschinen bzw. Verkauf von Produktionsanlagen usw.

(18) Relevant für das Angebot eines Unternehmens sind: a) der Preis und b) die Stückkosten (d.h. Durchschnittskosten) des betreffenden Gutes. Zusammen mit der möglichen Absatzmenge ergibt sich aus dem Preis der Erlös und aus dem Erlös minus den Kosten der Gewinn eines

Unternehmens. Darüber hinaus sind c) die Preise (Erlöse) und (Stück-)Kosten anderer Güter relevant. Daraus resultieren die möglichen Gewinne bei der Produktion anderer Güter. Sind die Gewinne bei einer alternativen Verwendung der Produktionsfaktoren für die Herstellung einer anderen Gutes höher, wird ein Unternehmen auf die Produktion des ersten Gutes verzichten.

(19) Monopson bezeichnet den Fall eines einzigen Nachfragers und vieler Anbieter; bilaterales Monopol meint einen Markt, bei dem es nur einen Anbieter und einen Nachfrager gibt; Polypol nennt man die Marktform mit sehr vielen Anbietern und sehr vielen Nachfragern.

(20) Potentielle Konkurrenz meint, dass Unternehmen zwar aktuell auf einem Markt nichts anbieten, dies aber jederzeit tun könnten, wenn sich dies aus ihrer Sicht lohnt (also wenn Gewinne zu erzielen sind). Dieses mögliche Verhalten werden andere Unternehmen bei ihren Entscheidungen berücksichtigen.

(21) Bei einer starken Preissteigerung für Waschmaschinen werden viele Haushalte die Anschaffung einer neuen Waschmaschine in die Zukunft verschieben („Die alte Maschine tuts ja auch noch"). Kurzfristig ist daher mit einem relativ starken Nachfragerückgang zu rechnen. Wenn die alte Waschmaschine allerdings in der Zukunft nicht mehr reparabel ist, muss eine neue gekauft werden. Langfristig ist die Nachfrage nach Waschmaschinen aus diesem Grund unelastischer als kurzfristig.

(22) Eine vollkommen elastische Nachfragefunktion ist eine Horizontale (verläuft also als Waagrechte).

(23) Der Begriff Kreuzpreiselastizität beschreibt die prozentuale Änderung der nachgefragten Menge eines bestimmten Gutes als Reaktion auf die prozentuale Änderung des Preises eines anderen Gutes.

(24) Zwischen vielen Gütern liegt die jeweilige Kreuzpreiselastizität bei Null. Die Nachfrage der beiden Güter ist völlig unabhängig voneinander (bspw. Gummibärchen und Smartphones).

Übungsaufgaben

Aufgabe 1:

Die Abnahme der Schafwollproduktion in Australien führt zu einer Linksverschiebung der Angebotsfunktion vom Jahr 1990 über das Jahr 2000 bis zum Jahr 2003. Der Weltmarktpreis steigt dadurch.

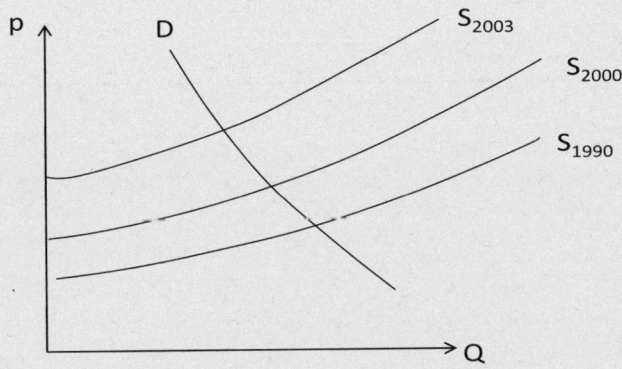

Aufgabe 2:

(a)

Einsetzen in Angebotsfunktion: $p = 1$: $1 = 1 + \frac{3}{2}q$ d.h. $q^S = 0$

Bei einem Preis von 1 wird nichts angeboten. Warum? Die Stückkosten (Durchschnittskosten) sind größer als der Preis.

$p = 3$: $3 = 1 + \frac{3}{2}q$ d.h. $q^S = 1\frac{1}{3}$

$p = 9$: $9 = 1 + \frac{3}{2}q$ d.h. $q^S = \frac{16}{3} = 5\frac{1}{3}$

(b)
Rechnerische Lösung:
Gleichgewicht ?   Schnittpunkt beider Funktionen

$$1 + \frac{3}{2}q = 5 - \frac{1}{2}q \qquad q^* = 2$$

Einsetzen von q = 2 $\qquad$ p* = 4

Die Gleichgewichtsmenge beträgt 2 Einheiten und der Gleichgewichtspreis 4 Geldeinheiten.

Grafische Lösung:

Nachfragefunktion D:

Prohibitivpreis: $\qquad$ q = 0 $\qquad$ p = 5

Sättigungsmenge: $\quad$ p = 0 $\qquad$ $0 = 5 - \frac{1}{2}q$ $\quad$ d.h. q = 10

Angebotsfunktion S: q = 0 $\qquad$ p = 1, Steigung beträgt 1,5

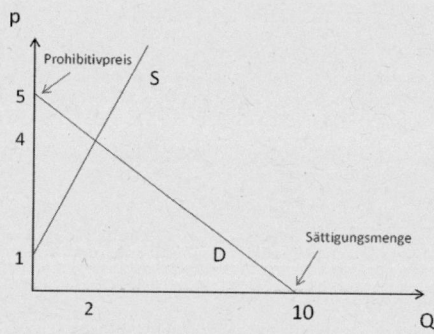

(c)

p = 4,5 $\qquad$ Angebot: $\qquad$ $\left(\frac{9}{2}\right) = 1 + \frac{3}{2}q$, d.h. $q^S = \frac{7}{3}$

$\qquad\qquad$ Nachfrage: $\qquad$ $\frac{9}{2} = 5 - \frac{1}{2}q$, d.h. $q^D = 1$

Da die angebotene Menge ($\frac{7}{3}$) größer ist als die nachgefragte Menge (1) liegt ein Angebotsüberschuss (Angebotsüberhang) vor.

Umgekehrt existiert bei p = 3 ein Nachfrageüberschuss (Nachfrageüberhang).

Freie Preisbildung führt bei einem Angebotsüberschuss zu einem Preisunterbietungsprozess der Anbieter (und umgekehrt bei Nachfrageüberhang). Es ergibt sich daher eine Tendenz zum Gleichgewichtspreis.

Aufgabe 3:

a) Gummibärchen: Die Geschmacks- und Farbunterschiede sind normalerweise gering bzw. nicht existent, dies spricht für ein (weitgehend) homogenes Gut. Allerdings könnten für bestimmte Verbraucher Qualitätsunterschiede existieren, insoweit ist es eine empirische Frage, ob die Konsumenten dies als homogenes Gut betrachten oder nicht.

b) Unterhaltungsromane: Erhebliche Unterschiede im Hinblick auf die Gattung sind vorhanden (Krimis, Liebesromane, Spionagethriller, Fantasy etc.). Gleiches gilt für Sprache und Stil verschiedener Autoren. Fazit: Mit Sicherheit kein homogenes Gut.

c) Rohöl Sorte „Brent Star". Eine auf den internationalen Ölmarkten standardisierte Qualitätsbezeichnung. Alle Käufer und Verkäufer wissen, um welche Qualität es sich handelt. Fazit: Homogenes Gut.

d) Tütensuppen: Fast alle Verbraucher dürften große Qualitätsunterschiede sehen (Geschmacksrichtungen: Tomatensuppe, Zwiebelsuppe etc., Hersteller: Knorr, Lacroix usw.). Also: Kein homogenes Gut.

e) Mais: Es existieren Futtermais, Popcorn-Mais, Zuckermais, Babymaiskolben etc. Daher: Kein homogenes Gut.

Aufgabe 4:

Für die Nachfrager in München ist das Angebot in Berlin, Dortmund oder Leipzig kein Substitut und umgekehrt. Dies liegt auf der Hand, weil der Zeitaufwand und die Reisekosten für den Verbraucher viel zu groß sind. Es existieren daher nur jeweils regionale Märkte. D.h. bspw. die beiden Filialen in München von Pizza-Pepe und Gyros-Karli stehen unter räumlichem Aspekt in Konkurrenz zueinander. Ob sie tatsächlich auch sachlich und damit faktisch miteinander konkurrieren, hängt davon ab, ob die Nachfrager von Fast-Food-Essen die Angebote der beiden Ketten als Substitute ansehen oder nicht. Sind für viele dieser Konsumenten Gyros und Pizza Substitute kann für München usw. von einem regionalen Fast-Food-Markt gesprochen werden, auf dem die beiden Ketten im Wettbewerb stehen.

Aufgabe 5:

Die Aussagekraft dieser Zeitungsmeldung ist gleich Null. Geklärt werden müssten: Räumliche, zeitliche und sachliche Abgrenzung. Außerdem sind die Bezugsgrößen relevant: Zahl der verkauften Sportwagen oder Umsatz sowie Endkunden oder Sportwagenhändler.

Aufgabe 6:

(a)

Da nur die Produktionskosten beeinflusst werden, ändert die Nachfragefunktion ihre Lage nicht. Die Angebotsfunktion verschiebt sich nach unten. Der Gleichgewichtspreis auf dem Snowboard-Markt sinkt und die Menge steigt.

(b)

Die besseren Fahreigenschaften führen zu einer Rechtsverschiebung der Nachfragefunktion. Dies resultiert ceteris paribus in einer Erhöhung des Gleichgewichtspreises und Steigerung der Gleichgewichtsmenge.

Aufgabe 7:

Es müssen zunächst zwei Märkte jeweils für sich betrachtet werden: der Chianti-Markt und der Lasagne-Markt. Auf dem Chianti-Markt führt die Rekordernte zu einer Rechtsverschiebung der Angebotsfunktion und folglich zu einer Senkung des Gleichgewichtspreises und einer Erhöhung der Gleichgewichtsmenge. Der steigende Chiantikonsum hat aber Rückwirkungen auf den Lasagnemarkt. Wenn - wie angenommen - zu jedem Glas Chianti immer eine Portion Lasagne bestellt wird, verschiebt sich die Nachfragefunktion auf dem Lasagne-Markt nach rechts und der Gleichgewichtspreis steigt.

Ergänzung: Der steigende Preis auf dem Lasagne-Markt führt aber seinerseits ja zu einem Rückgang der Gleichgewichtsmenge im Vergleich zur Zunahme bei unverändertem Lasagnepreis. Sinkende Lasagne-Nachfrage lässt aber wiederum die Chianti-Nachfrage sinken. Dies bedeutet, dass eigentlich ein simultanes Gleichgewicht auf beiden Märkten, d.h. dem Chianti- und dem Lasagnemarkt, gesucht werden muss. Solche wechselseitigen Rückkoppelungen werden bei der Analyse zur Vereinfachung in der Regel weggelassen.

Aufgabe 8:

Keine Auswirkungen hinsichtlich der Lage der Angebotsfunktion! Bei steigendem Preis bewegen wir uns auf der existierenden Angebotsfunktion nach oben.

Aufgabe 9:

Eine Bewegung auf einer gegebenen Nachfragekurve wird durch Preisänderungen auf Grund einer Verschiebung der Angebotsfunktion des betrachteten Gutes ausgelöst und beschreibt die dadurch verursachten Änderungen der nachgefragten Menge dieses Gutes. Alle anderen möglichen

Einflussfaktoren – zusammengefasst in der ceteris-paribus-Klausel – ändern sich nicht.

Verschiebungen der Nachfragefunktion werden durch Änderungen eines (oder mehrerer) der sonstigen Einflussfaktoren neben dem Preis bewirkt. Bspw. eine Senkung oder Erhöhung des Einkommens, eine Veränderung in den Präferenzen usw. D.h. die ceteris-paribus-Klausel gilt in diesem Fall nicht.

Aufgabe 10:

(a)

Der Prohibitivpreis ist der Preis eines Gutes, bei dem im Zuge von Preiserhöhungen die nachgefragte Menge gerade auf Null reduziert wird. Die Sättigungsmenge ist die Nachfragemenge, die bei einem Preis von Null konsumiert wird.

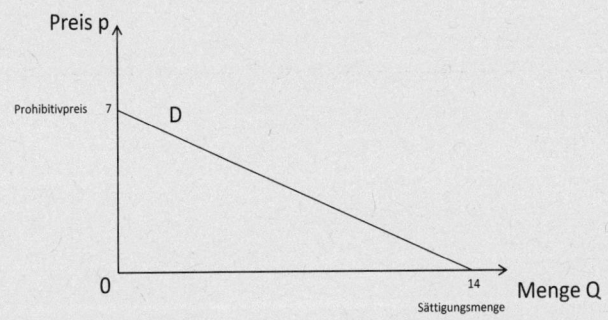

Entsprechend der Nachfragefunktion ergeben sich ein Prohibitivpreis von 7 und eine Sättigungsmenge von 14.

(b)

Ausgangspunkt der Berechnung ist die Gleichgewichtsbedingung: $S = D$.

Also:

$3 + 1{,}5Q = 7 - 0{,}5Q$ $/ + 0{,}5Q$

$3 + 2Q = 7$ $/ - 3$

$2Q = 4$ $/ : 2$

$Q = 2$

Die Gleichgewichtsmenge beträgt 2 Mengeneinheiten.

Eingesetzt in die Angebots- oder Nachfragefunktion ergibt sich: p = 6. Der Gleichgewichtspreis beträgt also 6 (€).

(c)

Auf den verschiedenen Märkten bilden sich durch Angebot und Nachfrage die Güterpreise. Die Preise haben Signalfunktion, indem sie die Knappheitsverhältnisse auf den Märkten widerspiegeln. Durch die Preise auf den einzelnen Märkten, wird die Wirtschaft koordiniert, d.h. es wird dafür gesorgt, dass die Entscheidungen der vielen einzelnen Wirtschaftssubjekte (private Haushalte und Unternehmen) zusammenpassen.

(d)

Es wird nicht nur wesentlich weniger nachgefragt, zudem ist der Markt auch in keinem Gleichgewicht mehr.

Die angebotene Menge beträgt: $6{,}5 = 3 + 1{,}5q$ $q^S = 2{,}33$
Die nachgefragt Menge beträgt: $6{,}5 = 7 - 0{,}5q$ $q^D = 1$

(e)

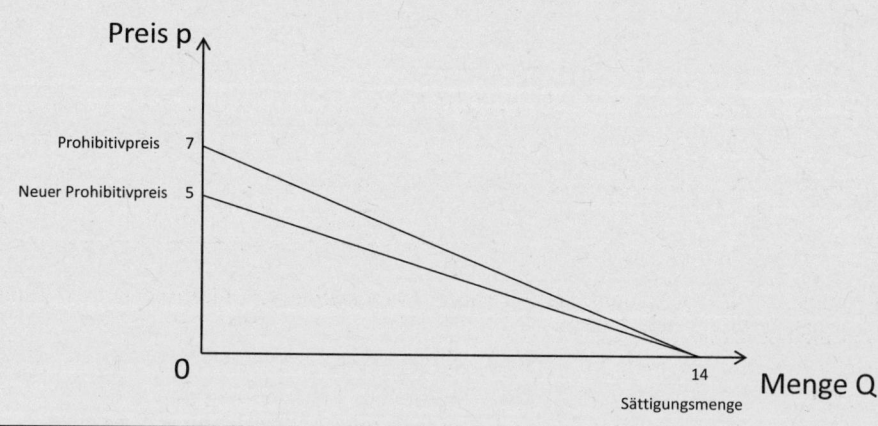

Aufgabe 11:

Kurzfristig (innerhalb eines Jahres) ist die produzierte Menge (weitgehend) fixiert. Sie ergibt sich aus der Zahl der vorhandenen Rebstöcke im Anbaugebiet. Die Angebotsfunktion ist also vollständig unelastisch und damit eine Senkrechte. Über einen Zeitraum von 10 Jahren hinweg können neue Weinstöcke angepflanzt und zur Ertragsreife kultiviert werden. Durch diese neuen Rebflächen ist die langfristige Angebotsfunktion erheblich elastischer (verläuft also flacher). Betriebswirtschaftlich betrachtet: Steigende Preise für Saale-Unstrut Wein führen längerfristig dazu, dass die Anbauflächen und damit auch die Produktion an Saale-Unstrut-Wein zunimmt.

Preis-Mengen-Diagramm:
Die kurz- und langfristige Angebotsfunktion von Saale-Unstrut-Wein

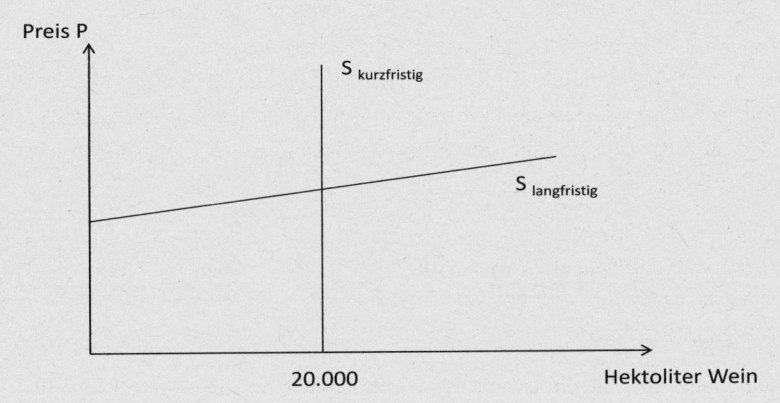

Aufgabe 12:

Die Teilfragen a) und b) werden zusammen beantwortet:
Erstens sind die Angebots- und die Nachfragefunktion für die Saimler-Wurmler-Aktien zu bestimmen.
Die Nachfragefunktion ergibt sich aus den Informationen über die Käufer prinzipiell wie folgt: Zunächst werden alle Käufer nach der Höhe ihrer Zahlungsbereitschaft sortiert. Dies führt zu folgender Reihenfolge:

Schorgan-Finley-Bank (30.- $)

Trust Inc.(29,50 $).

Richmond Invest.(29.- $),

Coal Pension Fund (28.- $)

Moneymaker-Development-Bank (26,50 $)

Im nächsten Schritt zeichnet man ein Preis-Mengen-Diagramm und beginnt die Nachfragefunktion mit dem Käufer, der die höchste Zahlungsbereitschaft hat.

Wir tragen also die Nachfragefunktion beginnend mit der Schorgan-Finley-Bank bei 30.- $ als Horizontale ein. Die nachgefragte Menge dieser Bank beträgt 3000 Aktien. Wir zeichnen folglich beginnend an der Preisachse diese Horizontale bis zur Menge von 3000 Aktien ein. Da diese Bank nicht mehr als 3000 Aktien kaufen will, knickt an dieser Stelle die Nachfrage senkrecht nach unten ab. Wir gehen solange senkrecht nach unten, bis der Preis soweit gesunken ist, dass ein weiterer Nachfrager bereit ist zu kaufen. Dies ist bei 29,50 $ der Fall. Bei diesem Preis tritt Trust Inc. als weiterer Käufer hinzu. Damit zeichnen wir bei 29,50 wieder eine Horizontale, die diesmal 1000 Aktien nach rechts reicht. An diesem Punkt knickt die Nachfragefunktion wieder senkrecht nach unten ab usw. Die restlichen Schritte sind leicht selbst nachvollziehbar.

Dann wird die Angebotsfunktion eingezeichnet. Dazu müssen die Anbieter nach der Höhe des Preises, den sie mindestens erzielen wollen, sortiert werden. Wir beginnen mit dem Verkäufer, dem am wenigsten geboten werden muss. Es resultiert folgende Reihenfolge:

Total Securities (25 $)
Blue Horizon Investment (27 $)
Randerbilt & Associates Bank (28 $)
Very Best Fund (30.- $)

Zum Zeichnen der Angebotsfunktion beginnen wir an der Preisachse mit dem Verkäufer der bereit ist zum niedrigsten Preis zu verkaufen. Dies ist Total Securities. Deren Nachfrage wird als Horizontale eingezeichnet und erstreckt sich um 3500 Aktien nach rechts. An dieser Stelle knickt die Angebotsfunktion senkrecht nach oben ab und zwar geht sie solange nach oben bis ein Preis erreicht ist, bei dem ein weiterer Anbieter bereit ist zu verkaufen. Dies ist hier bei 27 $ Blue Horizon. Bei 27 $ verläuft das Angebot dieses Verkäufers als Horizontale um weitere 2500 Aktien nach rechts usw.

Die folgende Zeichnung illustriert das Vorgehen:

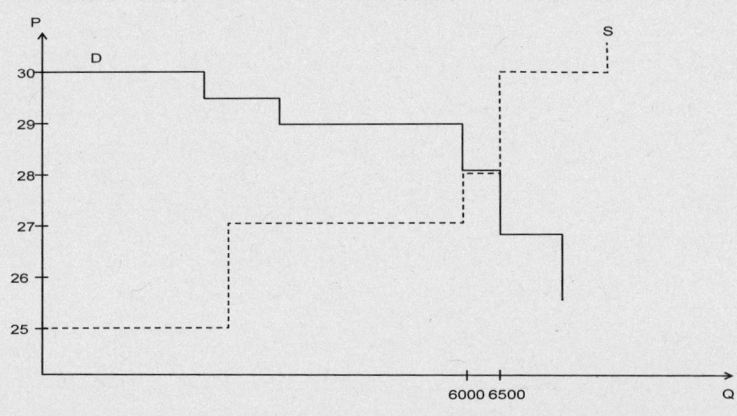

Der Schnittpunkt von Angebotsfunktion und Nachfragefunktion ergibt den Eröffnungskurs der Saimler-Wurmler-Aktie (d.h. den Gleichgewichtspreis der Aktie). Dies ist hier ein Kurs von 28.- US-Dollar. Anbieter, die mindestens einen höheren Preis erzielen wollen, gehen leer aus. Käufer, die nur bereit sind höchstens einen Preis von weniger als 28.- $ zu zahlen, erhalten keine Aktien. Die gehandelte Menge an Aktien liegt bei 6500 Stück.

Aufgabe 13:

Ursächlich für die Preissenkung auf dem Markt für Palladium im Jahr 2008 können prinzipiell zwei verschiedene Faktoren sein. Erstens ist die Nachfrage auf dem Weltmarkt gesunken (d.h. im Preis-Mengen-Diagramm hat sich die Nachfragefunktion nach links verschoben: von D_0 nach D_1). Dies bspw. weil im Rahmen der Wirtschaftskrise die Nachfrage nach PKW und damit auch nach Abgaskatalysatoren eingebrochen ist. Zweitens könnte die Produktion gestiegen sein (was die Angebotsfunktion nach rechts verschiebt: von S_0 nach S_1). Der Grund könnte bspw. die Erschließung eines neuen ergiebigen Bergwerks zur Palladiumförderung in Südafrika sein.

Beide Einflüsse können natürlich auch in Kombination wirksam werden:

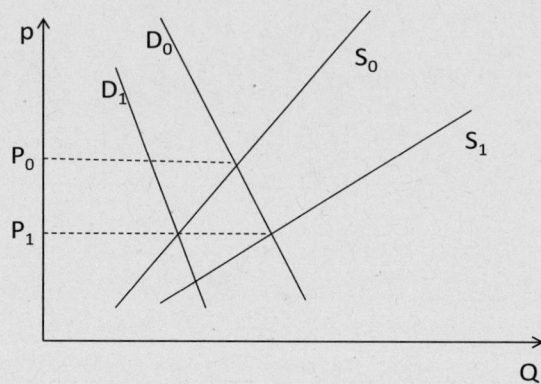

Zu Abschnitt B Teil II: Konsumenten und Produzenten

Wiederholungsfragen

(1) Der abnehmende Grenznutzen beschreibt die Auswirkungen auf den Nutzen, wenn ein Individuum von einem Gut immer weiter zusätzliche Einheiten konsumiert (bzw. besitzt). Ein Bsp. dazu: Der Grenznutzen des Bierkonsums sinkt, da das erste Bier nach einer langen Fahrradtour einen sehr hohen Nutzen mit sich bringt. Auch das zweite Bier schmeckt sehr gut, führt aber nicht mehr zu einem so hohen Nutzenzuwachs wie das erste Bier. Dies setzt sich fort, bis beim achten Bier der Nutzenzuwachs gleich Null ist. Man hat genug vom Bier. Ein Genussfaktor ist angesichts der zu erwartenden Kopfschmerzen am nächsten Morgen nicht zu erwarten. (Die Grenze beim achten Bier ist natürlich willkürlich gewählt und von Mensch zu Mensch unterschiedlich).

(2) Die Budgetbeschränkung beschreibt das maximal für Konsumzwecke zur Verfügung stehende Einkommen. Sie stellt sämtliche Kombinationen von Gütern dar, die in der ausgegebenen Gesamtsumme gleich dem Einkommen des Haushalts sind (zur Vereinfachung wird dabei normalerweise unterstellt, dass der Haushalt nicht spart). Im Fall zweier Güter wird sie in einem Koordinatensystem der beiden Gütermengen dargestellt.

(3) Nach der Nutzentheorie ist der Konsum jedes Gut mit einem bestimmten Nutzen, entsprechend dem jeweiligen subjektiven Befriedigungsgefühl des Konsumenten, verbunden. Der Nutzenzuwachs nimmt dabei mit steigendem Verbrauch (Konsum) eines Gutes ab (= 1. Gossensches Gesetz). Die kardinale Nutzentheorie unterstellt, dass dieser Grenznutzen in Nutzeneinheiten als kardinale Größe gemessen werden kann. In Verbindung mit weiteren vereinfachenden Annahmen lässt sich dadurch für jedes Individuum eine individuelle Nachfragefunktion konstruieren, die seiner Grenznutzenfunktion entspricht.

(4) Eine Indifferenzkurve ist die Verbindungslinie aller Güterkombinationen (d.h. Warenbündel), die einem Individuum einen gleich hohen Nutzen stiften.

Annahmen der Indifferenzkurvenanalyse:

- Vollständigkeit: Das Individuum muss allen Güterkombinationen (Warenbündeln) einen bestimmten Nutzen beimessen können.
- Transitivität: Zieht ein Individuum ein bestimmte Güterkombination A einer Güterkombination B vor und außerdem die Güterkombination B der Güterkombination C, dann muss dieses Individuum auch A der Kombination C vorziehen.
- Nicht-Sättigung: Das Individuum präferiert immer mehr von einem Gut zu besitzen.
- Konvexität: Die Indifferenzkurven sind konvex zum Ursprung (Dies ist der Fall, wenn beide Güter einen abnehmenden Grenznutzen aufweisen).
- Unabhängigkeit: Die Nutzeneinschätzungen eines Individuums sind völlig unabhängig von anderen Individuen.

(5) Die Indifferenzkurven verlaufen wie folgt:

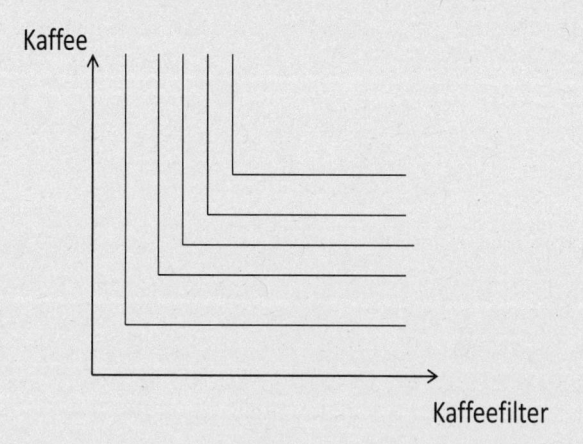

(6) Der Einkommenseffekt beschreibt die Tatsache, dass eine Preissenkung nichts anderes als eine Realeinkommenserhöhung darstellt (auf Grund des niedrigeren Preises kann ein Haushalt jetzt mehr von den Gütern konsumieren). Die Budgetgerade verschiebt sich dadurch also nach außen.

(7) Die Steigung einer Budgetgeraden ergibt sich aus dem Preisverhältnis der beiden betrachteten Güter. Wenn die Preise unabhängig von der nachgefragten Menge konstant sind, ist auch das Preisverhältnis konstant und die Budgetgerade verläuft folglich linear. Die Budgetgerade kann einen Knick aufweisen, wenn bspw. der Preis eines der Güter, bei steigendem Konsum ab einer bestimmten Menge sinkt (Mengenrabatt).

(8) Die Einkommens-Konsum-Kurve bildet im Güterdiagramm die Verbindung aller Haushaltsoptima bei unterschiedlichen Einkommenshöhen. Grafik (mit zwei Gütern x und y:

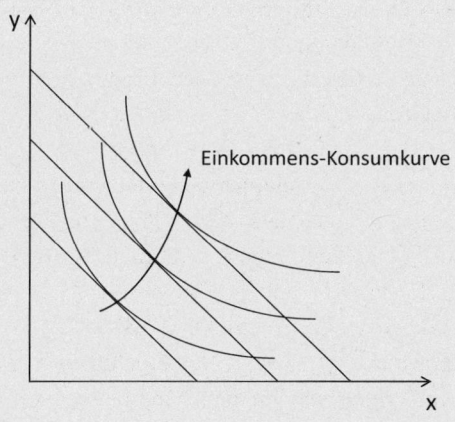

(9) Bei einem Giffen-Gut führt eine Preiserhöhung zu einer Erhöhung der Nachfrage nach diesem Gut. Somit weist ein Giffen-Gut eine positive Preiselastizität der Nachfrage auf (Snob-Effekt).

(10) Das erste Gossensche Gesetz beschreibt die Beziehung zwischen dem Grenznutzen und der Konsummenge eines Gutes. Es besagt, dass der Grenznutzen mit zunehmendem Konsum sinkt. Anmerkung: Es handelt sich natürlich nicht um ein Naturgesetz, sondern nur um eine (in der Regel) plausible Vermutung.

(11) Sie verschiebt sich parallel in Richtung Koordinatenursprung.

(12) Die Grenzrate der Substitution beschreibt die Steigung einer Indifferenzkurve. Sie stellt dar, in welchem Umfang ein Verzicht auf das eine Gut durch eine Erhöhung der Menge des anderen Gutes ausgeglichen werden muss, damit das Individuum auf dem gleichen Nutzenniveau verbleibt. Die fallende GRS beschreibt, dass die Indifferenzkurve (bei zunehmendem Konsum eines Gutes) immer flacher wird: Der Verlust des einen Gutes muss durch immer größere zusätzliche Mengen des anderen Gutes kompensiert werden, damit das Individuum auf dem gleichen Nutzenniveau verbleibt.

(13) Im Polypol ist die Nachfrage für den einzelnen Anbieter eine Horizontale (der Preis ist für das einzelne Unternehmen eine gegeben Größe). Es liegt folglich aus Sicht des einzelnen Produzenten eine völlig elastische Nachfragefunktion vor.

(14) Wichtig ist, dass ein Unternehmen Gewinne erzielen kann. Ob dies möglich ist, hängt einerseits vom Preis und andererseits von den Stückkosten ab. Darüber hinaus sind die Preise anderer Güter wegen der Opportunitätskosten relevant. Die exakte Angebotsmenge ergibt sich auf der Grundlage der Gewinnfunktion (G = R − K) mittels einer Marginalbetrachtung des Unternehmens in Form der Gewinnmaximierungsbedingung (1. Ordnung).

(15) Im Polypol (unter den Annahmen der vollständigen Konkurrenz) reduziert sich die Entscheidung des Unternehmens darauf, ob er überhaupt und wenn ja, welche Mengen er produzieren möchte.

(16) Erlöse (bzw. Umsatz) sind einfach die verkaufte Menge mal dem Preis des Gutes. Der Grenzerlös ist der zusätzliche Erlös durch die Produktion und den Verkauf einer weiteren Einheit des betreffenden Gutes (bspw. eines weiteren Airbus A310 der von Airbus Industries für die Lufthansa produziert wird).

(17) Die Preis-Absatz-Funktion eines einzelnen Polypolisten (also der für dieses Unternehmen geltende Zusammenhang von Preis und abgesetzter

Menge) ist eine Horizontale. Grund: Im Polypol ist der Preis für den einzelnen Anbieter gegeben und von ihm nicht beeinflussbar.

(18) Fixe Kosten verändern sich mit der produzierten Menge nicht! Die variablen Kosten hängen direkt von der Produktionsmenge ab.

(19) Sunk Cost (d.h. versunkene Kosten) sind in der VWL Kosten des Marktzutritts, die bei einem Marktaustritt nicht wieder erlöst werden können. In einem weiteren Sinn in der Kostenrechnung der BWL die entscheidungsirrelevanten Ist-Kosten vergangener Perioden.

(20) Grenzkosten sind die Kosten, die damit verbunden sind, genau eine weitere Einheit eines Gutes herzustellen (bspw. die Kosten einen weiteren Airbus A310 für die Lufthansa zu bauen). Die totalen Durchschnittskosten sind die gesamten Kosten, eine bestimmte Menge an Flugzeugen vom Typ A 310 herzustellen, geteilt durch diese produzierte Menge.

(21) Bei linearen Gesamtkostenfunktionen sind Grenzkosten und variable Durchschnittskosten immer genau gleich groß.

(22) Das Betriebsminimum ist das Minimum der variablen Durchschnittskosten und damit der Preis, den ein Unternehmen kurzfristig mindestens am Markt erzielen muss, um produzieren zu können. Das Betriebsoptimum ist das Minimum der totalen Durchschnittskosten. Sie bestimmen die langfristige Preisuntergrenze für das Unternehmen. Ergänzung: Der Begriff „Betriebsoptimum" wird standardmäßig in der BWL-Literatur verwendet. Er ist aber unglücklich gewählt, da er nicht das Gewinnmaximum darstellt! Optimal ist also hier nicht gewinnmaximal. Das Gewinnmaximum ergibt sich aus der Grenzkosten-Preis-Regel und liegt (fast immer) woanders.

(23) Die Produktionsfunktion stellt einen realwirtschaftlichen Zusammenhang von Inputs und Outputs dar (Geldgrößen, wie der €, tauchen in Produktionsfunktionen nicht auf). Kostenfunktionen beschreiben die Abhängigkeit der Kosten von der produzierten Menge.

(24) Zu unterscheiden sind: a) Isoquante Faktorvariation (Bewegung entlang einer Isoquante), b) Proportionale Faktorvariation (alle

Produktionsfaktoren werden im gleichen Verhältnis verändert), c) Partielle Faktorvariation (ein Produktionsfaktor wird verändert, alle anderen konstant gehalten).

(25) Die Grenzproduktivität ist die Veränderung der produzierten Menge (des Outputs) bei einer marginalen Erhöhung des Einsatzes eines Produktionsfaktors (bspw. **eine** Arbeitskraft mehr).

(26) Bei einer limitationalen Produktionsfunktion existiert ein bestimmtes fixes Verhältnis des Einsatzes der Produktionsfaktoren Kapital und Arbeit. Die Kapitalintensität und die Arbeitsintensität sind bei unterschiedlichen Outputs immer gleich groß.

(27) Der Zusammenhang hat prinzipiell folgendes Aussehen:

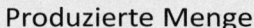

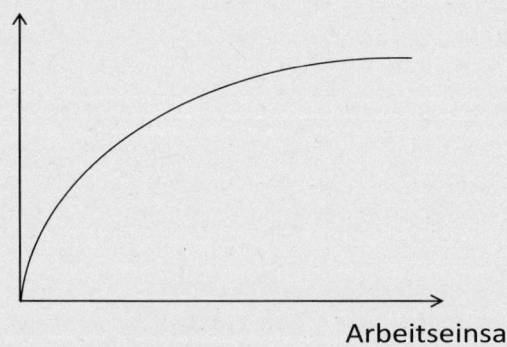

Produzierte Menge

Arbeitseinsatz

(28) Aus Produktionsfunktionen ergeben sich Kostenfunktionen. Produktionsfunktionen sind die realwirtschaftliche Basis ausgehend von der Kostenfunktionen ermittelt werden können.

(29) $G(q) = p \times q - K(q)$. Daraus ergibt sich als erste Ableitung und durch Nullsetzen: $0 = p - GK$ und damit: $p = GK$. Die Gewinnmaximierungsregel Preis = Grenzkosten gilt im Polypol. Ihr ökonomischer Inhalt erschließt sich am leichtesten, wenn man unterstellt, dass die Regel nicht erfüllt wird. Ist der Erlös einer weiteren verkauften Einheit eines Gutes größer als die zusätzlichen Kosten diese Einheit zu produzieren, ist das ein Anreiz für das Unternehmen mehr herzustellen. Also im Bsp.: Ein Airbus A 310 kann für 12 Millionen € an die Luftverkehrsunternehmen verkauft werden. Airbus Industries hat aber bei der Produktion nur zusätzlich Kosten in Höhe von 9,5 Millionen €. Airbus Industries wird in dieser Situation mehr Airbus A310 herstellen und verkaufen wollen. Wenn auf dem Markt für Flugzeuge der A 310 zu einem Preis von lediglich 8 Millionen € verkäuflich ist (Grenzerlös ist kleiner als Grenzkosten), dann wird das Unternehmen Airbus Industries seine Produktionsmengen verringern, da andernfalls durch die Produktion und den Verkauf Verluste entstehen.

(30) Die Angebotsfunktion auf einem Markt resultiert aus der horizontalen Aufsummierung der Angebotsmengen der einzelnen Produzenten. Dabei ist die Frage zu stellen, ab welchem Preis überhaupt irgendein Anbieter bereit ist zu produzieren. Dies ist in jedem Fall der Anbieter mit den geringsten Grenzkosten, dann folgt bei steigendem Preis der Anbieter mit den zweitniedrigsten Grenzkosten usw.

(31) Dies resultiert, wenn von einem Polypol, d.h. einem Wettbewerbsmarkt ausgegangen wird. Auf einem Wettbewerbsmarkt ist (unter den Annahmen der vollständigen Konkurrenz) der Marktpreis für das einzelne Unternehmen gegeben.

(32) Unternehmen in Marktwirtschaften werden auf Grund der Eigennutzorientierung der Eigentümer (sowie der Geschäftsführer, Vorstände etc.) gewinnorientiert wirtschaften. Zudem müssen Unternehmen, die keine ausreichend hohen Gewinne erzielen können, langfristig aus dem Markt ausscheiden, so dass nur noch gewinnerzielende Unternehmen auf einem Markt übrigbleiben.

(33) Outputmaximierung und Umsatzmaximierung haben nichts mit Gewinnerzielung zu tun. Das Problem bei beiden Verhaltensweisen ist darin zu sehen, dass die Kosten völlig aus dem Blickfeld geraten. Beide Unternehmensziele sind nur unter der Nebenbedingung der Kostendeckung sinnvoll.

(34) Die soziale Wohlfahrt als Summe der Konsumenten- und Produzentenrente, ist ein Maßstab für den Vorteil, den Konsumenten und Produzenten aus den Tauschprozessen auf einem Markt ziehen.

(35) In diesem Fall ist die Konsumentenrente gleich Null (anders formuliert: Es gibt keine Konsumentenrente). Grund: Die Nachfragefunktion ist eine Horizontale.

(36) Die Preiselastizität der Nachfrage beschreibt, um wie viel Prozent sich die nachgefragte Menge ändert, wenn der Preis dieses Gutes um 1 % variiert. Die Einkommenselastizität der Nachfrage besagt, um wie viel Prozent sich die nachgefragte Menge ändert, wenn sich das Einkommen um 1% verändert.

(37) Falls die Preiselastizität absolut größer als Eins (d.h. kleiner als − 1) ist, liegt eine elastische Nachfrage vor. Falls Preiselastizität gleich Null: vollkommen unelastische Nachfrage.

(38) Die Preissteigerung führt bei elastischer Nachfrage zu einem prozentual größeren Rückgang der nachgefragten Menge. In der Summe beider gegenläufiger Einflüsse (steigender Preis und sinkende Menge) ergibt dies einen Umsatzrückgang. Dazu ein Bsp.: Preiselastizität gleich −2,6. Preissteigerung um 1 % führt zu Mengenrückgang um 2,6 %. Also in der Summe beider Wirkungen (Preis steigt und Menge sinkt stärker) eine Verringerung des Umsatzes für das Unternehmen.

(39) Ein Gut, dessen Einkommenselastizität negativ ist, nennt man inferiores Gut.

(40) Der Maler Rubens ist seit langem tot. Es existiert eine bestimmte Menge echter Gemälde von Rubens, die sich natürlich − egal wie hoch oder niedrig der Preis ist − nicht mehr ändert. Die Angebotsfunktion ist daher eine senkrechte Gerade und die Preiselastizität des Angebotes gleich Null (d.h. vollkommen unelastisches Angebot).

(41) Zur Berechnung muss man einfach die Nachfrageveränderung durch die Preisveränderung dividieren: Also - 8 % geteilt durch 4 %. Die Preiselastizität der Erdnussnachfrage ist gleich - 2.

(42) Diese Güter weisen eine starke Substitutionsbeziehung auf.

(43) Die Salzsteuer war eine Verbrauchsteuer in Form einer Mengensteuer. Unter der plausiblen Annahme, dass die Salznachfrage sehr unelastisch und die Angebotsfunktion relativ elastisch sind, ergibt sich, dass die Salzsteuer im Wesentlichen von den Konsumenten getragen wurde.

Übungsaufgaben:

Aufgabe 1:

Die Preiselastizität ist definiert als: $E_D = dq/q \ / \ dp/p$ bzw.

(1) $E_D = dq/dp \times p/q$

Dabei ist dq/dp die erste Ableitung der nach q aufgelösten Nachfragefunktion.

Die Nachfragefunktion lautet: $p = 10 - \frac{1}{4} q$, also nach q aufgelöst:

(2) $q = 40 - 4p$

Die erste Ableitung ist daher:

$dq/dp = -4$

Dies wird zusammen mit der gegebenen Preiselastizität der Nachfrage in Höhe von -6 in die Definitionsgleichung (1) von E eingesetzt:

$-6 = -4 \times p/q$

also:

$-6q = -4p$

Für q wird jetzt die nach q umgestellte Nachfragefunktion (2) eingesetzt:
$-6 (40 - 4p) = -4p$
$240 - 24p = 4p$
$240 = 28p$
$p = 8 \times 16/28 = 8{,}571$

Bei einem Preis von 8,751 (€) beträgt die Preiselastizität der Nachfrage -6.

Aufgabe 2:

Die Preiselastizität ist definiert als: $E_D = dq/q \ / \ dp/p$ bzw.

(1) $E_D = dq/dp \times p/q$

Dabei ist dq/dp die erste Ableitung der nach q aufgelösten Nachfragefunktion.
Die Nachfragefunktion lautet: $p = 6 - \frac{1}{4} q$, also nach q aufgelöst:

(2) $q = 24 - 4p$

Die erste Ableitung ist daher:
$dq/dp = -4$

Bei dem gegebenen Preis $p = 4$ werden $q = 8$ Einheiten nachgefragt. (Dies resultiert durch Einsetzen des Preises in die Nachfragefunktion.)

Die Werte für p und q werden zusammen mit der ermittelten ersten Ableitung in die Definitionsgleichung (1) von E eingesetzt:

$E_D = -4 \times 4/8$, also:

$E_D = -2$

Interpretation: Bei einer Preissenkung um 10 % werden 20 % mehr Einheiten verkauft.

Aufgabe 3:

(a) Nein (Die variablen Kosten werden gedeckt, aber die fixen Kosten nur zum Teil.)

(b) Nein (Der Grenzgewinn ist im Gewinnmaximum gleich Null)

(c) Nein (Es wird nichts angeboten, da nicht einmal die variablen Kosten gedeckt werden).

(d) Ja (Da G:R x U maximiert wird) dazu: G´=0)

(e) Nein

(f) Nein

(g) Ja (Fixkostendegression)

(h) Nein (Es werden nur die gesamten Kosten gedeckt).

(i) Nein (Gewinnmaximum bei $\bar{p} = G K$).

Aufgabe 4:

(a)

$$GK = 0,3q^2 - 4q + 15$$

$$TDK = \frac{K}{q} = 0,1q^2 - 2q + 15 + \frac{10}{q}$$

$$VDK = \frac{K_V}{q} = 0,1q^2 - 2q + 15$$

(b)

Die kurzfristige Preisuntergrenze liegt dort, wo der Preis zumindest noch die VDK deckt, d.h. p = VDK. Die generelle Preisuntergrenze liegt dann dort, wo die VDK ihr Minimum erreichen. In diesem Punkt gilt: p = GK = VDK.

Einsetzen von Grenzkosten und VDK in diese Bedingung führt zu:

$$0,3q^2 - 4q + 15 = 0,1q^2 - 2q + 15$$

$$0,2q^2 - 2q = 0$$

$$q^2 - 10q = 0$$

$$q_{1,2} = 5 \pm \sqrt{25}$$

$$q_1 = 10 \qquad q_2 = 0$$

Durch Einsetzen der ökonomisch relevanten Menge 10 in z.B. die VDK folgt der Wert für p:

$$p = 0,1 \cdot 10^2 - 2 \cdot 10 + 15$$

$$p = 10 - 5 = 5$$

Die kurzfristige Preisuntergrenze beträgt p = 5.

Aufgabe 5:
(a)
Es gilt: Einkommen (I) = 7, x = 5, y = 1, $p_x = 1$ und $p_y = 2$, $U_x' = 1$ und $U_y' = 5$

Optimal ist die Verbrauchskombination, wenn Sie den Nutzen des Individuums maximiert. Ein solches Nutzenmaximum liegt vor, wenn die folgende Optimalbedingung erfüllt ist (= 2. Gossensches Gesetz).

Also: $\dfrac{U_x'}{p_x} = \dfrac{U_y'}{p_y}$

Einsetzen: $\dfrac{1}{1} \neq \dfrac{5}{2}$

D.h. bei gegebenen Einkommen und Güterpreisen könnte das Individuum seinen Nutzen erhöhen. Hier gilt: $\dfrac{1}{1} \langle \dfrac{5}{2}$. Der Grenznutzen pro Geldeinheit beträgt bei dem Kauf des Gutes x 1 und beim Kauf des Gutes y 2,5.

Durch eine andere Aufteilung seines Einkommens auf die Güter x und y ist eine Nutzenerhöhung möglich. Aus der Ungleichung ist abzulesen, dass, um ein Nutzenmaximum zu erreichen, der Grenznutzen vom Gut x steigen und der von Gut y sinken müsste. Dazu muss (bei einem sinkenden Grenznutzen) von dem Gut x weniger und von dem Gut y mehr nachgefragt werden.

(b)

Ob diese neue Verbrauchskombination möglich ist, ergibt sich aus der Budgetgerade. Diese lautet: $I = p_x x + p_y y$

Einsetzen führt zu: $7 = 1 \cdot 3 + 2 \cdot 2$

D.h. die neue Verbrauchsmengenkombination ist realisierbar. Sie ist außerdem optimal, da: $\dfrac{2}{1} = \dfrac{4}{2}$

Aufgabe 6:

(a)

Optimalbedingung für ein Nutzenmaximum: $\dfrac{U_x{}'}{p_x} = \dfrac{U_y{}'}{p_y}$ bzw. $\dfrac{U_x{}'}{U_y{}'} = \dfrac{p_x}{p_y}$

$$U_x{}' = \frac{\partial U}{\partial x} = 2,5 \cdot x^{-\frac{1}{2}} \cdot y^{\frac{1}{2}} = \frac{2,5y^{\frac{1}{2}}}{x^{\frac{1}{2}}}$$

$$U_y{}' = \frac{\partial U}{\partial y} = 2,5 \cdot x^{\frac{1}{2}} \cdot y^{-\frac{1}{2}} = \frac{2,5x^{\frac{1}{2}}}{y^{\frac{1}{2}}}$$

$$\frac{U_x{}'}{U_y{}'} = \frac{2,5y^{\frac{1}{2}}}{x^{\frac{1}{2}}} \cdot \frac{y^{\frac{1}{2}}}{2,5x^{\frac{1}{2}}} = \frac{y}{x}$$

Einsetzen in die Optimalbedingung: $\dfrac{y}{x} = \dfrac{2,5}{10} \Rightarrow y = 0,25 \cdot x$

Einsetzen in die Bilanzgerade: $125 = 2,5 \cdot x + 10\,y$

Führt zu: $125 = 2,5 \cdot x + 10 \cdot 0,25 \cdot x$

$125 = 5\,X$

$\underline{x = 25}$

Für y folgt dann: $y = 0,25\,x$ d.h. $\underline{y = 0,25 \cdot 25 = 6,25}$

(b)

$U = 10$

Einsetzen in die Nutzenfunktion:

$$10 = 5 \cdot x^{\frac{1}{2}} \cdot y^{\frac{1}{2}}$$

$$100 = 25 \cdot x \cdot y \qquad \text{d.h.} \quad y = \frac{4}{x}$$

(c)

Die Zeichnung hat folgendes Aussehen:

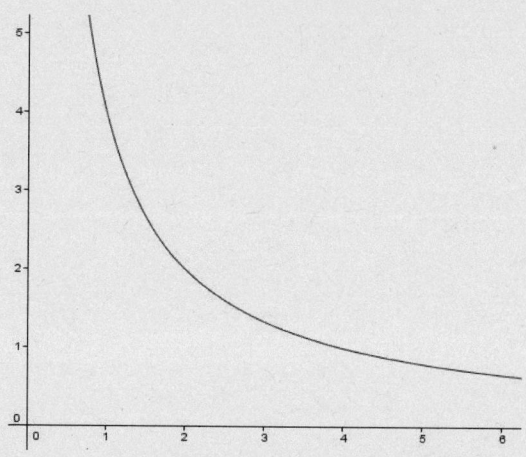

Es handelt sich um eine konvexe Indifferenzkurve mit abnehmender GRS: Bei einem Verzicht auf das Gut y muss dies bei abnehmenden Mengen von y durch zunehmende Mengen von Gut x kompensiert werden.

(d)

$$-\frac{dy}{dx} = ?$$

Bei U = 10 gilt: $y = \frac{4}{x}$ d.h. $\frac{dy}{dx} = -4x^{-2}$

Einsetzen von x = 2, d.h.: $\frac{dy}{dx} = -4 \cdot 2^{-2} = -\frac{4}{4} = -1$ bzw. $-\frac{dy}{dx} = 1$

Die Grenzrate der Substitutionen beträgt 1.

Aufgabe 7:

Der Grenznutzen pro Geldeinheit (bspw. 1 Euro) muss gleich sein, ansonsten könnte der Haushalt, in dem er seinen „letzten Euro" anders ausgibt, seinen Nutzen erhöhen. Wieso?

Bspw. gelte $\dfrac{U_x'}{p_x} \rangle \dfrac{U_y'}{p_y}$

Der Haushalt kauft für seinen letzten Euro (Marginalbetrachtung!) mehr vom Gut x und verzichtet dafür in entsprechendem Umfang auf das Gut y. Er verliert dadurch an Nutzen aus dem Konsum von y in Höhe des Grenznutzen von y. Dem steht aber ein Zuwachs an Nutzen aus dem erhöhten Konsum von x gegenüber. Dieser Nutzengewinn ist auf Grund der Ungleichung größer als der Nutzenverlust bei y. Daher ist dieses veränderte Ausgabeverhalten hinsichtlich des „letzten Euro" mit einer Erhöhung des Gesamtnutzens verbunden.

Entsprechende Überlegungen gelten im Fall: $\dfrac{U_x'}{p_x} \langle \dfrac{U_y'}{p_y}$, daher ist der Gesamtnutzen erst dann maximal, wenn die Gleichgewichtsbedingung des 2. Gossenschen Gesetzes erfüllt ist.

Aufgabe 8:

Als Steuer pro Mengeneinheit erhöht die Tabaksteuer die Grenzkosten der Zigarettenproduzenten.

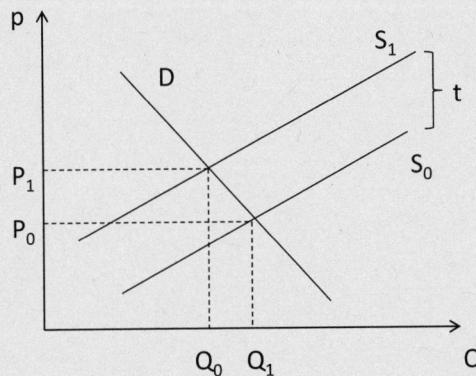

D.h. es erfolgt eine Linksverschiebung der Angebotsfunktion (von S auf S_1): Bei normal verlaufenden Nachfrage- und Angebotsfunktionen wird sich der Zigarettenpreis erhöhen und zwar von p_0 auf p_1. Die Preiserhöhung fällt aber geringer aus als die Erhöhung des Tabaksteuersatzes t.

Keinen Einfluss auf den Zigarettenpreis hat diese Steuererhöhung, wenn a) die Nachfrage völlig elastisch ist oder b) die Angebotsfunktion völlig unelastisch ist.

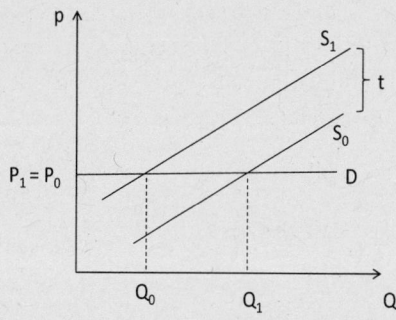 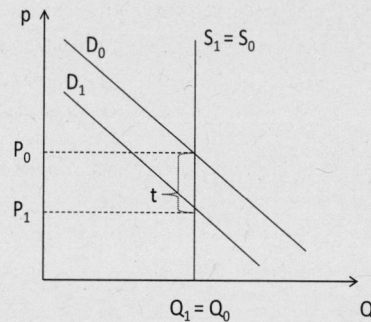

Aufgabe 9:
Gar keine! Die Budgetbeschränkung wird von der Einführung des € nicht berührt, da die realen Konsummöglichkeiten unverändert bleiben.

Aufgabe 10:
(a)
Gleichgewicht, d.h. $q^S = q^D$

$$0,25q + 5 = -0,5q + 20$$

$$0,75q = 15$$

$$q = 20 \qquad p = 10$$

(b)

Bei $\bar{p}=15$ ergibt sich $q^S : 0{,}25q+5=15 \qquad \Rightarrow q^S = 40$

$\qquad q^D : -0{,}5q+20=15 \qquad \Rightarrow q^D = 10$

Es resultiert ein Angebotsüberhang von 30 Einheiten.

(c)

Die nachgefragte Menge soll bei 10 Einheiten bleiben. Bei welchem Preis wird diese Menge nachgefragt? Bei p = 15. Bei welchem Preis wird diese Menge angeboten? Bei p = 7,5.

Die Benzinsteuer muss so hoch sein, dass sie der Differenz zwischen diesen beiden Preisen entspricht: $t = p_D - p_S = 7{,}5$.

Die Steuer je Einheit Benzin muss sich auf 7,5 Geldeinheiten belaufen: t = 7,5.

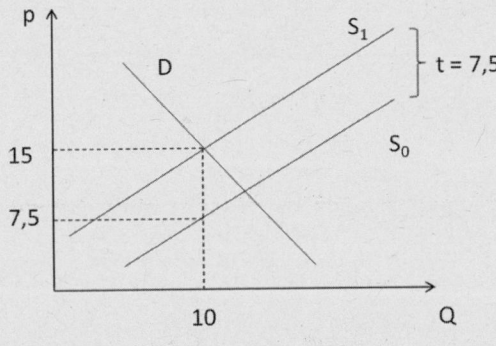

(d)

Die Anbieter tragen den Teil der Steuer, den Sie nicht mittels Preiserhöhung auf den Konsumenten überwälzen können. Gegenüber dem Ursprungspreis von 10 liegt der Preis nach Steuereinführung bei 15. Somit gelingt ihnen eine Preiserhöhung im Umfang von 5 Geldeinheiten. Da die Steuer 7,5 Geldeinheiten pro Mengeneinheit beträgt, müssen die Anbieter 2,5 Geldeinheiten pro Stück selber tragen.

Entsprechend tragen die Konsumenten 5 Geldeinheiten pro Mengeneinheit – nämlich den Rest von 7,5.

Aufgabe 11:

(a)

Die Angebotsfunktion entspricht der Grenzkostenfunktion. Kurzfristig ab der Menge q_0 und langfristig ab der Menge q_1. Bei einem Preis unterhalb von p_0 wird nichts angeboten (d.h. die Angebotsmenge ist gleich Null.)

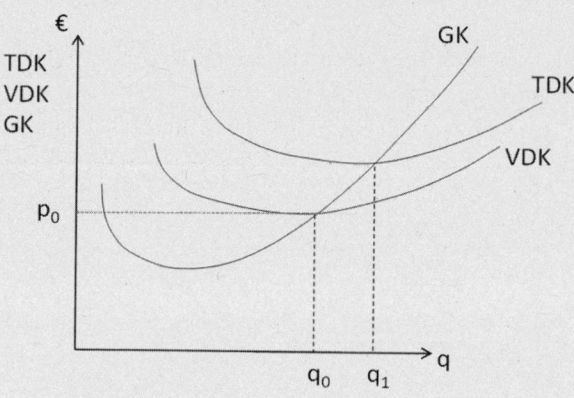

(b)

Bei gewinnmaximierendem Verhalten ergibt sich (entsprechend der Regel: GK = p) beim Preis p_0 die Angebotsmenge q_0. Bei dem Ziel einer möglichst großen Zahl von Kindergartenplätzen und gleichzeitiger (langfristiger) Kostendeckung wird die Zahl der Kindergartenplätze dem Schnittpunkt von p_0 und der TDK-Funktion entsprechen. Der Output, d.h. die Zahl der Kindergartenplätze beträgt q^*, ist also größer (siehe folgende Grafik).

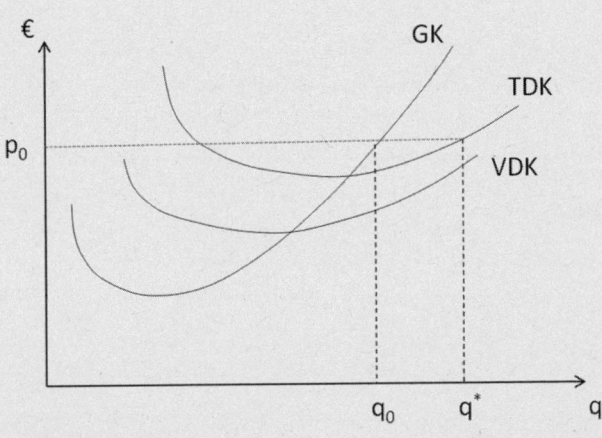

Aufgabe 12:

(a)

$FK = 20 + 13 + 5 = 38$

$VK = 3q$

Daraus ergibt sich als Gesamtkostenfunktion: $K = 38 + 3q$

Die Erlös- (Umsatz-)funktion ist gleich: $R = 5q$

Die Gewinnfunktion lautet: $G = R - K$

Also hier: $G = 5q - (3q + 38) = 2q - 38$

(b)

Die Gesamtkostenfunktion K ist eine Gerade, ebenso wie die Erlösfunktion R. Im Schnittpunkt (der bei $q = 19$ liegt) sind Erlöse und Kosten gleich groß. Diese Produktionsmenge wird als Betriebsoptimum oder auch als Break-even-Punkt bezeichnet. Dies wird in der anschließenden Grafik illustriert.

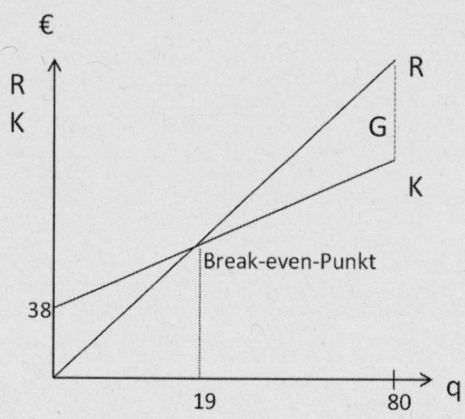

(c)

Das Unternehmen wird erst dann produzieren, wenn es einen Gewinn erwirtschaften kann. D.h. der Umsatz (R) muss größer als die Kosten sein. Ab dem Break-Even-Point ist dies der Fall. Somit produziert das Unternehmen mindestens die Menge 19 (wenn es diese Menge absetzen kann) und maximal bis zur Kapazitätsgrenze von 80.

Der Preis von 5 liegt über den GK und den VDK (diese betragen hier 3). Das Unternehmen wird also die maximal mögliche Menge herstellen. Dies ist die Kapazitätsgrenze.

(d)

Der Gewinn des Unternehmens entspricht der Differenz zwischen Erlös (R) und Kosten (K). An der Kapazitätsgrenze, die bei 80 kg liegt, ist dies die gepunktete Linie (G).

Aufgabe 13:

(a)

Die Nachfragefunktion verläuft horizontal bis zur maximalen Gesamtnachfrage von 150. Siehe Abbildung:

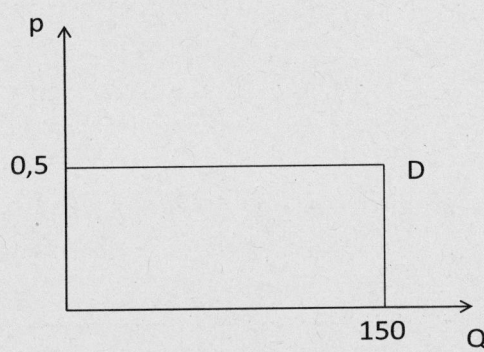

(b)

Die Angebotsfunktionen entsprechen den Grenzkostenfunktionen der beiden Unternehmen. Die Grenzkostenfunktion der Schahlsen GmbH lautet: GK = 0,5q, bei einer Kapazitätsgrenze von 50 Tüten.

Die Grenzkostenfunktion der Lullibo-AG beträgt: GK = 0,4; bei einer Kapazitätsgrenze von 70 Tüten.

Die Gesamtangebotsfunktion (S) auf dem Markt ergibt sich durch die Aggregation der Angebotsfunktionen der beiden Unternehmen wie folgt:

Bei Preisen unter 40 Cent (0,4 €) bietet nur die Schahlsen GmbH Fenchel-Waldmeister-Drops an (entsprechend der GK = 0,5q handelt es sich um eine linear steigende Angebotsfunktion). Dies bis zur (kurzfristigen) Kapazitätsgrenze von 50 Tüten. Ab einem Preis von 40 Cent kommt die Lullibo AG als weiterer Anbieter hinzu. Diese Firma hat konstante GK in Höhe von 40 Cent und kann maximal 70 Tüten herstellen. Insgesamt ist das Angebot daher auf 50 plus 70, d.h. 120 Tüten beschränkt (kurzfristig). Dies wird in der folgenden Grafik verdeutlicht.

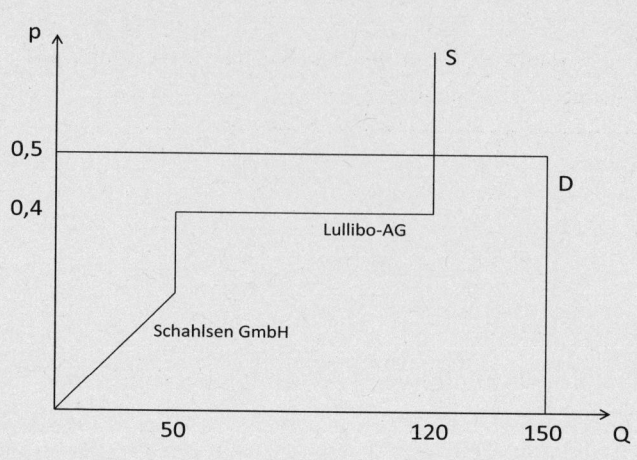

(c)

Das Marktangebot von 120 Einheiten wird komplett abgesetzt zu einem Preis von 50 Cent je 100 Gramm-Tüte.

Aufgabe 14:

Die Kostenfunktion stellt die Kosten in Abhängigkeit von der produzierten Menge an Glaskugeln dar.

(a)

Die fixen Kosten betragen 1500.- €. Die variablen Kosten ergeben sich wie folgt: Da er in einer Stunde 40 Kugeln mit 80 € für das Glas herstellt, resultieren 2.- € Glaskosten pro Kugel. Hinzu kommen 0,50 € an Stromkosten pro Kugel. In der Summe betragen die variablen Kosten pro Kugel 2,50 €. Die Kostenfunktion lautet also:

$$K = 1500 + 2,50Q$$

(b)

$$FK = 1500, VDK = 2,50, GK = 2,50, TDK = 1500/Q + 2,50.$$

(c)
Seine Kostenfunktion verändert sich, da ihm jetzt zusätzlich 20,00 € pro Stunde an Opportunitätskosten entstehen. Umgerechnet auf die Glaskugeln erhöht das die variablen Kosten um 0,50 € pro Kugel auf jetzt insgesamt 3,00 €.

Aufgabe 15:

$$E_D = \frac{dq}{dp} \cdot \frac{p}{q}$$

$$= \frac{1}{\frac{dp}{dq}} \cdot \frac{p}{q}$$

$$= \frac{1}{-\frac{1}{8}} \cdot \frac{4}{8} \qquad = -8 \cdot \frac{4}{8} = -4$$

Hinweis: Die gegebene Nachfragefunktion ist nach p aufgelöst, deswegen ist der Kehrwert von $\frac{dq}{dp}$ zu verwenden.

Aufgabe 16:
Es handelt sich um eine anomale Nachfragefunktion. Bei einer Zunahme des Preises um 1% steigt die nachgefragte Menge um 1,84%. Im Preis-Mengen-Diagramm hat die Nachfragefunktion eine positive Steigung.

Aufgabe 17:

$$E_D = \frac{dq}{dp} \cdot \frac{p}{q} = \frac{1}{\frac{dp}{dq}} \cdot \frac{p}{q}$$

$$q = 3 \Rightarrow p = 2 + \frac{3}{3} = 3$$

$$\frac{dp}{dq} = -3 \cdot q^{-2} = -\frac{3}{q^2}$$

$$\frac{1}{\frac{dp}{dq}} = -\frac{q^2}{3} = -\frac{3^2}{3} = -3$$

$$E_D = -3 \cdot \frac{3}{3} = -3$$

Aufgabe 18:

(a)

Gleichgewichtspreis und –menge $q^D = q^S$

$$8p^{-1} = p + 2$$

$$8 = p^2 + 2p$$

$$0 = p^2 + 2p - 8$$

Die Lösungsformel für eine quadratische Gleichung (Normalform: $p^2 + up + v = 0$) lautet:

$$p_{1,2} = -\frac{u}{2} \pm \sqrt{\frac{u^2}{4} - v}$$

$$p_{1,2} = -\frac{2}{2} \pm \sqrt{\frac{2^2}{4} - (-8)}$$

$$= -1 \pm \sqrt{9}$$

$$= -1 \pm 3$$

$$p_1 = 2, \qquad p_2 = -4$$

Der Wert $p_2 = -4$ ist ökonomisch irrelevant.

Die Gleichgewichtsmenge ergibt sich aus der Angebotsfunktion: $q^S = 2 + 2 = 4$

Damit gilt: $p_G = 2$ und $q_G = 4$.

Der Gleichgewichtspreis beträgt 2 und die Gleichgewichtsmenge 4.

Gesamtumsatz aller Anbieter: $p_G \times q_G = 2 \times 4 = 8$

Gesamtausgaben der Konsumenten: 8

Nachfrageelastizität im Gleichgewicht $q^D = 8\ p^{-1}$

$$E = \frac{dq}{dp} \cdot \frac{p}{q}$$

$$\frac{dq}{dp} = -8p^{-2}$$

$$E = -8 \cdot 2^{-2} \cdot \frac{2}{4} = -2 \cdot \frac{1}{2} = -1$$

Angebotselastizität (A) im Gleichgewicht $q^S = 2 + p$

$$A = \frac{dq}{dp} \cdot \frac{p}{q}$$

$$A = 1 \cdot \frac{2}{4} = \frac{1}{2}$$

(b)

Direkte Preiselastizität der Nachfrage: Erhöht sich (sinkt) der Preis um 1%, so sinkt (erhöht sich) die nachgefragte Menge um 1%.

Direkte Preiselastizität des Angebotes: Erhöht sich (sinkt) der Preis um 1%, so erhöht sich (sinkt) die angebotene Menge um 0,5%.

(c)

Umsatz bleibt unverändert, da sich beide Effekte (Mehreinnahmen einerseits, weniger Abnehmer andererseits) aufheben.

(d)

Dic verkaufte Menge ergibt sich aus der Nachfragefunktion $q^D = 8\,p^{-1}$

$$q^D = 8 \cdot 6^{-1}$$

$$q^S = \frac{8}{6} = \frac{4}{3}$$

Der Umsatz (R) resultiert aus: $\bar{p} \cdot q^D$

d.h. $R = 6 \cdot \dfrac{4}{3} = \underline{\underline{8}}$

(e)

Der Umsatz beträgt in jedem Fall 8 Einheiten.

Grund: Bei der unterstellten Nachfragefunktion $\left(q^D = 8 p^{-1} \right)$ handelt es sich um eine isoelastische Nachfragefunktion, für die E_D in jedem Punkt der Funktion -1 beträgt.

Aufgabe 19:

(a)

Höchstpreisfixierung nur wirksam, wenn diese unter dem Gleichgewichtspreis liegt.

Resultat ist ein Nachfrageüberhang. Verschiedene Anpassungsformen für die Verteilung des gegebenen Angebotes auf die Nachfrager sind möglich: Windhundprinzip, Rationierung, Zuteilung nach sozialen Prinzipien (sozial auch im Sinne von politischen und persönlichen Beziehungen, etc.).

Weitere Anpassungsmöglichkeit: Zahlung von Schwarzmarktpreisen für das geringe Angebot.

Langfristig ist auf Grund des niedrigen Höchstpreises eine weitere Verringerung des Angebotes wahrscheinlich.

(b)

Höchstpreisvorschriften werden üblicherweise mit dem Argument eingeführt, dass sozialpolitische Ziele erreicht werden sollen: Die Versorgung der Bevölkerung zu einem sozial „tragbarem" Preis für das betreffende Gut. Dabei wird allerdings übersehen, dass:

- sich das Angebot verringert (d.h. Konkurse und Entlassungen bei den Grenzanbietern, sowie die Tatsache, dass damit nur noch eine geringe Zahl von Nachfragen versorgt werden kann). „Verteilung des Mangels"
- Rationierung und Zuteilung nach sozialen Prinzipien verursacht weitere Kosten (Bürokratie)
- Rationierung und Zuteilung nach sozialen Prinzipien führen in der Realität evtl. zu willkürlichen Verteilungswirkungen (persönliche Beziehungen sind entscheidend etc.)
- Folgewirkungen (Verhinderung von Schwarzmärkten notwendig; evtl. Einführung von Höchstpreisen bei den Vorleistungen, die für die Produktion des betreffenden Gutes notwendig sind; evtl. Höchstpreise für Substitutionsgüter, da dort ansonsten Preissteigerungen eintreten).

Aufgabe 20:

(a)

Ausgangspunkt ist die Definition der direkten Preiselastizität der Nachfrage. Diese wird nach der Steigung der Nachfragefunktion (dQ_D/dP) aufgelöst und die Werte für die Preiselastizität der Nachfrage (-0,3333), der Gleichgewichtsmenge (6) und des Gleichgewichtspreises (2) eingesetzt (-0,3333 = dQ_D/dP × 2/6). Damit ist die Steigung der Nachfragefunktion (-1) ermittelt. Um das Absolutglied der linearen Funktion (Q_D = x –yp) zu berechnen, werden wiederum die Funktionswerte im Gleichgewicht verwendet. Wird das Absolutglied als die unbekannte Variable x bezeichnet, so gilt im Gleichgewicht: 6 = x - 1× 2. Damit ist x = 8 und die Nachfragefunktion wie folgt bestimmt: Q_D = 8 – 1p.

Die Angebotsfunktion lässt sich analog bestimmen und lautet: Q_S = 1 + 2,5p.

(b)

Grafische Darstellung der Funktionen:

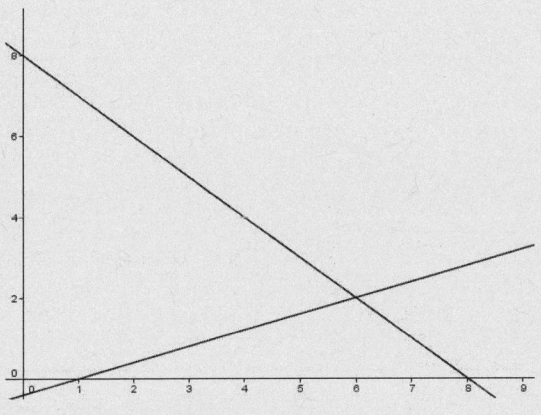

Der Gleichgewichtspreis beträgt 2 und die Gleichgewichtsmenge 6.

Aufgabe 21:

(a)

Zunächst wird das Gleichgewicht vor der Werbekampagne berechnet – es liegt bei p = 3,6 und Q = 1,6. Anschließend ist das neue Gleichgewicht zu ermitteln. Die nachgefragte Menge steigt um 50% bei jedem gegeben Preis, also muss die Nachfragefunktion nach Q^D aufgelöst und mit 1,5 multipliziert werden. Das neue Gleichgewicht ergibt sich als p = 3,71 und Q = 1,71.

(b)

Im Rahmen einer komparativ-statischen Analyse werden die zwei Gleichgewichte vor und nach der Werbekampagne miteinander verglichen. Eine dynamische Analyse würde den Verlauf des Anpassungsprozesses vom alten zum neuen Gleichgewicht darstellen.

(c)
Die Preiselastizität beträgt minus unendlich (wg. Polypol!).

Aufgabe 22:
(a)
Gleichsetzen:

$$20 - 2Q^D = 5 + Q^S$$
$$3Q = 15 \qquad :3$$
$$Q = 5$$
$$P = 10$$

Konsumentenrente:

$$(20 - 10) \times 5 / 2 = 25$$

Produzentenrente:

$$(10 - 5) \times 5 / 2 = 12,5$$

Soz. Wohlfahrt = 37,5

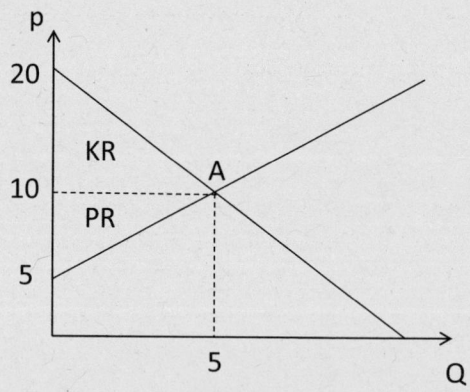

Die Grafik zeigt die Lage der Konsumentenrente (KR) und der Produzentenrente (PR). Die Soziale Wohlfahrt ist die Summe von beiden.

(b)

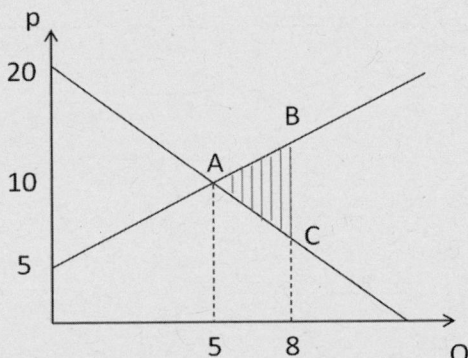

Die Grenzkosten der Produktion zusätzlicher Einheiten (= Angebotsfunktion) bei einer produzierten Menge von größer 5 liegen über dem zusätzlichen Nutzen dieser zusätzlichen Einheiten (= Nachfragefunktion). D.h., dass die Soziale Wohlfahrt sinkt. Bei einer Produktionsmenge von 8 Einheiten, entspricht der Soziale Wohlfahrtsverlust durch diese zusätzlichen 3 Einheiten dem Dreieck mit den Eckpunkten A, B und C.

Aufgabe 23:

(a)

Gleichgewichtspreis und Gleichgewichtsmenge ergeben sich durch gleichsetzen der Angebots- und der Nachfragefunktion:

$$10p = 80 - 10p \qquad + 10p$$
$$20p = 80 \qquad :20$$
$$p = 4 \qquad \text{daraus resultiert:}$$
$$q = 40$$

(b)

Die Auswirkungen einer Subvention lassen sich wie folgt beschreiben: Die Angebotsfunktion verschiebt sich nach unten (um den Subventionsbetrag, d.h. um 1 Euro), da durch die Subvention die Produktionskosten verringert werden.

Es gilt daher die neue Angebotsfunktion S_1. Es resultiert ein neuer Gleichgewichtspunkt, der sich durch einen niedrigeren Preis und eine höhere Menge auszeichnet. Die grafische Lösung lautet also:

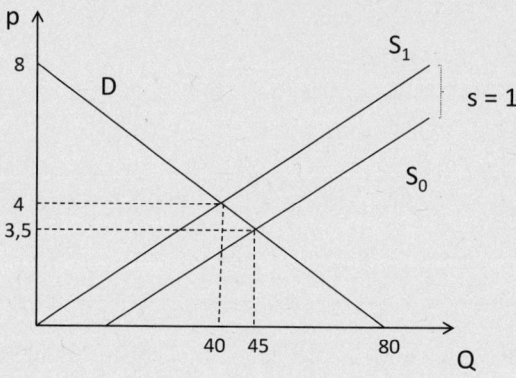

Rechnerische Lösung:

Die Auswirkung auf die Angebotsfunktion muss berücksichtigen, dass jetzt bei jedem gegebenem Preis mehr angeboten wird. Anders formuliert sinken die Grenzkosten um 1 Euro bei jeder produzierten Menge. Um dies in der Angebotsfunktion zu berücksichtigen, wird diese sinnvollerweise zunächst nach p aufgelöst. Es resultiert für S: $p = Q/10$.

Nach Abzug der Subvention von 1 Euro folgt für S`:

$$p = Q/10 - 1 \qquad | +1$$

$$p + 1 = Q/10 \qquad | \times 10$$

$$(p + 1)10 = Q \text{ also:}$$

$$Q = 10p + 10$$

Diese neue Angebotsfunktion S´ wird mit der unveränderten alten Nachfragefunktion gleichgesetzt:

$$10p + 10 = 80 - 10p \qquad | +10p, - 10$$

$$20p = 70 \qquad | : 20$$

$$p = 3,5 \qquad \text{daraus folgt:}$$

$$Q = 45$$

Zu Abschnitt B Teil III: Marktstruktur und Wettbewerbsverhalten

Wiederholungsfragen

(1)   Die Gewinnmaximierungsbedingung 1. Ordnung ist die 1. Ableitung der Gewinnfunktion, die anschließend gleich Null gesetzt wird. Im Ergebnis erhält man: GR = GK (Grenzerlös = Grenzkosten). Daher bezeichnet man dies auch als Grenzerlös-Grenzkosten-Regel im Monopol.

(2)   Die Preis-Absatzfunktion gibt wieder, welche Mengen ein Anbieter zu welchen Preisen verkaufen kann. Es handelt sich also um die Nachfragefunktion aus der Sicht des jeweiligen einzelnen Anbieters.

(3)

a) Der einzelne Anbieter im Polypol (bei vollständiger Konkurrenz) wird seine gesamten Kunden verlieren, wenn er einen höheren Preis als den Gleichgewichtspreis verlangt. Senkt er seinen Preis unter den Gleichgewichtspreis kaufen alle Konsumenten bei ihm (er produziert dann an seiner Kapazitätsgrenze). Der Monopolist muss zwar keine so heftigen Reaktionen der Nachfrager auf seine Preise fürchten, aber auch bei ihm geht die Nachfrage zurück, wenn er seinen Preis erhöht (und umgekehrt). Wie stark diese Nachfragereaktionen ausfallen, hängt davon ab, wie steil (bzw. flach) die Nachfragefunktion auf seinem Absatzmarkt ist. Anders formuliert ist die Höhe der Preiselastizität der Nachfrage wichtig.

b) Erhöht ein Anbieter bei vollständiger Konkurrenz seine Preise, so wird kein Nachfrager mehr bei ihm kaufen (Preiselastizität der Nachfrage = -∞). Sämtliche Marktteilnehmer verfügen über vollständige Informationen, was die Nachfrager dazu bewegt, zu billigeren Anbietern zu wechseln. Im Monopol gibt es jedoch lediglich einen Anbieter. Die Nachfrager können nach einer Preiserhöhung somit nicht einfach den Anbieter wechseln. Mit steigendem Preis sinkt somit die Nachfrage nach und nach bis sie beim Prohibitivpreis schließlich die Menge Null annimmt.

c) Das Gewinnmaximum im Monopol liegt bei GR = GK. Würde ein Monopolist im unelastischen Bereich der Nachfrage anbieten, so würde bei Verringerung der Produktion der Erlös steigen und die Kosten sinken.

Daher wäre in diesem Bereich der Gewinn nicht maximal. Ein Monopolist würde somit nie im unelastischen Bereich der Nachfrage anbieten, da dort bei einer Produktionserhöhung sein Grenzerlös negativ wäre.

(4) Auf einem Wettbewerbsmarkt (d.h. im Polypol mit vollständiger Konkurrenz) ist der Preis niedriger und die Menge größer als im Monopol (d.h. auf einem Nicht-Wettbewerbsmarkt). Dies wird grafisch am Beispiel einer linearen Gesamtkostenfunktion und damit konstanten Grenzkosten GK dargestellt.

Der gewinnmaximierende Monopolist produziert die Menge bei der gilt GR = GK. Dies führt dazu, dass er die Menge Q_M anbietet und diese Menge zum Preis P_M verkauft. Im Polypol handelt das gewinnmaximierende Unternehmen nach der Bedingung: P = GK. Es offeriert also die Menge Q_P zum Preis P_P. Es ergibt sich: $P_M > P_P$ und $Q_M < Q_P$.

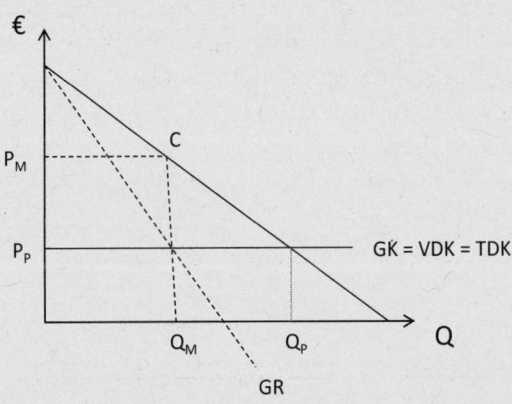

(5) Werden Substitutionsgüter angeboten, haben die Nachfrager größere Möglichkeiten nicht beim Monopolisten kaufen zu müssen. Die Monopolmacht verringert sich (die Nachfragefunktion auf dem Monopolmarkt wird elastischer, d.h. flacher).

(6) Abgesehen vom Prohibitivpreis, liegt der Preis immer über dem Grenzerlös. Jede zusätzliche produzierte Menge kann im Monopol nur zu einem geringeren Preis abgesetzt werden als die bis dahin produzierten Einheiten (fallender Verlauf der Nachfragefunktion).

(7) Die Preis-Absatz-Funktion eines Monopolisten ist die Nachfragefunktion auf diesem Markt (= D). Dies gibt an, zu welchen Preisen bestimmte Angebotsmengen verkauft werden können. Der Erlös ergibt sich durch die Multiplikation des Preises mit der Menge: R = p × q. Der Erlös ist folglich gleich Null, wenn der Preis oder die Menge Null betragen. Das Maximum der Erlösfunktion R liegt dort, wo der Grenzerlös (GR) Null ist.

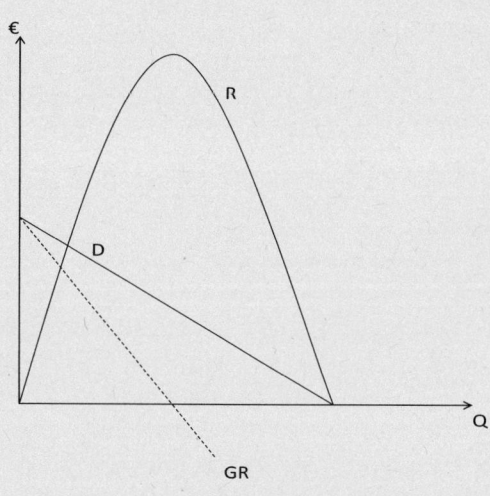

(8)

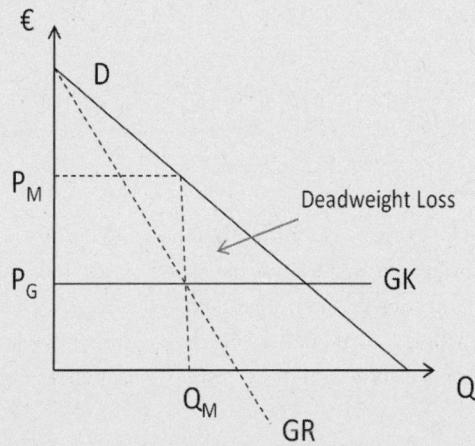

Die Konsumentenrente verringert sich, da der Monopolist einen höheren Preis als der Polypolist verlangen kann (P_M statt P_G). Allerdings kann der Monopolist nur einen Teil dieses Betrages als Gewinn für sich einstreichen. Die soziale Wohlfahrt verringert sich um den Betrag der entgangenen Konsumentenrente, den er nicht in Gewinn für sich verwandeln kann.

(9)   Nein. Siehe Antwort zu Wiederholungsfrage 8.

(10)   Der Cournotsche Punkt bildet das Gewinnmaximum im Monopol. Er liegt auf der Nachfragefunktion (siehe Abbildung zu Wiederholungsfrage 4, dort ist der Cournotsche Punkt C eingezeichnet).

(11)   Siehe Antwort zu Wiederholungsfrage 3 c).

(12)   Im Monopson steht genau ein Nachfrager vielen Anbietern gegenüber.

(13) Der Preis liegt im Monopson unterhalb des Gleichgewichtspreises (der sich im

(14) Polypol einstellen würde) und die Menge unter der Gleichgewichtsmenge (die sich im Polypol einstellen würde).

(15) Bei unendlich elastischer Nachfragefunktion gilt: Preis = Grenzkosten. Es herrscht vollkommener Wettbewerb. Der Anbieter hat somit keinen Einfluss auf den Preis.

(16) Bei einer vollständig unelastischen Nachfragefunktion (diese ist eine Senkrechte) ist die Monopolmacht sozusagen unendlich groß und damit auch der Monopolpreis und der Monopolgewinn. Dies ist aber nur theoretisch relevant. Weil die Verbraucher nur über ein begrenztes Einkommen und Vermögen verfügen, können sie nicht beliebig viel zahlen.

(17) Unter einem Oligopol versteht man einen Markt mit mehreren Anbietern (also mindestens zwei) aber nicht besonders vielen Anbieteren (also üblicherweise weniger als ca. 20 Unternehmen). Kennzeichen des Oligopols ist die sogenannte oligopolistische Interdependenz: Die wenigen Unternehmen beobachten sich und reagieren auf das Verhalten ihrer Konkurrenten. Da dies alle wissen, beeinflussen die möglichen Konkurrentenreaktionen das Wettbewerbsverhalten von allen Beteiligten.

(18) Er wählt die Menge, bei der der Grenzumsatz (d.h. Grenzerlös) gleich Null ist (siehe Grafik zu Frage 7).

(19) Preisdifferenzierung (auch als Preisdiskriminierung) bezeichnet beschreibt, dass ein homogenes Gut an verschiedene Konsumentengruppen zu unterschiedlichen Preisen verkauft wird, obwohl die Kosten ja nicht variieren. Preisdifferenzierung ist für die Anbieter eine naheliegende Verhaltensweise, da sich so der Gewinn erhöhen lässt.

(20) Es handelt sich um den Verkauf eines sachlich identischen Gutes an verschiedene Kundengruppen zu unterschiedlichen Preisen (=Marktsegmentierung). Arten der Preisdifferenzierung (PD) sind bspw.:

- Räumliche PD: Verkauf von PKW zu Preisen, die zwischen Staaten differieren.
- Zeitliche PD: Differenzierung des Strompreises nach Tageszeit (Tag-Nachtstrom).
- Persönliche PD an Hand von soziodemografischen Merkmalen: Bei Versicherungen unterschiedliche Tarife für Studenten, Beamte, Frauen usw.

(21) Monopolistische Konkurrenz bezeichnet eine Marktform, bei der die Unternehmen, bspw. auf Grund von geringen Qualitätsunterschieden, einer nicht völlig elastischen Preis-Absatz-Funktion gegenüberstehen. Durch Marktzutritte verringert sich die Nachfrage (die Nachfragefunktion verschiebt sich nach links), so dass die Unternehmen schließlich keine Gewinne mehr erzielen (= Tangentialpunkt der Nachfragefunktion mit den TDK).

(22) Solange auf einem Markt Gewinne erzielt werden, kommt es zu Markteintritten und bei Verlusten umgekehrt zu Marktaustritten. Erst wenn keine Gewinne (bzw. Verluste) mehr auftreten, gibt es keine Anreize zu weiteren Marktein- und austritten. Allerdings ist dabei zu beachten, dass es sich um Gewinne im ökonomischen Sinn handelt, salopp formuliert also um Gewinne, die die üblichen Verzinsungen des Eigenkapitals und den üblichen Unternehmerlohn übersteigen.

(23) Der SCP-Ansatz analysiert die Wettbewerbsprozesse, indem er zwischen Rahmenbedingungen, strukturellen Gegebenheiten, dem Wettbewerbsverhalten der Unternehmen (und ggf. Kunden/Lieferanten) sowie den Marktergebnissen differenziert.

(24) Ein simultanes Gleichgewicht auf den beiden Märkten zweier Komplementärgüter liegt vor, wenn auf diesen Märkten jeweils Gleichgewichtspreise und Gleichgewichtsmengen existieren, die keine weiteren Anpassungen auf dem anderen Markt verursachen.

Übungsaufgaben

Aufgabe 1:

(a)

Der Erlös errechnet sich aus der abgesetzten Menge multipliziert mit dem Preis. Der Grenzerlös hingegen bezeichnet den Erlöszuwachs aus einer zusätzlich verkauften Mengeneinheit.

(b)

Rechnerisch:

$R = p \times q$ $\qquad\qquad$ $p = 15 - q$ $\qquad\qquad$ $K = 7q$

$R = (15 - q) \times q = 15q - q^2$

$GR = 15 - 2q$

$GK = 7$

Im Gewinnmaximum sind Grenzerlös und Grenzkosten gleich groß: $GR = GK$

$$15 - 2q = 7$$

Also: $\qquad\qquad\qquad$ $8 = 2q$ $\qquad\qquad$ und damit: $q = 4$

Eingesetzt in die Preis-Absatzfunktion ergibt sich ein Monopolpreis von 11. Ein gewinnmaximierender Monopolist wird also genau 4 Mengeneinheiten produzieren, die er zum Preis von 11 Einheiten verkaufen kann.

Grafisch:

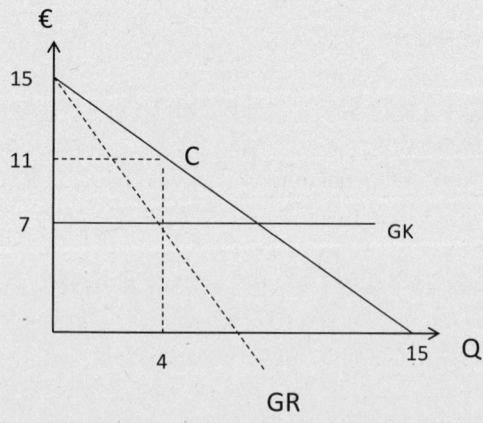

(c)
Der Monopolist vergleicht seine Grenzkosten mit den Grenzerlösen. Solange die Grenzerlöse größer als die Grenzkosten sind, bringt ihm jede zusätzlich abgesetzte Mengeneinheit einen zusätzlichen Erlös, der über den zusätzlich entstehenden Kosten liegt. Somit kann er seinen Gewinn weiter steigern. Mit Erreichen des Punktes GR = GK schlägt dieses Verhältnis um und jede ab diesem Punkt zusätzlich produzierte Mengeneinheit würde höhere Kosten verursachen als Erlös. Somit produziert der Monopolist genau bis zum Punkt GR = GK. Da der Monopolist Monopolmacht besitzt, kann er diese Menge als seine Angebotsmenge festlegen.

(d)
Der Monopolgewinn ist als dunkles Viereck eingezeichnet. Der Soziale Wohlfahrtsverlust (Deadweight Loss, abgekürzt als DWL) ist das hinterlegte Dreieck.

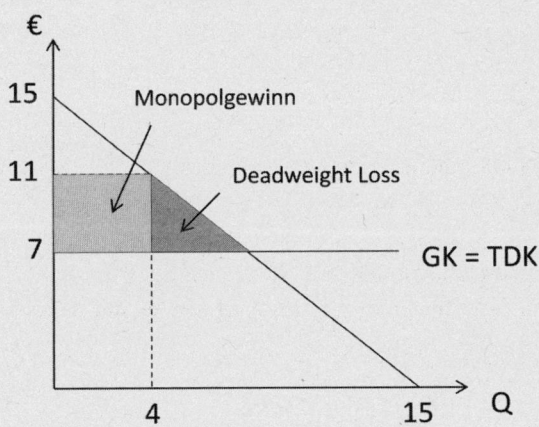

(e)

$$p = 15 - q \rightarrow \quad q = 15 - p$$
$$dq/dp = -1$$

Elastizität $= -1 \times 11/4 = -2,75$

Steigt der Preis um 1 Prozent, so sinkt die Menge um 2,75 Prozent. Bei einer Preissenkung entsprechend umgekehrt.

Aufgabe 2:

(a)

Allgemeine Gewinnmaximierungsbedingung

$$GR = GK$$

$$R = p \cdot q = -\frac{4}{1000} q^2 + 12q$$

$$GR = \frac{-8}{1000} \cdot q + 12$$

$$GK = \frac{2}{1000} \cdot q + 4 = \frac{1}{500} \cdot q + 4$$

Einsetzen in Gewinnmaximierungsbedingung:

$$-\frac{4}{500} \cdot q + 12 = \frac{1}{500} \cdot q + 4$$

$$8 = \frac{5}{500} \cdot q$$

$$\underline{\underline{q = 800}}$$

Der Absatz wird auf 800 Einheiten reduziert.

(b)

Erlösmaximierung, d.h. Umsatzmaximierung

Erlös (Umsatz) ist maximal, wenn der Grenzerlös Null beträgt, d.h. $GR = 0$

$$-\frac{4}{500} \cdot q + 12 = 0$$

$$q = 1500$$

Um den Erlös zu maximieren, muss das Unternehmen 1500 Einheiten produzieren und absetzen.

(c)

Der Absatz (die abgesetzte Menge) ist bei der Sättigungsmenge maximal. D.h. der Preis beträgt Null.

p=0

$$0 = -\frac{4}{1000}q + 12$$

q=3000

Das Unternehmen kann zum Preis von Null maximal 3000 Einheiten absetzen.

(d)

Wenn der Stückgewinn 1 betragen soll, heißt das: $p - TDK = 1$

$$TDK = \frac{K}{q} = \frac{1}{1000} \cdot q + 4$$

Einsetzen in die Bedingung $p - TDK = 1$ führt zu:

$$-\frac{4}{1000}q + 12 - \frac{1}{1000}q - 4 = 1$$

$$-\frac{5}{1000}q + 8 = 1$$

$$-\frac{1}{200} \cdot q = -7$$

q=1400

Bei einer Ausbringungsmenge von 1400 Einheiten beträgt der Stückgewinn gerade 1.

Aufgabe 3:

(a)

Cournotscher Punkt = gewinnmaximierende Preis-Mengen-Kombination: GE = GK, d.h. (da $R = 100q - 0,01q^2$) ergibt sich GR = 100 – 0,02q aus GR = GK, d.h. 100 – 0,002q = 50 folgt: q = 2500 und p = 75.

Der Cournotsche Punkt liegt bei q = 2500 und p = 75.

$E_D = dq/q \, / \, dp/p = dq/dp \times p/q$, d.h. $-100 \times 75/2500 = -3$

Die direkte Preiselastizität der Nachfrage beträgt –3, ist also elastisch. D.h. bei einer Erhöhung des Preises um 1% sinkt die verkaufte Menge des Monopolanbieters um 3% (und umgekehrt bei einer Preissenkung).

(b)

Umsatzmaximierung bei Kostendeckung bedeutet maximale Produktionsmenge, bei der der Preis die gesamten Kosten gerade noch deckt. D.h. p = TDK.

TDK = 30.000/q + 50. Also: 100 – 0,01q = 30.000/q + 50.

Daraus wird durch Umformung: $q^2 - 5000q + 3\,000\,000 = 0$

Nach Einsetzen in die Lösungsformel für eine quadratische Gleichung ergibt sich:

$$q_{1,2} = +\frac{5000}{2} \pm \sqrt{\frac{5000^2}{4} - (3000000)}$$

$q_1 = 2500 + 1802,8$

$q_2 = 2500 - 1802,8$

Da das Umsatzmaximum gesucht wird, ist nur $q_1 = 4302,8$ relevant.

Aufgabe 4:

(a)

Die Gewinnmaximierungsbedingung 1. Ordnung für den Monopolisten Lullibo AG lautet: GR = GK.

Hier ist der Erlös gleich: R = $(18 - q) \times q$ (Hinweis: Die Nachfragefunktion muss zunächst nach p aufgelöst werden, bevor sie mit q multipliziert wird!) und damit: R = $18q - q^2$

GR = $18 - 2q$. Die Grenzkosten sind: GK = 18. Einsetzen in GR = GK führt zu: $18 - 2q = 8$. Damit ergibt sich als gewinnmaximierende Menge: q = 5 und dies eingesetzt in die Preis-Absatz-Funktion resultiert in einem Monopolpreis von: p = 13.

(b)

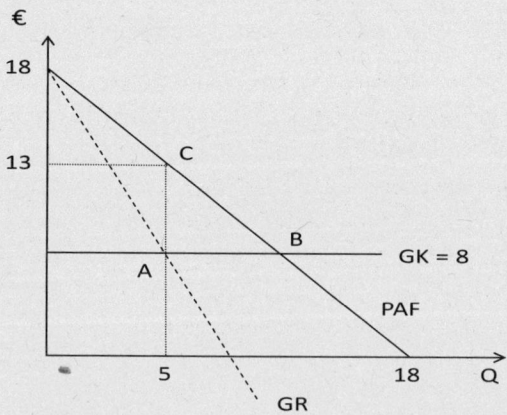

Das Dreieck mit den Eckpunkten A, B und C ist der Deadweight Loss.

Kommentiertes Literaturverzeichnis

Lehrbücher

Robert S. Pindyck, David L. Rubinfeld: Mikroökonomie, 8. Auflage, München 2015 (amerikanische Originalausgabe: Microeconomics, 8. rev. Ed., Upper Saddle River et al. 2012).

Das Buch ist eine sehr gute und viele Bereiche abdeckende Darstellung der Mikroökonomie mit einer Menge an Anwendungen und Beispielen. Dazu existiert das folgende Übungsbuch:

Jonathan H. Hamilton, Valerie Y. Suslow: Übungen zur Mikroökonomie, 8. Auflage, München 2013.

Außerdem interessant sind:

Jörn Altmann: Volkswirtschaftslehre, 7. Auflage, Stuttgart 2009

Ein gut lesbares Buch mit teilweise sogar unterhaltsamem Charakter. Vermittelt einen Gesamtüberblick volkswirtschaftlicher Problemstellungen.

Peter Bofinger, Grundzüge der Volkswirtschaftslehre, 4. aktualisierte Aufl., München 2015.

Ansprechend gemachtes, neues Lehrbuch (incl. CD-Rom) des Würzburger Ökonomen, vom Niveau her vergleichbar mit Mankiw, aber mit anderem Ansatz im Teil zur Makroökonomie.

Hartwig Bartling, Franz Luzius: Grundzüge der Volkswirtschaftslehre, 17. Auflage, München 2014.

Ebenfalls eine leicht fassbar geschriebene und knappe Gesamtdarstellung wichtiger Aspekte der Volkswirtschaftslehre.

N. Gregory Mankiw: Grundzüge der Volkswirtschaftslehre, 6. Auflage, Stuttgart 2016 (Englische Ausgabe für Europa zusammen mit Mark P. Taylor: Microeconomics, 4th ed., London 2017).

Der Verfasser bezieht die mikroökonomischen Theorien jeweils auf konkrete und praktische Probleme, wodurch ein gut zu lesendes Lehrbuch entstanden ist. Auf

Mathematik wird fast völlig verzichtet und lediglich mittels eingängigen Grafiken die dahinter stehende theoretische Grundlage erläutert.

Edwin Mansfield, W. Bruce Allen, Neil A. Doherty, Keith Weigelt: Managerial Economics, 8. Ed., New York, London 2012.

Mikroökonomische Theorien werden auf konkrete Fallbeispiele aus der Unternehmenspraxis angewandt. Das Buch schlägt damit eine Brücke zwischen VWL und BWL. Vergleichbare deutsche Lehrbücher existieren bisher eben so wenig wie eine Übersetzung ins Deutsche.

Paul Samuelson, William D. Nordhaus: Economics, 19. Ed., New York et al. 2009 (Deutsche Übersetzung: Volkswirtschaftslehre, 4. Auflage, Frankfurt 2016).

Das flüssig verfasste Standardlehrbuch zu den Grundlagen der Volkswirtschaftslehre mit der weltweit größten Verbreitung.

Horst Siebert, Oliver Lorz: Einführung in die Volkswirtschaftslehre, 15. Auflage, Stuttgart 2006.

Noch ein lesbar geschriebener Einführungstext, der grundlegende Probleme aus den verschiedenen Gebieten der VWL behandelt.

Hal R. Varian: Grundzüge der Mikroökonomik, 9. Auflage, München Wien 2016 (amerikanische Originalausgabe: Intermediate Microeconomics, 9. ed., New York London 2015).

Eines der Standardwerke zur Einführung in die Mikroökonomie mit Betonung auf der Verwendung von Grafiken für die Erläuterung der ökonomischen Modelle.

Weiterführende Literatur:

Ulrich Fehl, Peter Oberender: Grundlagen der Mikroökonomie, 9. Auflage, München 2004.

Andrew Mas-Colell, Michael D. Whinston, Jerry R. Green, Microeconomic Theory, 10. Ed., Oxford 2011.

Jochen Schumann, Ulrich Meyer, Wolfgang Ströbele, Grundzüge der mikroökonomischen Theorie, 9. Auflage, Berlin 2011.

Alle drei Bücher haben eine stärker theoretisch-mathematische Ausrichtung und gehen über die in der Grundausbildung für das betriebswirtschaftliche Studium relevanten mikroökonomischen Theoriebereiche hinaus. Geeignet zum Nachschlagen einzelner Theoriefragen und für den mathematisch Interessierten. Die Bücher vermitteln einen ersten Eindruck der theoretischen Fundierung der modernen Volkswirtschaftslehre im Bereich der Mikroökonomie.

Literatur zum Nachschlagen:

Thomas Apolte, Dieter Bender, Hartmut Berg u.a. (Hrsg.): Vahlens Kompendium der Wirtschaftstheorie und Wirtschaftspolitik, 2 Bände, Band 1, 9. Auflage, München 2007, Band 2, 9. Auflage, München 2007.

Eine weit verbreitete Zusammenstellung von Einzelbeiträgen zu den wichtigsten Themengebieten der Volkswirtschaft. Vor allem zum Nachschlagen und gezielten Studium einzelner Probleme geeignet.

Gabler Wirtschaftslexikon, 8 Bände, 18. Auflage, Berlin 2014 (Internet: www.wirtschaftslexikon.gabler.de).

Das umfangreichste deutsche Lexikon der Ökonomie deckt die Volkswirtschaft und Betriebswirtschaft ab. Zum Nachschlagen von Begriffen, Definitionen und Theoremen während des gesamten Studiums zu empfehlen. Die Online-Version bietet Zusatzinformationen und ist kostenfrei im Internet zugänglich. Diese sollten sie ihren Favoriten (Lesezeichen, Bookmarken) hinzufügen

Quellenverzeichnis

Altobelli, C.F. (2017): Marktforschung, Methoden, Anwendungen, Praxisbeispiele, 3. Auflage, Konstanz, München

Anderson, P.L.; McLellan, R.; Overton, J.P.; Wolfram, G. (1997): Estimated Price Elasticities of Demand for Various, Mackinae Center Report

Backhaus, K.; Erichson, B.; Plinke, W.; Weiber, R. (2015): Multivariate Analysemethoden: Eine anwendungsorientierte Einführung, 15. Auflage, Berlin

Becker, G.S.; Grossman, M.; Murphy, K.M. (1994): An Empirical Analysis of Cigarette Addiction, American Economic Review, Vol. 84, No. 3, S. 396-418

Brauer Bund (2016): Kurzübersicht – Die deutsche Brauwirtschaft in Zahlen 2004-2015, www.brauer-bund.de/index.php?id:56, Zugriff am 15.04.2017

Brons, M.; Nijkamp, P.; Pels, E.; Rietveld, P. (2006): A Meta-analysis of the Price Elasticity of Gasoline Demand. A System of Equations Approach, Tinbergen Institute Amsterdam, Discussion Paper TJ 2006 – 106/3,5

Brunekreft, G.; Meyer, R. (2011), Energiepolitik in der Europäischen Union; Versorgungssicherheit und Effizienz durch Wettbewerb oder Regulierung?, Zeitschrift für Wirtschaftspolitik, 60. Jg., Heft 1, 2011, S. 62 – 73

Cadman, R.; Dineen, Ch. (2008): Price and income elasticity of demand for broadband subscriptions: A cross-sectional model of OECD countries, http://spcnetwork.eu/uploads/broadband_price_elasticity.pdf. Zugriff am 04.03.2013

Chidmi, B.; Lopez , R. A.; Cotterill, R. W. (2005): Vertical Relationships in the Ready-to-Eat Cereal Market in Boston, Paper presented at the EARIE Conference Porto, Portugal

Clement, M.; Blömeke, E.; Sambeth, F. (Hrsg.) (2009): Ökonomie der Buchindustrie: Herausforderungen in der Buchbranche erfolgreich managen, Wiesbaden

Cotterill, R.W. (1994): New Opportunities for Demand and Competitive Strategy Analysis Agricultural and Resource Economics Review, 23(2)

Devaraj, S. (2009): Elasticity - elasticity of demand including Marginal revenue and the relationship with elasticity of demand. Also, elasticity of supply, cross price elasticity, income elasticity, http://econ651spring2009.wikispaces.com , Zugriff am 04.03.2013

Frank, R. (2003): Microeconomics and Behavior, 11. Auflage, New York

Gleave, S. (2011): Benzinpreis – Marktmacht, Preissetzung und Konsequenzen, Sitzung des Arbeitskreises Kartellrecht, Bundeskartellamt, 8. Beschlussabteilung

Goodwin, Ph.; Dargay, J.; Hanly, M. (2004): Elasticities of Road Traffic and Fuel Consumption with Respect to Price and Income: A Review in Transport Reviews: A Transnational Transdisciplinary Journal, 24(3), S. 275-292

Hjorth-Andersen, Ch. (2000): A Model of the Danish Book Market, Journal of Cultural Economics, 24, 27 – 43

Kratena, K.; Meyer, I.; Wüger, M. (2009): Ökonomische, technologische und soziodemographische Einflussfaktoren der Energienachfrage, WJFO Working Papers 339

Lasswell, H. (1936): Politics: Who gets What, When, How, New York

Lipsey, R.; Chrystal, A. (2007): Economics, 11. Auflage, Oxford

National Food Survey report (2000); URL: http://www.defra.gov.uk/statistics/files/defra-stats-foodfarm-food-familyfood-nfs-2000.pdf, Zugriff am 08.04.2013

Princeton (2013): Nash equilibrium: http://www.princeton.edu/~achaney/tmve/wiki100k/docs/Nash_equilibrium.html. Zugriff am 06.09.2013

Robins, L. (1932): An Essay on the Nature and Significance of Economic Science, London

Roth, A. E. (2016): Wer kriegt was – und warum?, München

Schulte, K.-W. (2008): Immobilienökonomie, München

Simon, H.: Preismanagement (2016): Strategie – Analyse – Entscheidung – Umsetzung, 4. Auflage, Berlin, Wiesbaden

Stock, J.; Watson, M. W. (2012): Introduction to Econometrics, Third Ed., Boston

Stoetzer, M. (1991): Regulierung oder Liberalisierung des Luftverkehrs – Eine industrieökonomische Analyse, Baden-Baden

Stoetzer (2017): Regressionsanalyse in der empirischen Wirtschafts- und Sozialforschung Band 1, Eine nichtmathematische Einführung mit SPSS und Stata, Berlin

Süddeutsche Zeitung (2013), Nr. 193 vom 22. August 2013

Statistisches Bundesamt (2012): https://www.destatis.de/DE/ZahlenFakten /GesamtwirtschaftUmwelt/Preise/Verbraucherpreisindizes/Tabellen_/Telekommu nikationspreise.html, Zugriff am 21.12.2015

Tiffin, R.; Balcombe, K.; Salois, M.; Kehlbacher, A. (2011): Estimating Food and Drink Elasticities, University of Reading, https://www.gov.uk/government/uploads/system/uploads/attachment_data/file/13 7726/defra-stats-foodfarm-food-price-elasticities-120208.pdf, Zugriff am 04.10.2016

Umweltinstitut München (2013): http://umweltinstitut.org/energie-- klima/allgemeines-energie--klima/klimabilanz--agrarenergie-1096.html. Zugriff am 05.09.2016

Stichwortverzeichnis